LESEBUCH KONZIL

Texte des Zweiten Vatikanischen Konzils

Herausgegeben von
Hubert Philipp Weber | Erhard Lesacher

Lesebuch
Texte des Zweiten Vatikanischen Konzils
KONZIL

Herausgegeben von
Hubert Philipp Weber
und Erhard Lesacher

Impressum
Umschlaggestaltung: Nele Steinborn
Umschlagbild: Bischöfe in der Konzilsaula,
© Diözesanarchiv der Erzdiözese Wien
(wir danken für die freundliche Abdruckgenehmigung)
Herstellung (Satz und Druck): Tina Gerstenmayer,
D&K Publishing Service, Wien

© 2012 by Wiener Dom-Verlag
Wiener Dom-Verlag Gesellschaft m. b. H., Wien
Alle Rechte vorbehalten.
ISBN: 978-3-85351-243-2
www.domverlag.at

Für die deutsche Übersetzung der Texte des
Zweiten Vatikanischen Konzils
© Deutsche Bischofskonferenz

Warum es dieses Buch gibt

Das Wichtigste an einem Konzil sind seine Texte. Aber ist es überhaupt lohnend, sich mit so alten Texten zu beschäftigen? Sollte man nicht besser in die Zukunft schauen? – Beides ist zu tun. Denn die Zukunft der katholischen Kirche entscheidet sich an der Auslegung und Umsetzung des Konzils. Es ist unerlässlich, die Konzilsdokumente und die Dynamik des Konzils zu kennen.

Dieses Buch will helfen, sich den Dokumenten des Zweiten Vatikanischen Konzils anzunähern. Die Einleitung von Peter Hünermann schildert die geschichtliche Situation, in der das Konzil einberufen und durchgeführt wurde. Das Ringen um die Beschlüsse hat in den Texten Spuren hinterlassen. Sie müssen im selben Geist gelesen werden, in dem sie erarbeitet und beschlossen wurden.

Eine Auswahl der zentralen Dokumente und der wichtigsten Passagen ermöglicht die erste Beschäftigung mit dem Konzilstext. Wesentliche Unterstützung sind die Hinführungen zu den einzelnen Dokumenten und Rand-Kommentare. Kompaktes Basiswissen zu Grundbegriffen und zur Arbeitsweise eines Konzils findet sich auf Seite 332.

Wir hoffen, dass dieses Buch eine gute Unterstützung für das Abenteuer Lesen und Interpretieren ist.

Hubert Philipp Weber
Erhard Lesacher

Inhalt

Das II. Vatikanische Konzil. Verbindliche Wegweisung
Gehen wir diesen Weg? | *Peter Hünermann* 8

Konstitution über die heilige Liturgie
Sacrosanctum Concilium (SC) | *Manuela Ulrich* 37

Dogmatische Konstitution über die Kirche
Lumen Gentium (LG) | *Bernhard Körner* 73

Dekret über den Ökumenismus
Unitatis redintegratio (UR) | *Roman Siebenrock* 139

Erklärung über das Verhältnis der Kirche
zu den nichtchristlichen Religionen
Nostra aetate (NA) | *Roman Siebenrock* 157

Dogmatische Konstitution über die göttliche Offenbarung
Dei Verbum (DV) | *Hubert Philipp Weber* 171

Dekret über das Laienapostolat
Apostolicam actuositatem (AA) | *Hubert Philipp Weber* 187

Pastorale Konstitution über die Kirche in der Welt von heute
Gaudium et spes (GS) | *Erhard Lesacher* 211

Dekret über die Missionstätigkeit der Kirche
Ad gentes (AG) | *Franz Gmainer-Pranzl* 299

Erklärung über die Religionsfreiheit
Dignitatis humanae (DH) | *Franz Gmainer-Pranzl* 317

Basiswissen: Was ein Konzil ist und wie es arbeitet 332
Herausgeber und Autoren 334

DAS II. VATIKANISCHE KONZIL
VERBINDLICHE WEGWEISUNG – GEHEN WIR DIESEN WEG?

Peter Hünermann

I. Eine Überraschung: Der 25. Januar 1959

Johannes XXIII. – weniger als 3 Monate zuvor zum Papst gewählt – nimmt mit 17 Kardinälen am Schlussgottesdienst zur Woche für die Wiedervereinigung der Christen teil. Nach dem Gottesdienst in Sankt Paul erklärt er den verdutzten Kardinälen: „Gewiss ein wenig vor Bewegung zitternd, aber zugleich mit demütiger Entschlossenheit des Vorsatzes spreche ich vor Euch die Bezeichnung und den Vorschlag einer doppelten feierlichen Veranstaltung aus: einer Diözesansynode für Rom und eines allgemeinen Konzils für die Weltkirche". Beide Unternehmen würden zum „erwarteten Aggiornamento (der zeitgerechten Erneuerung) des Kirchenrechtscodex führen". In einem Brief wird der Text der Papstansprache an alle Mitglieder des Kardinalskollegiums geschickt. Die Reaktion: Von 63 Kardinälen antworten nur 25. Zehn schicken lediglich eine Empfangsbestätigung, nur drei schicken eine begründete Meinung. Zeugnis von Unverständnis oder Lethargie? Langsam erst, dann aber mit steigendem Interesse wird die Ankündigung des Konzils aufgenommen. Die Deutsche Bischofskonferenz berät über das Vorhaben schon im Februar 1959 und beginnt mit der Ausarbeitung von Vorschlägen. In der Folge arbeiten die österreichischen, deutschen und skandinavischen Bischöfe eng zusammen. In den allermeisten Ländern aber schicken die Bischöfe lediglich ihre individuellen Eingaben nach Rom. Der ökumenische Rat in Genf, der Erzbischof von Canterbury als Vertreter der anglikanischen Kirche, der Patriarch von Konstantinopel schicken Abgesandte, um sich in Rom genauer zu informieren. Sehr rasch entzündet sich das Interesse der Weltpresse. Die großen Zeitungen, Radio und Fernsehen beginnen zu spekulieren, was aus dieser Initiative werden könnte. Man ist erstaunt, dass die katholische Kirche sich plötzlich zu bewegen beginnt. Viele - auch Bischöfe, Ordensleute, Theologen - hatten nach dem I. Vatikanum (1870/71) vermutet, dass keine Konzilien mehr gehalten würden, weil alle Entscheidungen vom Papst her ergehen würden.

In seinen zahlreichen Ansprachen kommt Johannes XXIII. immer wieder auf das Konzil zurück. Die Absicht, die er mit der Einberufung des Konzils verfolgt und in seinen Ansprachen darlegt, lässt sich in drei Worte zusammenfassen: ein pastorales Konzil - ein Konzil, das zu einem Aggiornamento, einer zeitgerechten Erneuerung, führt - die Vorbereitung eines neuen Pfingsten.

Pastorales Konzil meint nach Johannes XXIII. nicht eine Versammlung, die sich mit Seelsorgemethoden in Afrika, Europa oder Amerika auseinandersetzt. Es geht ihm vielmehr um ein Konzil, in dem die Kirche ihre Botschaft vom Evangelium und ihre Lebensformen in der seit dem I. Vatikanischen Konzil im 19. Jahrhundert so radikal veränderten Epoche der Moderne für den modernen Menschen überdenkt und darstellt.

Mit dem Stichwort „Aggiornamento" charakterisiert er die Aufgabe, der Sache Jesu Christi, um die es der Kirche geht, in einer neuen Weise Ausdruck und Gestalt zu geben. Dadurch erhofft sich Johannes XXIII. ein neues Gehör für den Glauben in der gegenwärtigen Zeit. Die Gegenwart ist charakterisiert von schwerwiegenden Umbrüchen: dem Ende der Kolonialzeit, den starren und verhärteten Blockbildungen im Kalten Krieg - „Ostblock" gegen „freie Welt" -, den rapide sich ausbreitenden modernen Wirtschaftsformen, die die ländlich handwerklichen Existenzbedingungen der Entwicklungsländer völlig aufsprengen, der technischen Revolution durch die Industrialisierung. Für diese moderne Welt erhofft er sich „ein neues Pfingsten".

Die römische Kurie - beauftragt mit der Vorbereitungsarbeit - sortiert Tausende von eingehenden Vorschlägen der Bischöfe, der Ordensoberen und Äbte, der Fakultäten, Katholischen Universitäten, Missionsgesellschaften, katholischen Verbänden. Sie verfahren nach einem Raster, das den theologischen Lehrbüchern der Neuscholastik und den Gliederungen des Codex für das Kirchenrecht entspricht. Zwei dicke Bände umfassen die einzelnen Stichworte. Die Zusammenfassung, die Johannes XXIII. schließlich vorgelegt wird, zählt dreihundert Seiten und wird dann auf einen Text von 18 Seiten konzentriert.

Parallel dazu werden die römischen Kongregationen aufgefordert, ihrerseits Vorschläge zu machen. Die Vorschläge vom Heiligen Offizium, der Vorgänger-Institution der heutigen Glaubenskongregation, werden mit einer Liste von rund 60 Irrtümern eröffnet, die verurteilt werden sollen. Johannes XXIII. hatte jedoch ausdrücklich gewünscht, nicht mit Verurteilungen zu operieren. In Bezug auf den Ökumenismus plädiert das heilige Offizium für klare Abgrenzungen. Die Ritenkongregation wünscht als einzige eine Reform der Liturgie. Viele Vorschläge der Kongregationen beziehen sich auf kirchenrechtliche Fragen. Aus diesem Wust von Materialien werden von einer Zentralkommission Fragen herausgefiltert, die den zu bildenden einzelnen Vorbereitungskommissionen zugewiesen werden. Diese sollen Textentwürfe liefern, die den Konzilsvätern zur Beratung vorgelegt werden. Die zehn Vorbereitungskommissionen haben jeweils einen Kardinal aus der römischen Kurie als Vorsitzenden, eine Reihe von Bischöfen als Mitglieder und Theologen als Berater. Selbst in der Kommission für das Apostolat der Laien sind keine Laien vertreten, sondern nur Bischöfe und Geistliche: 37% dieser Kommissionsmitglieder und Berater wohnen in Rom und arbeiten entweder in der Kurie oder in den römischen theologischen Fakultäten, Ordenshochschulen und Ordensgeneralaten. Damit ist der Einfluss der römischen Kurie und der römischen Theologie in der Vorbereitung des Konzils ungemein stark.

Die größte und wichtigste Kommission ist die Theologische Kommission. Alle Fragen, die die Glaubenslehre, die Moraltheologie und die Soziallehre der Kirche betreffen, müssen dort behandelt werden. Ihr Vorsitzender ist Kardinal Ottaviani, der Präfekt des Heiligen Offiziums. Alle übrigen Kommissionen haben disziplinäre und kirchenrechtliche Fragen zu erörtern. Dieser Theologischen Kommission erwächst allerdings eine starke Konkurrenz: Pater Augustin Bea SJ, Alttestamentler und Rektor des Biblicums, wird vom Papst zunächst mit dem neugeschaffenen Sekretariat für die Einheit der Christen betraut und dann zum Kardinal ernannt. Ihm wird die Kontaktaufnahme mit den evangelischen Kirchen, kirchlichen Gemeinschaften, dem ökumenischen Rat anvertraut. Er soll die einzuladenden Abgesandten in Rom betreuen. Dazu wird ihm in der Folge auch noch die Verantwortung für die Kontakte mit den orthodoxen Kirchen zugewiesen. In einem dritten Schritt schließlich wird seine Institution den römischen Kongregationen gleichgeordnet. Er soll Vorschläge für die zu erarbeitende Stellungnahme zur Ökumene vorbereiten. Kardinal Bea beruft in sein Sekretariat eine ausgewählte Gruppe von Fachleuten internationaler Art und beginnt Texte zum Verhältnis von Bibel und Tradition sowie Interpretationsfragen der Bibel auszuarbeiten und – weil dies mit dem ökumenischen Dialog unmittelbar zusammenhängt – Papiere über differenzierte Zugehörigkeit von evangelischen und orthodoxen Christen zur Kirche vorzubereiten ebenso Grundsatzpapiere, die die Religionsfreiheit und damit das grundsätzliche Verhältnis von Kirche und Staat in der Moderne betreffen. Die Fragen der Religionsfreiheit waren deswegen wichtig, weil es in einer ganzen Reihe von Staaten, wie z. B. in Spanien, eine staatliche Benachteiligung evangelischer Christen gab. Kardinal Bea präsentiert seine Texte in der theologischen Kommission und wird von Kardinal Ottaviani scharf zurückgewiesen: Er überschreite seinen Auftrag. Solche Fragen dürfe nur die Theologische Kommission bearbeiten. Es kommt zu keinen Diskussionen zwischen beiden Gremien.

Das Resultat der Arbeit in diesen Kommissionen insgesamt ist eine förmliche Flut von 75 einzelnen Textvorlagen, die im Jahr 1961/62 einer zentralen Prüfungskommission vorgelegt werden.

Diese zentrale Kommission gibt die allermeisten dieser Texte zur nochmaligen Überarbeitung an eine zentrale Unterkommission weiter, die diese überarbeiteten Texte dann 1962 direkt den Konzilsvätern zuleitet. Bereits in dieser Phase melden einige Kardinäle – unter anderem Kardinal Montini (später Papst Paul VI.), Kardinal Suenens von Belgien, Kardinal Frings von Deutschland, Kardinal Leger von Kanada – erhebliche Bedenken an. Diese Bedenken betreffen zum einen die Qualität der ausgearbeiteten Vorlagen, zum anderen die Frage nach einer Konzentration und Ausrichtung der gesamten Konzilstätigkeit auf wenige große Linien.

Diese schwierigen Vorarbeiten des Konzils sind begleitet von zahlreichen weiteren Aufgaben: Eine Geschäftsordnung muss ausgearbeitet werden. Die Pressearbeit wird im Vatikan ganz neu organisiert – es gab bis dahin kein Pressebüro. Es finden Gespräche und Kontaktnahmen von und mit muslimischen Autoritäten, mit jüdischen Repräsentanten, mit Regierungsvertretern des Ostblocks statt. Es muss eine Regelung für die einzuladenden Beobachter aus anderen christlichen Kirchen und Denominationen erstellt werden. St. Peter wird als Konzilsaula mit den entsprechenden technischen Anlagen hergerichtet. Man sorgt sich um die Bereitstellung der benötigten Dienstleistungen. Unterkünfte für Bischöfe, Berater und Mitarbeiter werden gesucht. Die Reisen der Bischöfe, ihr Unterhalt muss geplant und finanziert werden. Die Bischöfe aus Entwicklungsländern und deren Berater stehen in dieser Hinsicht vor Problemen. Alles in allem: ein riesiger Arbeitsaufwand.

II. Konfliktreiche Anfänge: Das Konzil sucht seinen Weg

Zahlreiche Aufzeichnungen bezeugen den tiefen Eindruck, den die feierliche Prozession von mehr als 2500 Bischöfen und Kardinälen, Ordensgeneralen und Äbten über den Petersplatz und die weiten Hallen des Petersdoms macht. Die weltweite Fernsehübertragung der Eröffnung am 11. Oktober 1962 – bei strahlendem Wetter – rückt

Konfliktreiche Anfänge

die zum Konzil versammelte Kirche vor die Augen der Weltöffentlichkeit. 86 Delegationen der unterschiedlichsten Staaten sind angereist. Bei der Messe zum Heiligen Geist wird das Evangelium auf Griechisch gelesen, das Glaubensbekenntnis in seiner ursprünglichsten Fassung gebetet, die Fürbitten auf Griechisch, Arabisch und Kirchenslavisch vorgetragen. Die sonstigen Texte werden lateinisch gesungen oder gebetet. Nach der Messe wird feierlich das Evangelium inthronisiert. Auf dem Konzil geht es darum, Gottes Wort in dieser Zeit neu zu vernehmen. In seiner hoffnung- und freudesprühenden Ansprache – die zugleich vom Schmerz über die Abwesenheit vieler Bischöfe aus dem Ostblock und die repressive Situation für die Christen dort geprägt ist – erläutert Johannes XXIII. nochmals Ziel und Aufgabe der Konzilsväter. Er legt aber kein Programm der Konzilsarbeiten vor. Das ist für die meisten Bischöfe ungewohnt. Sie kennen nur römische Anweisungen, die es umzusetzen gilt.

Am nächsten Tag, bei der ersten öffentlichen Sitzung, erhalten die Konzilsväter die Teilnehmerlisten sowie die Geschäfts- und Tagesordnung. Vorgesehen sind lediglich die Wahlen für die Konzilskommissionen, welche nach den Diskussionen in der Konzilsaula die Entwürfe für die Konzilstexte umarbeiten oder verbessern sollen. Wahlzettel liegen vor, ebenso eine von der römischen Kurie verfasste Vorschlagsliste von Kandidaten. Kardinal Tisserand eröffnet die Sitzung und nennt den einzigen Tagesordnungspunkt: Durchführung der Wahl für die Konzilskommissionen. Unruhe breitet sich aus, am Präsidiumstisch bittet Kardinal Liénard von Lille um das Wort. Tisserand lehnt ab: Es sei keine Diskussion vorgesehen. Darauf ergreift Kardinal Liénard das Mikrofon und plädiert für einen Aufschub von einigen Tagen. Die Bischöfe müssten zuallererst miteinander Kontakt aufnehmen, die Bischofskonferenzen müssten die Gelegenheit haben, sich miteinander abzustimmen. Kardinal Frings, ebenfalls am Präsidiumstisch, unterstützt das Votum seines französischen Kollegen, auch im Namen von Kardinal König und Kardinal Döpfner. Ein großer Applaus braust auf, und das Präsidium beschließt, die vorgesehene Wahl um vier Tage aufzuschieben. Das Ergebnis der Wahlen dann: Eine Reihe von Mitgliedern und Beratern der vorbereitenden Kommissionen werden durch Bischöfe und Theologen aus den unterschiedlichen Kontinenten ersetzt. Die Konzilsväter beginnen, ihre eigenständige Verantwortung wahrzunehmen.

Ein zweiter, nicht weniger wichtiger Vorgang, gleich in den ersten Tagen: Pater Chenu OP. hatte den Eindruck, die Konzilsväter müssten am Beginn des Konzils der Weltöffentlichkeit sagen, wozu sie in Rom zusammengekommen sind. Einige französische Bischöfe überarbeiten den Text, und er wird mit geringen Veränderungen von allen gebilligt. Die Bischöfe bekennen sich als Nachfolger der Apostel, versammelt, um „unter der Führung des Heiligen Geistes Wege zu suchen, uns selber zu erneuern, um dem Evangelium Jesu Christi immer treuer zu entsprechen. Wir wollen uns bemühen, den Menschen unserer Zeit die Wahrheit Gottes in ihrer Fülle und Reinheit [...] zu verkünden [...]. Aus allen Völkern unter der Sonne vereint, tragen wir in unseren Herzen die Nöte der uns anvertrauten Völker, die Ängste des Leibes und der Seele, die Schmerzen, die Sehnsüchte, Hoffnungen. Alle Lebensangst, die die Menschen quält, brennt uns auf der Seele. Unsere erste Sorge eilt deshalb zu den ganz Schlichten, zu den Armen und Schwachen [...], die noch kein menschenwürdiges Leben führen können, weil es ihnen an der rechten Hilfe fehlt". Die Bischöfe sprechen dann vom Völkerfrieden und von der Verwirklichung der sozialen Gerechtigkeit als besonderem Anliegen. Die Kirche „ist nicht zum Herrschen geboren, sondern zum Dienen".

Diese Erklärung ist ein wichtiger Schritt in der Herausbildung einer „Arbeits-Gemeinschaft" der Konzilsväter. Wenige Tage später, am 20. Oktober, erschüttert die Kuba-Krise die Welt. Am 16. Oktober hatte Russland Raketen auf Kuba stationiert, am 18. Oktober hatten die USA Jagdflugzeuge nach Florida verlegt. Am 22. Oktober hält Kennedy eine Fernsehrede für das Volk der Vereinigten Staaten. Er verkündet eine totale Seeblockade Kubas. Fotos zeigen die Raketenstellungen der sowjetischen Atomraketen. Der kalte Krieg hat sich seit dem Bau der Berliner Mauer im August 1961 dramatisch zugespitzt. Über Mittelsmänner lässt Johannes XXIII. bei Kennedy anfragen, ob er mit einer Intervention des Papstes einverstanden sei. Die Antwort: Es müssten aber die Militärlieferungen eingestellt und die Raketen abgezogen werden. Chruschtschow signalisiert, er würde den Vorschlag des Papstes akzeptieren, die Militärlieferungen zurückzuziehen, wenn die Vereinigten Staaten die Blockade aufhöben. In einer Radioansprache am 25. Oktober wendet sich der Papst dann auf Französisch an „alle Menschen guten Willens", Verhandlungen zur Beendigung dieses Konfliktes aufzunehmen. Berichte über die Rede erscheinen in der New York Times und der Prawda. Die Prawda bringt – völlig ungewöhnlich – lange Zitate aus der Papstrede. Am 26. Oktober schickt Chruschtschow einen ersten persönlichen Brief an Kennedy, ihm folgt ein zweiter am Tag danach. Kennedy antwortet am 27. Oktober. Am folgenden Tag laufen die Verhandlungen an. Eine Lehrstunde für das Konzil!

Drei weitere Ereignisse in der ersten Konzilsperiode lassen das Konzil den eigenen Weg finden.

Ein Modell: das Liturgieschema

Am 12. Oktober 1962 beginnt im Konzil die Debatte über das vorbereitete Schema zur Liturgie. Es wird als erstes ausgewählt, weil viele Bischöfe es für den gelungensten Textentwurf halten. Die vorbereitende Kommission umfasste viele Fachleute der liturgischen Bewegung. Das vorbereitete Schema besitzt ein erstes Kapitel über das Wesen der Liturgie und anschließend eine Reihe von Kapiteln zur Eucharistie, zu den übrigen Sakramenten, zu Stundengebet, Kirchenjahr, Kirchenmusik, sakraler Kunst. Allerdings erhebt Kardinal Ottaviani Einspruch gegen das Schema, die Sprache sei dogmatisch nicht exakt. Der päpstliche Zeremoniar betont, allein der Papst könne über Liturgieanpassungen an die Kulturen der Völker entscheiden, nicht wie vorgesehen die Bischofskonferenzen. Die Erlaubnis zur Muttersprache in der Liturgie wird von einzelnen Konzilsvätern heftig abgelehnt. Die überwältigende Mehrheit hingegen lobt Inhalt und Stil des vorliegenden Schemas, gerade weil hier Fragen von Glaube und Disziplin verbunden sind. Die Einbeziehung der Heiligen Schrift und der kirchlichen Tradition wird von vielen hervorgehoben. Die afrikanischen Bischöfe begrüßen das Schema „mit großer Freude", weil es sowohl in seiner „Inspiration" wie in seinen „Worten" den Erwartungen der Völker entspreche und ein Fundament für die kommenden Zeiten bilden werde – so Kardinal Rugambwa, der im Namen aller afrikanischen Bischöfe spricht. Es wird aber auch darauf hingewiesen, dass sich das erste Kapitel grundlegend auf alle Liturgien in der katholischen Kirche beziehe, die Reformvorschläge aber lediglich die lateinische Liturgie beträfen.

Das Schema wird nach ausführlicher Diskussion als Grundlage für eine Ausarbeitung weiterer Art angenommen.

Die eingereichten Verbesserungsvorschläge werden in der zweiten Sitzungsperiode vorgelegt. Bei der abschließenden Abstimmung am 4. Dezember 1963 stimmen 2147 Konzilsväter für diese erste Konstitution, vier stimmen dagegen.

Das Liturgieschema wirkt stilbildend für die nachfolgenden Dokumente, weil es von der Liturgie nicht in abstrakter, dogmatischer Weise handelt, sondern – vor allem im ersten Abschnitt – wesentliche Fragen zum Verständnis der Liturgie darlegt, die zugleich die Vollzugsform der Liturgie ansprechen. Liturgie ist vom Volk Gottes als Ganzem zu feiern. In diesem Gesamtvollzug haben die einzelnen Dienste ihren eigenen und unverwechselbaren Platz.

Der Streit um das Offenbarungsschema

In den letzten Tagen der Diskussion um das Liturgieschema setzt eine intensive Tätigkeit unter den Konzilsteilnehmern ein: Ab

14. November soll das vorbereitete Schema über die Offenbarung Gottes diskutiert werden. Das Schema, vorbereitet von der theologischen Vorbereitungskommission unter Kardinal Ottaviani, geht von der Fragestellung des Trienter Konzils aus und fragt im Blick auf die evangelische Devise „Die Schrift allein" („sola scriptura"), wie die Offenbarung in der Tradition und der Schrift als den zwei Quellen des Evangeliums enthalten sei. In Bezug auf die Schrift wird eine unbedingte Irrtumslosigkeit gelehrt. Ferner wird historische Wirklichkeit für alle berichteten Geschehnisse behauptet, ohne Berücksichtigung der unterschiedlichen Formen der Berichte.

Die theologischen Berater der Bischöfe arbeiten kritische Stellungnahmen zu dem Entwurf aus, der kurz zuvor den Bischöfen zugestellt wurde. Karl Rahner formuliert mit einer Gruppe deutscher Theologen eine ungemein scharfe, kritische, begründete Ablehnung. Ein hervorstechendes Merkmal seiner Kritik: Der Entwurf respektiere in keiner Weise die dem Konzil vorgegebene Weisung Johannes XXIII., in einer Weise zu sprechen, die vom modernen Menschen, vom katholischen, aber auch vom evangelischen Glaubenden verstanden werden könne. Bei einem vorbereitenden Treffen von Vertretern der unterschiedlichen Bischofskonferenzen erklärt eine Reihe nicht nur europäischer, sondern auch asiatischer und afrikanischer Konferenzen, sie lehnten das Schema ab. Zur gleichen Zeit setzt das Sekretariat für die Einheit der Christen unter Leitung von Kardinal Bea einen eigenen Entwurf „Vom Wort Gottes" in Umlauf, der sich in besonderer Weise mit jenen Fragen beschäftigt, die im ökumenischen Gespräch von Bedeutung sind.

In den folgenden Diskussionen treffen die unterschiedlichen Positionen in der Konzilsaula hart aufeinander. Am Ende der Woche, am 21. November, wird vom Präsidium eine Abstimmung vorgeschlagen. Es wird aber nicht gefragt, wer für die Annahme des vorbereiteten Schemas als Grundlage für die kommende Arbeit stimmt und wer dagegen ist. Vielmehr lautet die Frage: Wer ist für den Abbruch der gegenwärtigen Diskussion und wer ist für ihre

Fortsetzung. Abbruch würde bedeuten: Das vorgelegte Schema wird überarbeitet und dann erneut vorgelegt. Fortsetzung würde bedeuten: Es wird weiter diskutiert und dann das Schema möglicherweise abgelehnt. Eine Erklärung, was es mit der Entscheidung zwischen Abbruch und Fortsetzung auf sich hat, wird zwar am Beginn kurz gegeben, gleichwohl dürften aber eine ganze Reihe von Bischöfen diesen Abstimmungsmodus nicht verstanden haben. Nach elf Minuten wird diese Erklärung wiederholt. Zu diesem Zeitpunkt hatte eine ganze Reihe von Bischöfen ihre Abstimmung allerdings bereits getätigt. Das Ergebnis ist eine Pattsituation: 1368 Stimmen sind für Abbruch – also weniger als Zwei Drittel. Die Geschäftsordnung erfordert jedoch eine Zwei-Drittel-Mehrheit. Für Fortsetzung votieren 822 Konzilsväter. In der nachfolgenden Verwirrung entscheidet Johannes XXIII., es solle eine neue Kommission gebildet werden – mit zwei Präsidenten: mit Kardinal Ottaviani und dessen Sekretär Pater Tromp und mit Kardinal Bea und dessen Sekretär Willebrands. Das neue Dokument, das aus dieser Kommissionsarbeit hervorgeht, stellt die vorherigen Entwürfe bei Weitem in den Schatten.

Was ist die Bedeutung dieses Konflikts? Die Diskussionen dieser Woche stellen eine entscheidende Stunde des Konzils dar. Die fundamentale Frage lautet: Kann ein Lehrdokument über die Offenbarung überhaupt im Stil und der Textform, wie sie sich im Liturgieschema finden, verfasst werden? Kann ein Lehrdokument in pastoraler Perspektive, im Blick auf Stärkung und Erneuerung des Glaubens und im Hinblick auf die Plausibilität geschrieben werden, die ein solches Dokument bei den Menschen finden soll? Kann ein Lehrdokument ökumenische Züge aufweisen, oder müssen konziliare Lehrdokumente nicht vielmehr klare Grenzen ziehen, das heißt Definitionen und Verurteilungen vorlegen? Genau diese Fragen wurden bejaht und prägen von da ab ganz eindrücklich die Arbeit des Konzils. Die traditionelle Sprach- und Begründungsweise für zentrale theologische Sachverhalte, wie sie in den dogmatischen Lehrbüchern der Neuscholastik gegeben war, wird als unzureichend zurückgewiesen. In der Forschung wird von einem Wechsel des „Legitimationskontextes" (G. Ruggieri) gesprochen.

Eine weitere dramatische Woche: das Kirchenschema

Die letzte Woche der ersten Konzilsperiode (1.-7. Dezember 1962) ist nochmals von einer hohen Dramatik gekennzeichnet. Die theologische Vorbereitungskommission hatte ein Kirchenschema entworfen, das mit der Behandlung der Hierarchie in der Kirche beginnt. Durch die Hierarchie werde das Erlösungshandeln Jesu Christi in der Kirche fortgesetzt. Entsprechend sei das Volk Gottes als „Gesellschaft von Ungleichen" zu charakterisieren, weil den Laien die Gnade durch die Vermittlung des Klerus zufließe. In Bezug auf das Verhältnis von Kirche und staatlicher Ordnung beansprucht die Kirche von Ländern mit überwiegend katholischer Bevölkerung eine gemäßigt privilegierte Stellung, während sie für konfessionell gemischte Staaten Toleranz fordert. Man folgt hier der Linie Pius XII. In Bezug auf ökumenische Fragen ist der Text ziemlich zurückhaltend. Die Charakteristik der Stellung des Papstes wird nicht in Verbindung mit der Kollegialität der Bischöfe thematisiert.

Bereits zu Beginn des Konzils – der Entwurf wird erst im November während der ersten Sitzungsperiode fertig und gegen Ende November den Konzilsvätern zugestellt – verbreitet sich Unbehagen über die Nachrichten, die aus der Kommissionsarbeit umlaufen. Kardinal Suenens fordert Monsignore Philips, den Dekan der Katholisch-Theologischen Fakultät in Leuven/Belgien auf, sich mit einigen anderen Theologen an die Ausarbeitung eines neuen Schemas zu machen. Philips ist Mitglied in der theologischen Vorbereitungskommission und berichtet in der Kommission über dieses Vorhaben. Es wird mit offenen Karten gespielt! Als Kardinal Ottaviani am 1. Dezember ans Mikrofon tritt, um den erarbeiteten Entwurf vorzustellen, beginnt er mit einer Schimpfkanonade auf jene Konzilsväter und Theologen, die den noch gar nicht diskutierten Entwurf ablehnen und sich bereits an neue Entwürfe gemacht haben. Die anschließenden Debatten erweisen die Berechtigung der Kritik: Kardinal Liénard unterstreicht, dass am Anfang des Kirchenschemas ein Kapitel über das Mysterium der Kirche zu stehen habe. Die Kirche als Mysterium übersteigt die Fassungskraft des menschlichen Geistes, weil die Kirche ihren Ursprung im Christusgeheimnis hat. Folglich gilt: Dieses Geheimnis der Kirche wird nicht „innerhalb der Grenzen der römischen Kirche total eingeschlossen. Die römische Kirche ist der Leib Christi, ohne dass sie ihn erschöpft". In ähnlicher Weise argumentieren die Bischöfe der östlichen Kirchen. Kardinal Ritter, Saint-Louis (USA), kritisiert, dass die Vollmacht des Lehramtes, der Jurisdiktion und der Weihegewalt lediglich einen „Teil der Aktivitäten und des Lebens der Kirche" bilden. Kardinal Frings bemängelt, dass der vorgelegte Entwurf das Verständnis der Kirche in der Patristik völlig ausspare. Der Entwurf schließe sich lediglich an die Tradition der letzten zwei Jahrhunderte an und führe so zu einer inhaltlichen Verengung. Frings schließt: „Es scheint mir, dass dieses Schema jene Weite, Tiefe und Universalität entbehrt, in diesem Sinne der Katholizität, welche von einer Konstitution eines ökumenischen Konzils in Wahrheit und zu Recht verlangt werden muss".

Zugleich zeichnet sich in dieser Debatte ab, wie die großen Arbeitsvorhaben des Konzils zu strukturieren sind. Kardinal Suenens aus Belgien schlägt als Gesamtthema vor: Die Kirche nach innen – die Kirche nach außen (De Ecclesia ad intra – de Ecclesia ad extra). Zugleich charakterisiert er die wesentlichen Dimensionen kirchlichen Lebens, die für ihn die Innen- und Außenbestimmung repräsentieren. Kardinal Montini greift diese Rede von Kardinal Suenens auf. Er sieht die Leitlinien, die die Arbeiten zu bestimmen haben, in den Fragen: „Was ist die Kirche? Was tut die Kirche?" Von diesen beiden Grundfragen aus formuliert er dann seine Kritik am vorgelegten Schema. Kardinal Lercaro von Bologna betont bei seiner Kritik, dass die Kirche der Gegenwart sich als „Kirche der Armen" zu entfalten hat. Am Ende dieser Debatten ist evident, dass das

Kirchenschema neu zu fassen ist. Dieser Konsens ist so stark, dass auf eine formelle Abstimmung verzichtet wird.

Fazit: Mit dem Ende der ersten Sitzungsperiode hat das Konzil die Umrisse seines Programmes gefunden. Es hat eine neue Weise des Sprechens und Behandelns fundamentaler Glaubensfragen entwickelt. Johannes XXIII. stirbt am 3. Juni 1963. Als Paul VI. am 21. Juni 1963 zum Papst gewählt wird, ist die Kontinuität der Konzilsarbeiten gewährleistet.

III. Das Ergebnis der Konzilsarbeiten

Beim feierlichen Schlussgottesdienst Pauls VI. am 8. Dezember 1965 auf dem Petersplatz, in Anwesenheit mehrerer hunderttausend Menschen und bei der weltweiten Fernsehübertragung werden sich viele gefragt haben: Was ist das Ergebnis der Konzilsarbeiten? Die Antwort umfasst zwei unterschiedliche Momente: Aufgrund der intensiven Begleitung des Konzils durch die Berichte und Publikationen sowie durch die öffentlichen Diskussionen über zentrale Fragen des Konzils hat die kirchliche und gesellschaftliche Öffentlichkeit ein erheblich verändertes Bild des christlichen Glaubens und der Kirche erhalten. Das Verhältnis der Kirche zum Judentum ist neu bestimmt. Die Kirche kann nicht mehr zurück hinter ein ökumenisches Engagement, hinter den interreligiösen Dialog, hinter die Religionsfreiheit. Die Würde des Volkes Gottes ist nicht mehr in Frage zu stellen. Es gilt: Wir sind die Kirche!

Ein zweites Ergebnis sind die ausgearbeiteten und verabschiedeten Dokumente. Neben der Konstitution über die heilige Liturgie *Sacrosanctum Concilium* sind drei große Konstitutionen verabschiedet: die dogmatische Konstitution über die göttliche Offenbarung *Dei Verbum*, die dogmatische Konstitution über die Kirche *Lumen Gentium*, die Pastoralkonstitution über die Kirche in der Welt dieser Zeit *Gaudium et spes*. Diese drei großen Konstitutionen bilden die Grundaussagen des Konzils, wobei es in der Liturgiekonstitution im Grunde nur in ihrem ersten großen Kapitel um allgemeine Grundsätze geht, während die dann folgenden Ausführungen sich bereits auf konkrete Regelungen beziehen. Insbesondere der erste große Abschnitt und das dazu hinleitende Vorwort hätten selbstverständlich auch in *Lumen Gentium*, der dogmatischen Konstitution über die Kirche, ihren Platz finden können.

Die dogmatische Konstitution über die göttliche Offenbarung bildet das theologische Fundament der anderen beiden Konstitutionen. Das geht aus dem Anfang von *Dei Verbum* deutlich hervor: „Es hat Gott in seiner Güte und Weisheit gefallen, sich selbst zu offenbaren und das heilige Geheimnis seines Willens bekannt zu machen, durch das die Menschen durch Christus [...] im Heiligen Geist Zugang zum Vater haben [...]. Durch diese Offenbarung redet also der unsichtbare Gott [...] die Menschen als Freunde an [...], um sie zur Gemeinschaft mit sich einzuladen und in sie aufzunehmen" (DV 2). Auf diesen Heilsratschluss Gottes bezieht die dogmatische Konstitution über die Kirche die grundlegenden Aussagen über das Mysterium der Kirche: „Der ewige Vater hat nach dem völligen freien und verborgenen Ratschluss seiner Weisheit und Güte die gesamte Welt erschaffen; er hat beschlossen, die Menschen zur Teilnahme am göttlichen Leben zu erheben, und als sie in Adam abgefallen waren, verließ er sie nicht, indem er ihnen stets Hilfen zum Heil im Hinblick auf Christus, den Erlöser, gewährte" (LG 2).

Ist die Kirche aus der Offenbarung Gottes entsprungen, jener Offenbarung, die sich an alle Menschen richtet, dann muss sie folglich sich selbst als Mysterium und als zugleich sichtbare konkrete Gestalt des Volkes Gottes heute und hier in die Beziehung zu den Menschen setzen, die in eine neue Epoche der Menschheitsgeschichte eingetreten sind: Genau das geschieht in der Pastoralkonstitution *Gaudium et spes*, die von der „Kirche in der Welt dieser Zeit" handelt. Um diese drei konstitutionellen Texte gruppieren sich 16 weitere Dekrete und Erklärungen, die wichtige Einzelaspekte behandeln.

Da sind die Dekrete über die Katholischen Ostkirchen, das Hirtenamt der Bischöfe in der Kirche, die angemessene Erneuerung des Ordenslebens, das Dekret über die priesterliche Ausbildung und über den Dienst und das Leben der Presbyter, das Dekret über das Apostolat der Laien, das Dekret über die missionarische Tätigkeit der Kirche und die Erklärung über die christliche Erziehung sowie das Dekret über die sozialen Kommunikationsmittel.

Dazu kommen die wichtigen Dekrete über den Ökumenismus und das Verhältnis der Kirche zu den orthodoxen Kirchen und den Kirchen und ekklesialen Gemeinschaften aus der Reformation, ferner die Erklärung über die Haltung der Kirche zu den nichtchristlichen Religionen, insbesondere zum Judentum und zum Islam und die Erklärung über die Religionsfreiheit.

Alle diese Texte sind eng miteinander verwoben, setzen sich wechselseitig voraus und erläutern sich auch gegenseitig. Sie weisen insgesamt die gleichen Grundzüge auf. Die Dokumente sind geprägt von einer biblischen Sprache. Es werden weitaus mehr Texte aus der Heiligen Schrift zitiert als in allen vorherigen Konzilien zusammengenommen. Zahlreich sind die Bezugnahmen auf die Kirchenväter aus dem ersten Jahrtausend; daneben werden mittelalterliche Theologen und die päpstlichen Lehrschreiben der jüngeren Zeit zitiert. Kurz, es wird eine theologische Lehre aus dem Blick auf die ganze Überlieferungsgeschichte des Glaubens formuliert. Zugleich werden neue, der gegenwärtigen Menschheitsepoche angemessene Wege beschritten. Es wird Abschied genommen von rund 1700 Jahren Staatskirchentum durch das Dekret über die Religionsfreiheit *Dignitatis humanae*. Den Niederschlag dessen sieht man deutlich in der Erklärung über die Haltung der Kirche zu den nichtchristlichen Religionen: Interreligiöser Dialog ist in einer Situation, in der sich die Kirche zum Staatskirchentum bekennt, undenkbar. Das Missionsdekret *Ad gentes* zeigt ebenso deutlich den neuen Ansatz im Unterschied zur vorherigen Missionsgeschichte. In dem Dekret über die Katholischen Ostkirchen und in den einschlägigen

Texten des Ökumenismus-Dekrets *Unitatis redintegratio* legt die Römisch-katholische Kirche ein Bekenntnis zur Pluralität der Kirchen, der Gestalten der Glaubensüberlieferung und der Liturgien in Ost und West ab. Die Kirche verspricht, sich in Zukunft um die Pluralität auch in der lateinischen Kirche zu bemühen, eventuell sogar Patriarchenstühle einzurichten. In Bezug auf die Kirchen und kirchlichen Gemeinschaften, die aus der Reformation stammen, wird ausdrücklich betont, dass die gegenwärtigen Angehörigen selbstverständlich nicht Schuld am Schisma sind, sondern sich guten Glaubens in ihren jeweiligen konfessionellen Gemeinschaften befinden. Es wird ausdrücklich gesagt, dass der Heilige Geist in der Vergangenheit auch in diesen Kirchen und Gemeinschaften gewirkt hat. Das bedeutet doch, dass die katholische Kirche hier etwas zu lernen hat. Alle Gläubigen werden aufgefordert, kreativ am Werk der Wiedervereinigung zu arbeiten. Ebenso findet sich eine ganze Reihe von innerkirchlichen theologischen Präzisierungen und Korrekturen: Das betrifft nicht nur das Verständnis der Liturgie und ihrer Vollzüge, sondern ebenso die Leitungstrukturen in der Kirche. Im Gegensatz zum I. Vatikanum spricht das II. Vatikanum nicht lediglich von der Stellung des Papstes, sondern ebenso von der Kollegialität der Bischöfe. Das Kollegium der Bischöfe hat – unter dem Vorsitz des Papstes und mit ihm – Verantwortung für die gesamte Kirche. Insgesamt stehen die „Diener" der Kirche im Dienst des Volkes Gottes und haben die Aufgabe, diesem Volk Gottes zu helfen, dass es die Sendung Jesu Christi in der Welt von heute wirkungsvoll fortsetzt. Selbstverständlich haben die Laien in der Kirche das Recht, eigenständige Initiativen zu ergreifen. Das Volk Gottes, alle bilden ein heiliges Priestertum.

Darüber hinaus entfaltet *Gaudium et spes* neue Dimensionen. Im Vorspann skizzieren die Konzilsväter die Epoche der Moderne, wie sie sich mit hoher Geschwindigkeit, angefangen von der Industrialisierung und der Ausbildung der neuzeitlichen Wissenschaften über die modernen Wirtschafts- und Finanzsysteme hinaus ausbildet. Es werden die sozialen und individuellen Auswirkungen genannt, die damit verbunden sind; die positiven, aber auch die negativen gesellschaftlichen Umbrüche; das Faktum, dass breite Volksmassen sich vom überlieferten Glauben abwenden. Im ersten lehrhaften Teil werden dann anschaulich die Grundzüge der christlichen Lehre vom Menschen skizziert. Die Pastoralkonstitution geht aus vom modernen Begriff der Personenwürde, die sich in der freiheitlichen Eigenverantwortung des Menschen, in der Gewissensfreiheit, Meinungsfreiheit, Wissenschaftsfreiheit manifestiert. Zugleich aber werden die großen Sinnfragen genannt, die den modernen Menschen ängstigen und Ausschau halten lassen nach der Fülle des Lebens. In diesen Kontext wird dann die Antwort des Glaubens gestellt: das Bekenntnis zur Gottebenbildlichkeit des Menschen und seiner Berufung zur Gemeinschaft mit Gott. In einer ähnlichen Weise wird über das menschliche Tun in der Geschichte gehandelt und die Frage nach dem Ziel und dem Sinn der Technik und Wissenschaft gestellt, welche die Moderne prägen, zumal mit dieser dem Menschen hier zuwachsenden Macht die Gefährdungen des Menschen und seiner Lebenswelt ins Gigantische gewachsen sind. Die Atomkrise von Kuba war ein unvergessliches Menetekel.

Der sehr konzentrierte Abschluss des ersten Teiles von *Gaudium et spes* bildet eine kurze Zusammenfassung, wie die epochale Entwicklung der Moderne in ihren unterschiedlichen Aspekten der Kirche hilft, sich selbst in ihren eigenen Beziehungen tiefer und genauer, differenzierter zu fassen und zu vollziehen und wie die Kirche mit ihrer Botschaft dem Leben der Menschen in der Moderne zu Hilfe kommt (vgl. GS 40-45).

Der zweite große Teil behandelt dann in bemerkenswerter Weise große moderne Problemfelder, das Verhältnis zur modernen globalen Wirtschaft und zum Finanzmarkt, zu Politik und Kultur, aber auch zu Krieg und Frieden. Ich greife dieses zuletzt genannte Beispiel heraus. Die Konzilsväter erleben in der ersten Sitzungsperiode sehr drastisch die Gefahr eines globalen Atomkriegs. Es ist ihnen klar, dass der Einsatz von Atomwaffen wegen ihrer Massenvernichtungskraft einen grundsätzlich zu verurteilenden Akt darstellt. Auf der anderen Seite beharren die amerikanischen Bischöfe und eine Reihe anderer darauf, dass jedes Land das Recht zur Selbstverteidigung habe und dass ohne die Produktion von Atomwaffen und die Drohung mit ihrem Einsatz eine solche Selbstverteidigung nicht gegeben sei. Mit der überlieferten Lehre vom gerechten Krieg ist diese Aporie nicht zu lösen. Die Väter beschreiten mit ihrer Antwort einen ganz neuen Weg, indem sie, ausgehend von der gegenwärtigen Situation, den Weg zu einer Friedenspolitik durch vertrauensbildende Maßnahmen, schrittweise Verhandlungen über Reduzierung der entsprechenden Vernichtungspotentiale skizzieren, die für die gegenwärtige Situation unerlässlich sind. Einen solchen Weg kannte die frühere Moraltheologie bzw. die Sozialethik nicht. De facto wird dieser Weg in den Bemühungen um eine Deeskalation der Spannungen seit der Kuba-Krise von den Supermächten beschritten.

IV. Die Phasen der Rezeption

Das II. Vatikanische Konzil ist ohne Zweifel das bedeutendste Ereignis in der Kirchengeschichte des 20. Jahrhunderts. Aber es reicht darüber hinaus. Hat es nicht einen ganz entscheidenden und wichtigen Platz in der Religionsgeschichte des 20. Jahrhunderts? Die Veränderungen der Moderne haben eine Erschütterung über alle Weltreligionen gebracht, insofern frühere religiöse Selbstverständlichkeiten und Traditionen im Islam, im Hinduismus, im Buddhismus und im Christentum gleichermaßen erschüttert wurden, wenn sie auch jeweils von anderer Gestalt waren. Alle diese großen Religionen stehen heute vor der Frage, sich neu positionieren zu müssen. Die Kulturen und die gesellschaftlichen Verhältnisse sind von diesen Fragen betroffen. Ist dieser Prozess, 50 Jahre nach dem Konzil, in der Kirche abgeschlossen? Es wäre gewagt, angesichts der gegenwärtigen Gottes- und Kirchenkrise mit einem Ja zu antworten, zumal traditionalistisch gesonnene Kreise das Konzil für die gegenwärtige Glaubens- und Kirchenkrise verantwortlich machen. Es gilt also genauer hinzuschauen, wie die Rezeption bislang verlaufen ist.

Unmittelbar mit dem Ende des Konzils setzt die Arbeit an der „Rezeption", der Aneignung und realen Umsetzung des Konzils ein. Es werden direkt nach dem Schluss des Konzils von theologischen Beratern Kommentare zu den Dokumenten veröffentlicht.

In den letzten Konzilstagen beruft Paul VI. die Mitglieder der Kommission, welche die Beschlüsse des Konzils in einen neuen Codex Juris Canonici (CIC) umsetzen soll. Es tritt eine „vacatio legis", eine gewisse Aufhebung von Kirchenrechtsschriften ein, die mit den Aussagen des Konzils unvereinbar sind. Der erste Entwurf des neuen CIC wird den Bischofskonferenzen vorgelegt. Danach geht die Bearbeitung unter hohem Druck in Rom weiter. 1983 wird der neue Kirchenrechtscodex veröffentlicht und in Kraft gesetzt.

Am 7. Dezember 1965 erfolgt die Aufhebung des wechselseitigen Bannes von Ost- und Westkirche durch Paul VI. und Patriarch Athenagoras I.

Überall in den verschiedenen Bischofskonferenzen wird, zum Teil länderübergreifend, an der Übersetzung der liturgischen Texte gearbeitet. Bald kursieren auch eine Reihe von privaten Entwürfen. Eine römische Kommission arbeitet an einer Neuordnung des Messformulars und der neuen Leseordnung. Hier greift man weitgehend auf einen Entwurf von Heinz Schürmann, Erfurt, zurück. Das Stundengebet wird überarbeitet. Die Ordensgemeinschaften beginnen mit den Vorbereitungen ihrer Generalversammlungen. Sie haben zum Ziel, die ursprünglichen Gründungsabsichten dieser Gemeinschaften in zeitgemäße Formen umzusetzen. An der römischen Kurie werden erste Überlegungen zu einer Kurienreform eingeleitet. Es werden neue Behörden eingerichtet, z. B. für den interreligiösen Dialog, für Gesellschafts- und Friedensfragen (Justitia et Pax).

Paul VI. zieht gegen Ende des Konzils zwei Fragen an sich: die Problematik der Empfängnisregelung und die des Zölibats der Diözesanpriester. Die eingesetzten päpstlichen Kommissionen arbeiten daran, und man wartet gespannt auf Ergebnisse. 1968 wird die Enzyklika *Humanae vitae* veröffentlicht und löst heftige Diskussionen aus. Eine Reihe von Geistlichen erwartet eine Lockerung der strikten Zölibatsverpflichtung. Bereits 1967 wird von Paul VI. die Zölibatsregelung bekräftigt. In zahlreichen Gemeinden werden Bildungsabende zu Themen des Konzils veranstaltet. Priesterfortbildungen und ähnliche Veranstaltungen sind an der Tagesordnung. Auf der ersten nachkonziliaren Bischofssynode von 1970 wird die Frag nach einer Lockerung der Zölibatsverpflichtung mit Mehrheit abgelehnt.

In der DDR wird für die erste nachkonziliare Bischofsernennung eine Beteiligung von Diözesangremien durchgesetzt. Bereits 1967 veröffentlicht Paul VI. die Enzyklika *Populorum progressio* zur Entwicklungsproblematik. 1968 findet die Synode in Medellin statt, die *Gaudium et spes* für die lateinamerikanische Situation auslegen soll.

Die aufgeregte Stimmung der Jahre 1968 bis 1971 macht sich auch in der Kirche bemerkbar. In Lateinamerika entstehen in diesen Jahren Gruppen von Priestern und Ordensleuten wie die „Priester für die dritte Welt". Gustavo Gutierrez publiziert seine schnell weltweit übersetzte „Theologie der Befreiung". Zugleich beginnen von den USA gesteuerte Repressionsmaßnahmen und Anklagen, die Befreiungstheologie versuche den Marxismus zu fördern. 1984 erfolgt eine römische Verurteilung der Befreiungstheologie, 1986 eine differenziertere Beurteilung.

Eine ganze Anzahl von einzelnen Diözesen führt in diesen Jahren Diözesansynoden durch. In Österreich (1968-1970), in den Niederlanden (1970), in der Bundesrepublik Deutschland und in Westberlin und parallel in der DDR (1972-1975) finden nationale Synoden statt.

Zugleich bilden sich bald nach dem Konzil zahlenmäßig kleine traditionalistische Gruppen wie Una Voce, eine Gruppe um die Publikation „Der Fels", und die Piusbruderschaft von Lefebvre in Frankreich. Lefebvre, Missionar, dann Erzbischof im Senegal, Gegner der Entkolonialisierung, wird General seiner Kongregation, der Spiritaner, überwirft sich mit den reformwilligen Kräften seiner Kongregation, gründet ein Theologenkonvikt in Fribourg (Schweiz) und beginnt kurz darauf – ohne Einverständnis des zuständigen Ortsbischofs – eine eigenständige Priesterausbildung in Ecône (Schweiz). Lefebvre löst vor allem in Frankreich ein gewisses öffentliches Echo aus. Wegen unerlaubter Priesterweihen wird er 1976 gemaßregelt, wegen unerlaubter Bischofweihen 1988 exkommuniziert.

Abgesehen von den oben erwähnten Rezeptionsvorgängen wären insbesondere zu nennen: die nach dem Konzilsschluss einsetzenden offiziellen ökumenischen Gespräche, die interreligiösen Gespräche und weithin beachteten Veranstaltungen sowie die zeichenhaften Handlungen und Gespräche von Johannes Paul II. Mit dem 20. Jahrestag des Konzilsabschlusses 1985 und der Bischofssynode dazu endet eine erste Phase der Aneignung des Konzils.

Die Regierungszeit Johannes Pauls II. (1978-2005) bringt eigene Akzente in der Rezeption des II. Vatikanischen Konzils. Die Bischofssynode von 1985 bestätigt noch einmal ausdrücklich das Konzil und seine Bedeutung für die Kirche. Kardinal Danneels fasst nach der ersten großen Diskussionsrunde zusammen, die Bischöfe hätten einmütig das II. Vatikanum als „legitimen Ausdruck und legitime Interpretation des in Schrift und lebendiger Tradition entfalteten Depositums Fidei" gewürdigt: „So muss und wird das Konzil sowohl dem Buchstaben wie dem Geist nach eine Magna Charta sein, die der Kirche den Weg in das 3. Jahrtausend weist" (nach Herder Korrespondenz 40 (1986) S. 35). Die Botschaft, die die Bischöfe damals an die Christen der Welt gerichtet haben, und der Schlussbericht nennen zwar auch Licht und Schatten bei der Rezeption des Konzils, äußere und innere Gründe für die Schwierigkeiten. Zugleich aber fordern sie eine vertiefte Rezeption des Konzils und sprechen eine ganze Reihe von Empfehlungen aus, um das Konzil tiefer in der Kirche zu verankern. Unter dem Stichwort „Communio" wird insbesondere die Vielfalt der Kirche in der Einheit, die Notwendigkeit, die Kollegialität zu stärken, die Bischofskonferenzen zu kräftigen, hervorgehoben. Unter der Überschrift „Die Sendung der Kirche in der Welt" werden vor allem die Bedeutung von *Gaudium et spes*, die Fortsetzung des „Aggiornamento", die Inkulturation des Evangeliums, der Dialog mit den nichtchristlichen Religionen und den Nichtglaubenden herausgestellt. Das lange Exklusiv-Interview Kardinal Ratzingers von 1985 über den Zustand der Kirche und die Verantwortung des Konzils für die nachkonziliare Krise schlägt demgegenüber andere Töne an.

Der politische Zusammenbruch des Ostblocks und der Mauerfall bringen für die Kirche in jenen Ländern eine völlig veränderte Situation mit sich. Ihre Bischöfe konnten nur zum Teil und unter erschwerten Bedingungen am Konzil teilnehmen. Zugleich gestatteten die Verhältnisse oftmals nur behutsame und vorsichtige Umsetzungen der Konzilsbeschlüsse. Hinzu kam, dass die Medien wesentlich weniger über Konzilsdiskussionen berichteten. Die theologische Arbeit war in den meisten Ländern sehr reduziert. Das Konzil ist so für einen erheblichen Anteil der katholischen Bevölkerung ein kirchliches Ereignis, das „im Westen" stattgefunden hat. Mit den Herausforderungen einer demokratischen Neugestaltung der Staaten und der schwierigen wirtschaftlichen Anpassung an marktwirtschaftliche Konkurrenzverhältnisse wie der Konfrontation mit einer liberalen und weitgehend säkularen westlichen Kultur verbindet sich dann die Aufgabe, das Konzil in einer vertieften Weise aufzunehmen und damit Veränderungsprozesse in der Kirche vorzunehmen: eine schwierige, die kirchlichen Gemeinschaften wie die Bischöfe oftmals überfordernde Aufgabe.

Die Zeit zwischen 1985 und 2005 umspannt jene Jahre, in denen die theologische Auseinandersetzung mit dem II. Vatikanischen

Konzil neue Formen gewinnt. Giuseppe Alberigo beginnt die Arbeit an der fünfbändigen „Geschichte des II. Vatikanums", gemeinsam mit einer international zusammengesetzten Gruppe von Theologen auf einer internationalen Konferenz Ende 1988. Dieses selbe internationale Team veröffentlicht zusätzlich zahlreiche Einzeluntersuchungen, die sich auf einzelne Vorgänge des Konzils und die Auswertung der unterschiedlichen Quellen beziehen. 2001 wird dieses große Werk, das inzwischen in zahlreiche Sprachen übersetzt ist, abgeschlossen.

1998 beginnen Peter Hünermann und Bernd-Jochen Hilberath sowie eine Reihe deutscher und österreichischer Theologen, einen Theologischen Kommentar zum II. Vatikanischen Konzil – gleichfalls in fünf Bänden – zu erarbeiten. Die Bände, welche auch eine lateinisch-deutsche Studienausgabe der Dokumente des II. Vatikanischen Konzils enthalten, erscheinen 2004/2005, zum 40-jährigen Jahrestag des Abschlusses des Konzils. Daneben ist eine Fülle von anderen Kommentaren zu einzelnen Dokumenten des Konzils zu nennen. Wichtige Untersuchungen sind darüber hinaus dem eigentümlichen Charakter des Konzils, seiner neuen Form und Sprachweise gewidmet. Zudem setzt eine starke Reflexion auf die Rezeption des II. Vatikanischen Konzils ein. Dabei geht es nicht nur um die geschichtliche Frage, wie die Rezeption des II. Vatikanischen Konzils bislang gelaufen ist. Entscheidend ist vielmehr auch die Frage: Was bedeutet angesichts einer sich immer stärker ausprägenden Gottes- und Kirchenkrise das II. Vatikanische Konzil für die Zukunftsorientierung der Kirche?

Sehr gute Forschungen liegen vor im französischen, US-amerikanischen, kanadischen und asiatischen Sprachbereich, insbesondere in Indien. Zugleich verbreitete sich in der Öffentlichkeit der Eindruck, dass mit dem außergewöhnlichen Entgegenkommen des Papstes gegenüber der Piusbruderschaft mit der Aufhebung der Exkommunikation und der Einführung des außerordentlichen Messritus von den Perspektiven des Konzils in einer gewissen Weise

Abschied genommen werde. Papst Benedikt ist diesem Eindruck mit Entschiedenheit entgegengetreten und hat dies insbesondere bekräftigt in Bezug auf den christlich-jüdischen Dialog, den interreligiösen Dialog, aber auch im Blick auf den ökumenischen Dialog, wobei er allerdings davor warnte, ökumenische Gespräche im Sinne von auszuhandelnden Kompromissformulierungen misszuverstehen.

Mit dieser Beurteilung der Lage soll keineswegs in Abrede gestellt werden, dass es von Seiten der römischen Kurie einen starken Druck auf die Ortskirchen, die Bischöfe und die Bischofskonferenzen im Sinne einer administrativen expandierenden Regelungskompetenz der römischen Behörden gibt. Auch hier gilt es, die nötigen Balancen zu beachten. Was bedeutet es etwa für die Balance zwischen römischer Kurie und Ortskirchen, wenn in Irland auf Grund der Missbrauchsfälle 10 Bischofsstühle neu zu besetzen sind? Wie ist in einem solchen Kontext die Frage nach der wegweisenden Kraft des II. Vatikanischen Konzils zu bestimmen? Ist das II. Vatikanum in Wahrheit verbindliche Wegweisung für heute? Gehen wir diesen Weg?

V. Das II. Vatikanum: Verbindliche Wegweisung? Unser Weg?

Das II. Vatikanische Konzil hat seine Konstitutionen *Dei Verbum* und *Lumen Gentium* bewusst „dogmatische" Konstitutionen genannt, um ihren verbindlichen Lehrcharakter zu betonen. Im Vorwort zu *Gaudium et spes* wird betont: „Obwohl die Pastoralkonstitution ‚Über die Kirche in der Welt dieser Zeit' aus zwei Teilen besteht, bildet sie dennoch eine Einheit. ‚Pastoral' aber wird die Konstitution deswegen genannt, weil sie, auf Lehrprinzipien gestützt, die Haltung der Kirche zur Welt und zu den heutigen Menschen auszudrücken beabsichtigt. Deswegen fehlt weder im ersten Teil die pastorale Absicht, noch aber im zweiten die lehrhafte Absicht. Im ersten nämlich entwickelt die Kirche ihre Lehre über den Menschen, über die Welt, in die der Mensch eingefügt ist, und über ihre Haltung zu ihnen. Im zweiten aber betrachtet sie verschiedene

Aspekte des heutigen Lebens und der menschlichen Gesellschaft näher, und zwar insbesondere Fragen und Probleme, die für unsere Zeiten dabei drängender erscheinen. Darauf folgt, dass in diesem zweiten Teil die Materie, obgleich sie den Lehrprinzipien unterworfen ist, nicht nur aus bleibenden, sondern auch aus bedingten Elementen besteht".

Es wurde oben herausgestellt, dass das II. Vatikanische Konzil seine Lehre im Blick auf die ganze Lehrtradition formuliert, getragen vom Zeugnis der Schrift ebenso wie unter Berücksichtigung der Patristik, des Mittelalters, der Neuzeit. Zugleich wird diese Lehre formuliert im Blick auf die heutige epochale neue Gestalt des menschlichen Lebenskontextes, der Auswirkungen dieses Lebenskontextes auf den Glauben, die Kirche, die Stellung der Menschen in diesem Lebenskontext und die Frage, wie der Glaube den Menschen in diesem Lebenskontext hilft. Damit wird auf der einen Seite ein Grundprinzip der kirchlichen Lehrtradition aufgegriffen, die immer von der – sich durch alle Zeiten durchziehenden – Selbigkeit des Glaubens ausging und nach dem jeweiligen aktuellen Konsens in der Glaubensformulierung fragt. In einer sehr einfachen Form hat dies Vinzenz von Lerin in der Patristik ausgesprochen: Zu glauben sei, was „semper, ubique et ab omnibus", was „immer, überall und von allen" geglaubt werde. Zu diesem Grundprinzip bekennt sich das II. Vatikanische Konzil, zu diesem Grundprinzip bekennt sich auch Papst Benedikt bei seiner ersten Weihnachtsansprache 2005 an die römische Kurie, bei der er formuliert, dass das II. Vatikanische Konzil nicht einen Bruch mit der Tradition, sondern eine Reform der Tradition bedeute. Er spricht damit ebenso die Selbigkeit im Glauben wie die geschichtlichen Wandlungsprozesse an, die in der Wahrung und Weitergabe des Glaubens zu beachten sind. Das II. Vatikanum hat nun zugleich mit der Betonung der Selbigkeit der Glaubenstradition die Differenzen gegenüber früheren Konzilien und früheren Gestalten der Glaubensausprägung in seinen Dokumenten deutlich dokumentiert. Die Konzilsväter haben einen neuen Stil, eine neue Sprache kirchlich-lehramtlicher Dokumente erarbeitet. Sie haben keine Dogmen definiert. Dogmen bestehen immer aus Urteilen, Satzurteilen, die sich auf einen einzelnen Sachverhalt beziehen, der durch die Definition festgestellt wird.

Mit den modernen Wissenschaften, die nicht einzelne Sachverhalte, sondern primär Verläufe von Prozessen feststellen, etwa im naturwissenschaftlichen Bereich, komplexe Ordnungen im Feld der Wirtschaftswissenschaften, Sozial- und Humanwissenschaften, haben die Väter des II. Vatikanums die Offenbarung Gottes selbst thematisiert, ihren Sinn und ihre Auswirkungen in der Menschheitsgeschichte angesprochen und diese Aussagen verfolgt bis in konkretere Verhaltensformen der kirchlichen Glaubensgemeinschaften zu den Bezeugungsinstanzen der Offenbarung Gottes. Ganz ähnlich ist in Bezug auf die Kirche verfahren worden, die im Heilsratschluss Gottes begründet ist, sich in der Geschichte der Menschheit manifestiert, im Alten Bund zu ersten Ausprägungen kommt und durch die Offenbarung Gottes in Jesus Christus zu ihrem Selbstverständnis erwacht. In diesen großen Zusammenhängen, die im II. Vatikanischen Konzil entfaltet werden, spiegelt sich so ein neuer Zugang zur Erfassung der Glaubenswirklichkeit mit Hilfe eines neuen Instrumentariums, das der Kirche aus der geistigen Entfaltung der Menschheit zugewachsen ist.

Wenn man sich die Bedeutung dieses Zuwachses klar macht, so kann man daran denken, dass der traditionellen Logik, wie sie schon von Aristoteles ausgeprägt wurde und sich in der Erarbeitung der logischen Schlussfolgerungen und ihrer unterschiedlichen Typen manifestierte, in der Moderne ein zweiter Typus von Logik an die Seite trat, die sogenannte moderne Prädikatenlogik, welche es ermöglicht, hochkomplexe Aussagen, die viele Variable und Momente umspannen, in Bezug auf ihre einzelnen zahlreichen Wahrheitsbedingungen zu reflektieren. Hier geht es nicht mehr um die Definition eines festzustellenden Sachverhalts in Form einer

Einzelaussage – wie auch im kirchlichen Dogma –, sondern um Verläufe, Systeme, große Zusammenhänge und ihre inneren Strukturen. Dabei tritt die Prädikatenlogik an die Seite der formalen Logik, ohne sie aufzuheben oder zu beeinträchtigen.

Ähnliches gilt von den Texten des II. Vatikanums in Bezug auf Dogmen: Sie werden nicht negiert, sie empfangen vielmehr durch die neue Aussageform ihre Einordnung in Vollzugs- und Verlaufsformen. Das klingt abstrakt und soll deshalb an einem Beispiel veranschaulicht werden. Das I. Vatikanische Konzil hat die hohe Lehrkompetenz des römischen Bischofs definiert. Das II. Vatikanische Konzil spricht davon, wie diese Lehrkompetenz zu sehen und zu vollziehen ist – nämlich so, dass hier die anderen Lehrkompetenzen und ihre Instanzen, die es in der Kirche gibt, berücksichtigt werden und zur Geltung kommen: die Kompetenz des Kollegiums der Bischöfe in ihren kollegialen Vollzügen, die des Glaubenssinns des Volkes Gottes, die grundlegende Orientierung durch die Heilige Schrift, die Berücksichtigung der theologischen Lehrtradition in der Kirche.

Die Behauptung von Bischof Fellay, dem Oberen der Piusbruderschaft, das Konzil habe – weil es keine Dogmen definiert hat – lediglich das Gewicht einer Predigt, es sei ja nach eigener Auskunft ein „pastorales Konzil" gewesen, verkennt somit wesentlich den Charakter dieser feierlich von Paul VI. zusammen mit den Bischöfen der Weltkirche proklamierten Texte: Es sind Texte, die die zurückliegenden dogmatischen Definitionen in ihren heutigen, von der Kirche ausdrücklich reflektierten Rahmen und hinsichtlich der gläubigen Vollzüge einordnen. Die Konstitutionen des II. Vatikanischen Konzils und die dazu verabschiedeten Erklärungen und Dekrete, die sich auf einzelne Fragen beziehen, sind somit konstitutiv für das Selbstverständnis und die modernen gemeinsamen Selbstvollzüge der Gemeinschaft der Glaubenden. Sie bezeichnen – das Wort in einem übertragenen Sinne gebraucht – die „Verfassung" der Gemeinschaft der Glaubenden in der modernen Epoche der Menschheit.

In diesem Sinne geben sie die Grundorientierung für die anstehenden, sich vor fünfzig Jahren wie heute in veränderter Form darstellenden Probleme vor. Sie bieten die Ansatzpunkte, um die Zeichen der Zeit von heute in angemessener Weise zu entziffern und auf die Fragen, die sich heute im Glauben stellen, angemessene Antworten zu finden.

KONSTITUTION ÜBER DIE HEILIGE LITURGIE
SACROSANCTUM CONCILIUM

Hinführung zum Konzilstext von Manuela Ulrich

Die Liturgiekonstitution *Sacrosanctum Concilium* („das Heilige Konzil") wurde am 4. Dezember 1963 als erstes Dokument des Konzils feierlich verabschiedet. Der Erfolg dieser Konstitution wäre aber nicht möglich gewesen ohne die bereits jahrzehntelang wirkende „Liturgische Bewegung" und die damit verbundenen vorkonziliaren päpstlichen Teilreformen.

Zur Vorgeschichte

Die liturgische Situation vor dem Konzil

Seit dem Konzil von Trient (1563) galt die päpstlich-römische Liturgie für alle katholischen Christen im Westen als verbindlich vorgeschriebene und unveränderliche Form des Gottesdienstes, wie sie in den dafür herausgegebenen liturgischen Büchern geregelt war. Eine Ausnahme wurde jenen liturgischen Traditionen gewährt, die bereits länger als 200 Jahre bestanden hatten, z. B. dem Mailänder oder dem altspanischen Ritus.

Die „Gültigkeit" liturgischer Handlungen war von ihrem korrekten Vollzug durch den Klerus abhängig, ob Zeichen und Symbole dabei verstanden wurden, spielte keine Rolle. Vielfach war deren ursprüngliche Bedeutung bereits verloren gegangen und durch spätere Deutungen überlagert worden.

Für die Sonntagsmesse der Gemeinde bedeutete dies, dass der Priester alle Texte und diese in lateinischer Sprache sprechen musste, viele davon sogar leise. Antworten wurden meist nur mehr von den Ministranten gesprochen, die damit eine Stellvertreterfunktion für die Gemeinde übernahmen. Diese sollte – wenn sie vorhanden war – in „stiller Andacht" beiwohnen, Rosenkranz beten oder Lieder singen. Auch beim gesungenen Hochamt, bei dem der Chor die (lateinischen) Gesänge wie Gloria oder Sanctus übernahm, erhielten diese Texte ihre „Gültigkeit" erst dadurch, dass sie vom Priester leise mitgesprochen wurden. Weder der Chor noch die Gemeinde selbst hatten eine „echte" liturgische Rolle.

Die Pflicht des einzelnen Christen bestand darin, am Sonntag in der Kirche anwesend zu sein, wenn der Priester die Messe „liest". Diese Pflicht hatte man gerade noch erfüllt, wenn man spätestens zur Gabenbereitung in die Kirche kam. Der Wortgottesdienst spielte als „Vormesse" eine sehr untergeordnete Rolle. Die eigentliche Messe begann erst mit der „Opferung" (heute: Gabenbereitung).

So verwundert es nicht, dass verschiedenste Formen der Volksfrömmigkeit sich wachsender Beliebtheit erfreuten, z. B. Prozessionen, (eucharistische) Andachten, Heiligenverehrung u. Ä. Diese waren nämlich nicht den strengen Kriterien der kirchlichen Liturgie unterworfen und konnten deshalb in der Volkssprache gefeiert und nach regionalen Bedürfnissen individuell gestaltet werden. So wurde am Beginn des 20. Jahrhunderts die offizielle Osternachtsliturgie am Karsamstagmorgen unter oft geringer Beteiligung der Gemeinde vollzogen, während die volkssprachliche Andacht („Ostervesper") mit Auferstehungsprozession und Speisensegnung am Samstagnachmittag oder -abend den eigentlichen Höhepunkt für die Gläubigen darstellte.

Liturgische Bewegung und vorkonziliare Teilreformen

Kirchliche Erneuerungsbestrebungen gab es seit dem 17./18. Jahrhundert immer wieder. Sie konnten sich allerdings nicht durchsetzen. Das änderte sich im 19. Jahrhundert, als innerhalb der Kirche das Interesse für die Kirchenväter, das Studium der Bibel, die Geschichte des frühen Christentums und die Erneuerung der Orden zunahm. Neue theologische Erkenntnisse und die Auseinandersetzung um das erneuerte Kirchenverständnis (vgl. Einleitung zu *Lumen Gentium*) führten schließlich zur Liturgischen Erneuerung.

Die Liturgische Bewegung des 20. Jahrhunderts wurde 1903 durch Pius X. und sein apostolisches Schreiben zur Kirchenmusik *Motu proprio* „eingeleitet" . Er forderte dort „die tätige Teilnahme [der Gemeinde] an den heiligen Mysterien und am öffentlichen und feierlichen Gebet der Kirche", v. a. über die Beteiligung am gregorianischen Gesang. Was damals noch niemand ahnen konnte: Das Schlagwort der „tätigen Teilnahme" (participatio actuosa) sollte zu einem Schlüsselbegriff der Liturgischen Erneuerung und der Liturgiekonstitution werden.

Als Geburtsstunde der „eigentlichen" Liturgischen Bewegung ging der Katholikentag von 1909 in Mecheln („Mechelner Ereignis") in die Geschichte ein. Anlass dafür war das Referat des Benediktiners Lambert Beaudin und seine liturgische Situationsanalyse: Der Gottesdienst hätte seinen Gemeinschaftscharakter verloren, die Teilnahme der Gläubigen sei zu einer individuellen Frömmigkeitsübung verkommen. Liturgische Erneuerungsarbeit müsse genau dort ansetzen.

So hatte es sich die Liturgische Bewegung zum Ziel gesetzt, die Gläubigen wieder für die Liturgie zu begeistern und für eine aktive Teilnahme zu gewinnen. Der Gottesdienst sollte wieder zur Angelegenheit des ganzen Volkes werden. Zwei wichtige deutschsprachige Vertreter waren Romano Guardini (Burg Rothenfels bei Würzburg) und der Augustiner-Chorherr Pius Parsch (Klosterneuburg), der mit seiner „volksliturgischen Arbeit" eine große Breitenwirkung erreichte.

Diese Bemühungen „von unten" gingen Hand in Hand mit der liturgiewissenschaftlichen Auseinandersetzung auf liturgischen Studientagen und Kongressen und daraus folgenden kirchenamtlichen Maßnahmen „von oben": häufigerer Kommunionempfang in der Messe, Änderung der Nüchternheitsbestimmungen, Vereinfachungen der Rubriken (rituelle Anweisungen in den liturgischen

Büchern) etc. Besonders zu nennen ist die Enzyklika *Mediator Dei et hominum* (Der Mittler zwischen Gott und den Menschen) von Pius XII. (1947), durch die die Liturgische Bewegung eine erste offizielle Anerkennung erfuhr. Dieses päpstliche Rundschreiben ist einer der wichtigsten vorkonziliaren Texte zu Grundaussagen über die Liturgie und wird mehrfach in der Liturgiekonstitution zitiert. Pius XII. hat damit die Liturgiereform erst möglich gemacht.

Angesichts dieser Entwicklungen ist zu erkennen, dass die Liturgische Bewegung selbst einen Prozess durchgemacht hat: Forderte sie zunächst die tätige Teilnahme der Gemeinde innerhalb der tridentinischen Liturgie, wurde bald der Ruf nach einer Reform der Liturgie selbst laut. Erste Schritte in diese Richtung waren die Herausgabe zweisprachiger liturgischer Bücher 1951, die Rückverlegung der Osternacht auf die Nacht von Samstag auf Sonntag 1951 und schließlich die Neuordnung der gesamten Karwoche 1955.

Zur Entstehung und Textgeschichte der Liturgiekonstitution

Die Erarbeitung der Textvorlage für die Konzilsaula

Ein Viertel der 2800 eingegangenen Meldungen der Bischöfe zu Themen, die auf dem Konzil besprochen werden sollten, betrafen die römische Liturgie. Dazu kamen weitere Eingaben der Theologischen Fakultäten und Universitäten und der römischen Kommissionen. Da nicht die gesamte katholische Kirche ihren Gottesdienst nach dem römischen Ritus feiert(e), war nicht von Anfang an klar, ob dieses Thema überhaupt auf einem gesamtkirchlichen Konzil behandelt werden würde. Der Papst entschied sich dafür und so wurde 1960 die Liturgische Vorbereitungskommission eingesetzt, zu deren Leiter Kardinal G. Cicognani, Präfekt der Ritenkongregation (vatikanische Zentralbehörde, die damals für die Normen zur Ausübung des Gottesdienstes und für Heiligsprechungsverfahren zuständig war) ernannt wurde. Als Sekretär wurde P. Annibale

Bugnini, Ordensgeistlicher und Liturgieprofessor an der Lateran-
universität, bestimmt; er gilt bis heute als einer derjenigen, der die
Liturgiereform maßgeblich mitgeprägt hat. Der Vorbereitungskommission gehörten namhafte Theologen wie Bischof F. Zauner
(Linz), R. Guardini (München) und J. A. Jungmann SJ (Innsbruck) an.

Einen maßgeblichen Einfluss auf die Meinungsbildung hatten
1956 bis 1960 die internationalen liturgischen Kongresse, an denen
viele Mitglieder der Liturgiekommission teilgenommen hatten.
In 13 thematischen Unterkommissionen wurden alle eingegangenen
Fragen diskutiert und theologisch erörtert. Man beschränkte sich
– v. a. in den praktischen Vorschlägen – auf den römischen Ritus, da
eine Reform der östlichen Riten (der katholischen Ostkirchen bzw.
unierten Kirchen) nur gemeinsam mit den von Rom getrennten Ostkirchen, die diese ebenfalls verwenden, möglich gewesen wäre.

Im April 1961 wurden die erarbeiteten Vorschläge in der Ge-
samtkommission ein erstes Mal diskutiert, koordiniert und über-
arbeitet. Insgesamt wurden nacheinander drei Textvorlagen (Sche-
mata) auf den Vollversammlungen behandelt. Dabei führte v. a. die
Diskussion um das Wesen der Liturgie zu Gegenentwürfen, die in die
weiteren Vorlagen eingearbeitet wurden. Der daraus entstandene
Text mit acht Kapiteln wurde im Jänner 1962 einstimmig von der
Kommission angenommen, am 1. Februar 1962 von ihrem Leiter
Cicognani, der kurz darauf verstarb, unterzeichnet und an die
Zentralkommission weitergeleitet.

Wie alle eingegangenen Schemata wurde dort auch das Schema
zur Liturgie geprüft. Eigentlich sollten die Kommissionsmitglieder
nur darüber abstimmen, ob der Text dem Papst vorgelegt werden
könne oder nicht. Und obwohl die „Geschäftsordnung" des Konzils
keine weitere Instanz zur Änderung der Texte vorsah, wurde von der
Zentralkommission eine „Kommission zur Verbesserung der Schemata" gebildet, die Änderungen (nicht nur) am Text des Liturgie-
Schemas vornahm. Dabei wurden u. a. die meisten ergänzenden
Erklärungen (Declarationes) zu den Artikeln gestrichen und Aus-

sagen zur Muttersprache abgeschwächt. Offensichtlich waren hier noch einmal die Reformgegner am Werk, denn sowohl der neue Leiter der Liturgiekommission als auch Mitglieder der Zentralkommission standen vielen Anliegen kritisch gegenüber. Dieser revidierte Text wurde nach Billigung durch den Papst den Konzilsvätern zugesandt, und zwar bereits für die erste Sitzungsperiode.

Vom Liturgie-Schema zur Konstitution über die Heilige Liturgie

Nach der Wahl und Ernennung der Mitglieder der Konziliaren Liturgiekommission, die für die weitere Bearbeitung des Textes verantwortlich war, wurde von 22. Oktober bis 14. November 1962 der von der Zentralkommission versandte Text in der Konzilsaula diskutiert und mit großer Mehrheit als Grundlage für die weitere Arbeit anerkannt.

In 11 Unterkommissionen wurden nun die Eingaben und Änderungswünsche (Modi) der Konzilsväter behandelt und in den Text eingearbeitet. Da die konziliare Kommission stärker als die vorbereitende mit Konzilsgegnern besetzt war, traten Spannungen und Meinungsverschiedenheiten zwischen Befürwortern und Gegnern – dazu gehörte auch der Leiter der Kommission – nun offen zutage. Im Arbeitsverlauf der Liturgiekommission kam es immer wieder zu Auseinandersetzungen, bei denen sich die Reformbefürworter aber gut behaupten konnten.

Im November 1963 wurden nach ausführlichen Berichten zu den einzelnen Kapiteln und den eingebrachten Modi die Endfassungen der jeweiligen Abschnitte nochmals abgestimmt. Alle Kapitel – auch die beiden zuvor abgelehnten – wurden mit großer Mehrheit angenommen. Am 22. November 1963 sprachen sich in der Schlussabstimmung über das ganze Schema 2158 Konzilsväter für und 19 gegen den Text aus. Das war Voraussetzung dafür, dass das Schema als Konstitution über die Heilige Liturgie in der öffentlichen Sitzung am 4. Dezember 1963 für die feierliche Abstimmung freigegeben werden konnte. Genau 400 Jahre nach Beendigung des Konzils von Trient wurde die Liturgiekonstitution *Sacrosanctum Concilium* mit 2147 Stimmen (bei 4 Gegenstimmen) angenommen und von Paul VI. approbiert.

Aufbau und inhaltliche Schwerpunkte

Die Konzilskonstitution *Sacrosanctum Concilium* umfasst das Vorwort (Proömium), sieben inhaltliche Kapitel und schließt mit einer Erklärung zur Kalenderreform.

Im ersten Kapitel (Art. 5-46) werden die allgemeinen Grundsätze zur Erneuerung und Förderung der heiligen Liturgie formuliert. Sie bilden das theologische Fundament des konziliaren Liturgieverständnisses und geben v. a. in Art. 5-13 die liturgische Wesensbestimmung wieder. In jedem Gottesdienst steht das Christusereignis (Pascha-Mysterium) im Mittelpunkt: Durch sein Leben und Sterben, seine Auferstehung und Himmelfahrt hat Christus den Tod besiegt und das Leben neu geschaffen. Davon ausgehend ist Liturgie die Feier des Heilshandeln Gottes an den Menschen, das in Christus offenbar geworden ist. Sie wird nicht mehr nur einseitig als Gott geschuldeter Kult verstanden, sondern als ein dialogisches Geschehen zwischen Gott und den Menschen – „zur Heiligung des Menschen und zur Verherrlichung Gottes" (Art. 7). Die Vermittlung geschieht durch Christus, der in seiner Kirche gegenwärtig ist, besonders wenn sie Liturgie feiert. Er ist der eigentlich Handelnde im Gottesdienst. Das Konzil spricht daher von Liturgie als Vollzug des Priesteramtes Christi (vgl. Art 7). Mit ihm feiern alle, die zum Gottesdienst versammelt sind, da sie durch die Taufe Anteil an Christus haben. Daher fordert es die Ermöglichung der vollen, bewussten und tätigen Teilnahme (participatio actuosa, vgl. Art. 14) der Gemeinde in der Liturgie und betont ihren Gemeinschaftscharakter (vgl. Art. 27). Die Feier des Gottesdienstes vollzieht sich in sinnlich wahrnehmbaren Zeichen und Handlungen (vgl. Art. 7). Das Konzil betont den Verweischarakter dieser Symbolhandlungen und damit verbunden die Notwendigkeit ihrer Verständlichkeit. Nur wenn die Zeichen und Handlungen verstanden werden, kann der Gottesdienst sinnvoll gefeiert werden. Daraus folgt u. a. die breitere Zulassung der Muttersprache in der Liturgie (vgl. Art. 36).

Die weiteren Kapitel widmen sich den einzelnen Teilbereichen des kirchlichen Gottesdienstes in seinen unterschiedlichen Dimensionen. Die theologischen Grundsätze aus dem ersten Kapitel werden nun auf die verschiedenen gottesdienstlichen Feierformen hin konkretisiert. Da die Eucharistiefeier einen zentralen Stellenwert in der Kirche einnimmt, wird sie in einem eigenen Kapitel (Art. 47-58) behandelt. Diesem schließt sich das dritte Kapitel (Art. 59-82) über die weiteren sakramentalen Feiern an. Ein Aspekt der Erneuerung ist die Überprüfung und Bearbeitung der liturgischen Bücher im Hinblick auf die formulierten Grundsätze. Das vierte Kapitel (Art. 83-101) beschäftigt sich mit dem Stundengebet, dem täglichen Gottesdienst der Kirche. Diese Gottesdienstform ist dadurch geprägt, dass sich die Gemeinde bzw. jene, die zum Stundengebet verpflichtet sind (Klerus und Ordensangehörige), zu bestimmten Stunden des Tages versammeln (Tagzeitenliturgie) und das Gebet der Kirche vollziehen. Daran schließt sich das fünfte Kapitel an (Art. 102-111), das sich mit dem Kirchenjahr beschäftigt. Das Konzil betont darin die Bedeutung des Sonntags und stellt die Feier des Pascha-Mysteriums in das Zentrum, das im Kirchenjahr entfaltet wird. Kapitel sechs und sieben gehen abschließend auf die Kirchenmusik (Art. 112-121) und das Themenfeld sakrale Kunst und sakrales Gerät (Art. 122-130) ein.

Konstitution über
die heilige Liturgie
Sacrosanctum Concilium

Vorwort

1. Das Heilige Konzil hat sich zum Ziel gesetzt, das christliche Leben unter den Gläubigen mehr und mehr zu vertiefen, die dem Wechsel unterworfenen Einrichtungen den Notwendigkeiten unseres Zeitalters besser anzupassen, zu fördern, was immer zur Einheit aller, die an Christus glauben, beitragen kann, und zu stärken, was immer helfen kann, alle in den Schoß der Kirche zu rufen. Darum hält es das Konzil auch in besonderer Weise für seine Aufgabe, sich um Erneuerung und Pflege der Liturgie zu sorgen.

Die Liturgiekonstitution beginnt mit der „Zieldefinition", die sich das Konzil für sein Gesamtprogramm gesetzt hat: Die Erneuerung der Kirche und des Glaubens. Aus dieser resultiert die „Erneuerung und Pflege der Liturgie", denn im Gottesdienst wird immer auch sichtbar, was es heißt, Kirche zu sein.

2. In der Liturgie, besonders im heiligen Opfer der Eucharistie, „vollzieht sich" „das Werk unserer Erlösung"[1], und so trägt sie in höchstem Maße dazu bei, dass das Leben der Gläubigen Ausdruck und Offenbarung des Mysteriums Christi und des eigentlichen Wesens der wahren Kirche wird, der es eigen ist, zugleich göttlich und menschlich zu sein, sichtbar und mit unsichtbaren Gütern ausgestattet, voll Eifer der Tätigkeit hingegeben und doch frei für die Beschauung, in der Welt zugegen und doch unterwegs; und zwar so, dass dabei das Menschliche auf das Göttliche

In der Liturgie bilden die Gläubigen jene Gemeinschaft „Kirche", die sowohl in der Welt steht als auch aus der Erfahrung mit Gott gebildet ist und diese feiernd sichtbar werden lässt. Deshalb ist zu Beginn der Konstitution in einer biblisch geprägten Sprache von der irdisch-himmlischen Wesensart der Kirche die Rede, von der die Gläubigen durch die Liturgie immer mehr erfasst werden sollen, ▷

um dadurch in der Welt als Christen zu wirken. Kirche wird von ihrem sakramentalen Charakter her gesehen: Sie ist Zeichen und Werkzeug des Erlösungsgeschehens in Christus (vgl. dazu LG), das in der Feier des Gottesdienstes gegenwärtig erfahrbar wird. Diese theologische Würde und Bedeutung der Liturgie wird besonders in den Art. 5–13 entfaltet.	hingeordnet und ihm untergeordnet ist, das Sichtbare auf das Unsichtbare, die Tätigkeit auf die Beschauung, das Gegenwärtige auf die künftige Stadt, die wir suchen[2]. Dabei baut die Liturgie täglich die, welche drinnen sind, zum heiligen Tempel im Herrn auf, zur Wohnung Gottes im Geist[3] bis zum Maße des Vollalters Christi[4]. Zugleich stärkt sie wunderbar deren Kräfte, dass sie Christus verkünden. So stellt sie denen, die draußen sind, die Kirche vor Augen als Zeichen, das aufgerichtet ist unter den Völkern[5]. Unter diesem sollen sich die zerstreuten Söhne Gottes zur Einheit sammeln[6], bis eine Herde und ein Hirt wird[7].
Das Konzil formuliert keine neue Lehre, sondern ruft wesentliche Grundsätze in Erinnerung. Da nicht alle katholischen Christen nach dem römischen Ritus ihren Gottesdienst feiern, wird an dieser Stelle der „Anwendungsbereich" der folgenden Ausführungen festgelegt.	3. Darum beschließt das Heilige Konzil, für die Förderung und Erneuerung der Liturgie folgende Grundsätze ins Gedächtnis zu rufen und praktische Richtlinien aufzustellen. Unter diesen Grundsätzen und Richtlinien sind manche, die sowohl auf den römischen Ritus wie auf alle Riten angewandt werden können und müssen. Indes sind die folgenden praktischen Richtlinien so zu verstehen, dass sie nur für den römischen Ritus gelten, es sei denn, es handle sich um Normen, die aus der Natur der Sache auch die anderen Riten angehen.
Mit der Gleichstellung aller rechtlich anerkannten Riten spricht sich das Konzil gegen die oft vertretene Vorrang-	4. Treu der Überlieferung erklärt das Heilige Konzil schließlich, dass die heilige Mutter Kirche allen rechtlich anerkannten Riten gleiches Recht und gleiche Ehre zuerkennt.

Es ist ihr Wille, dass diese Riten in Zukunft erhalten und in jeder Weise gefördert werden, und es ist ihr Wunsch, dass sie, soweit es nottut, in ihrem ganzen Umfang gemäß dem Geist gesunder Überlieferung überprüft und im Hinblick auf die Verhältnisse und Notwendigkeiten der Gegenwart mit neuer Kraft ausgestattet werden.

stellung des römischen Ritus aus. Das Konzil hält sich damit die Möglichkeit offen, zukünftig weitere (neue) Riten anzuerkennen – ein Gedanke, der später wieder zurückgedrängt wurde.

Erstes Kapitel: Allgemeine Grundsätze zur Erneuerung und Förderung der Heiligen Liturgie

I. Das Wesen der heiligen Liturgie und ihre Bedeutung für das Leben der Kirche

5. Gott, der „will, dass alle Menschen gerettet werden und zur Erkenntnis der Wahrheit gelangen" (1 Tim 2,4), „hat in früheren Zeiten vielfach und auf vielerlei Weise durch die Propheten zu den Vätern gesprochen" (Hebr 1,1). Als aber die Fülle der Zeiten kam, sandte er seinen Sohn, das Wort, das Fleisch angenommen hat und mit dem Heiligen Geist gesalbt worden ist, den Armen das Evangelium zu predigen und zu heilen, die zerschlagenen Herzens sind[8], „den Arzt für Leib und Seele"[9], den Mittler zwischen Gott und den Menschen[10]. Denn seine Menschheit war in der Einheit mit der Person des Wortes Werkzeug unseres Heils. So ist in Christus „hervorgetreten unsere vollendete Versöhnung in Gnaden, und in ihm ist uns geschenkt die Fülle des göttlichen Dienstes"[11].

Liturgie wird nicht abstrakt, sondern heilsgeschichtlich begründet. Alles Tun der Kirche, so auch die Feier des Gottesdienstes, verdankt sich dem Heilshandeln Gottes. Auf vielfältige Weise hat Gott sich von Anfang an seinem Volk in diese Geschichte hinein mitgeteilt. Dieses Heilshandeln Gottes an den Menschen findet in Christus seine Vollendung, besonders durch sein Leiden/Sterben, seine Auferstehung und seine Himmelfahrt.

Der altkirchliche Begriff *Pascha-Mysterium* bezeichnet den Durchgang (pascha, hebr./gr. durchgehen) Jesu von Leiden und Sterben zur Auferstehung, in dem der universale Heilswille Gottes endgültig offenbar geworden ist. Im biblischen Sinne meint *Mysterium* das Heilshandeln Gottes in und durch Christus, in das auch wir mit hineingenommen sind. Die Liturgie ist Feier dieses Heilsgeschehens.	Dieses Werk der Erlösung der Menschen und der vollendeten Verherrlichung Gottes, dessen Vorspiel die göttlichen Machterweise am Volk des Alten Bundes waren, hat Christus, der Herr, erfüllt, besonders durch das Pascha-Mysterium: sein seliges Leiden, seine Auferstehung von den Toten und seine glorreiche Himmelfahrt. In diesem Mysterium „hat er durch sein Sterben unseren Tod vernichtet und durch sein Auferstehen das Leben neugeschaffen"[12]. Denn aus der Seite des am Kreuz entschlafenen Christus ist das wunderbare Geheimnis der ganzen Kirche hervorgegangen[13].
Der Kirche ist ein zweifacher Auftrag mitgegeben: die Verkündigung und der Vollzug des Heilswerkes Christi. Sie tut dies in der Liturgie, indem sie sich zur Feier des Pascha-Mysteriums versammelt. Davon ist das gesamte liturgische Leben durchdrungen und darauf ist es hingeordnet. In der Feier der Sakramente kommt diese heilbringende Zuwendung Gottes wirksam zum Ausdruck. In besonderer Weise wird das hier von Taufe und Eucharistie ausgesagt.	6. Wie daher Christus vom Vater gesandt ist, so hat er selbst die vom Heiligen Geist erfüllten Apostel gesandt, nicht nur das Evangelium aller Kreatur zu verkünden[14], die Botschaft, dass der Sohn Gottes uns durch seinen Tod und seine Auferstehung der Macht des Satans entrissen[15] und in das Reich des Vaters versetzt hat, sondern auch das von ihnen verkündete Heilswerk zu vollziehen durch Opfer und Sakrament, um die das ganze liturgische Leben kreist. So werden die Menschen durch die Taufe in das Pascha-Mysterium Christi eingefügt. Mit Christus gestorben, werden sie mit ihm begraben und mit ihm auferweckt[16]. Sie empfangen den Geist der Kindschaft, „in dem wir Abba, Vater, rufen" (Röm 8,15) und werden so zu wahren Anbetern, wie der Vater sie sucht[17]. Ebenso ver-

künden sie, sooft sie das Herrenmahl genießen, den Tod des Herrn, bis er wiederkommt[18].

Deswegen wurden am Pfingstfest, an dem die Kirche in der Welt offenbar wurde, „diejenigen getauft, die das Wort" des Petrus „annahmen". Und „sie verharrten in der Lehre der Apostel, in der Gemeinschaft des Brotbrechens, im Gebet ... sie lobten Gott und fanden Gnade bei allem Volk" (Apg 2,41-47). Seither hat die Kirche niemals aufgehört, sich zur Feier des Pascha-Mysteriums zu versammeln, dabei zu lesen, „was in allen Schriften von ihm geschrieben steht" (Lk 24,27), die Eucharistie zu feiern, in der „Sieg und Triumph seines Todes dargestellt werden"[19], und zugleich „Gott für die unsagbar große Gabe dankzusagen" (2 Kor 9,15), in Christus Jesus „zum Lob seiner Herrlichkeit" (Eph 1,12). All das aber geschieht in der Kraft des Heiligen Geistes.

Die Feier der Liturgie gehört von Anfang an wesentlich zur Kirche. In Verbindung mit Art. 5 bringt dieser Abschnitt die dialogische Struktur der Liturgie zum Ausdruck. Gott wendet sich den Menschen zu, spricht sie an und handelt heilsam an ihnen – in der Heilsgeschichte wie im Gottesdienst. Die Menschen antworten auf dieses Heilsangebot Gottes, das zum dankbaren Lobpreis und in die Nachfolge ruft – im Leben wie im Gottesdienst.

7. Um dieses große Werk voll zu verwirklichen, ist Christus seiner Kirche immerdar gegenwärtig, besonders in den liturgischen Handlungen. Gegenwärtig ist er im Opfer der Messe sowohl in der Person dessen, der den priesterlichen Dienst vollzieht – denn „derselbe bringt das Opfer jetzt dar durch den Dienst der Priester, der sich einst am Kreuz selbst dargebracht hat"[20] –, wie vor allem unter den eucharistischen Gestalten. Gegenwärtig ist er mit seiner Kraft in den Sakramenten, so dass, wenn immer einer tauft, Christus selber

Art. 7 markiert eine wichtige Weichenstellung im Liturgieverständnis: Christus ist nicht nur in der Eucharistiefeier (im Priester und in den eucharistischen Gaben) gegenwärtig, sondern auch in den Sakramenten, in seinem Wort und in seiner Gemeinde. Dadurch erfahren die Wortverkündigung sowie das Tun der Gemeinde im Gottesdienst insgesamt eine neue Qualität.

tauft[21]. Gegenwärtig ist er in seinem Wort, da er selbst spricht, wenn die heiligen Schriften in der Kirche gelesen werden. Gegenwärtig ist er schließlich, wenn die Kirche betet und singt, er, der versprochen hat: „Wo zwei oder drei versammelt sind in meinem Namen, da bin ich mitten unter ihnen" (Mt 18,20).

In der Tat gesellt sich Christus in diesem großen Werk, in dem Gott vollkommen verherrlicht und die Menschheit geheiligt werden, immer wieder die Kirche zu, seine geliebte Braut. Sie ruft ihren Herrn an, und durch ihn huldigt sie dem ewigen Vater. Mit Recht gilt also die Liturgie als Vollzug des Priesteramtes Jesu Christi; durch sinnenfällige Zeichen wird in ihr die Heiligung des Menschen bezeichnet und in je eigener Weise bewirkt und vom mystischen Leib Jesu Christi, d. h. dem Haupt und den Gliedern, der gesamte öffentliche Kult vollzogen. Infolgedessen ist jede liturgische Feier als Werk Christi, des Priesters, und seines Leibes, der die Kirche ist, in vorzüglichem Sinn heilige Handlung, deren Wirksamkeit kein anderes Tun der Kirche an Rang und Maß erreicht.

> Jede liturgische Feier ist ein Tun Christi und der ganzen Kirche (seines Leibes). Die Heiligung des Menschen und die Verehrung Gottes geschehen durch sinnlich wahrnehmbare, d.h. menschliche Zeichen(handlungen). Ohne diese wäre liturgisches Handeln nicht möglich, da der Mensch als Leib-Seele-Wesen auf diese Vermittlung angewiesen ist. Da Christus mit seiner Kirche in der Liturgie handelt und wirkt, kommt ihr höchste Bedeutung zu.

8. In der irdischen Liturgie nehmen wir vorauskostend an jener himmlischen Liturgie teil, die in der heiligen Stadt Jerusalem gefeiert wird, zu der wir pilgernd unterwegs sind, wo Christus sitzt zur Rechten Gottes, der Diener des Heiligtums und des wahren Zeltes[22]. In der irdischen Liturgie singen wir

> Das Sanctus im Hochgebet ist dieser Lobgesang der Herrlichkeit, in dem sich die irdische Gemeinde mit den Engeln und Heiligen zum Lob Gottes verbinden.

dem Herrn mit der ganzen Schar des himmlischen Heeres den Lobgesang der Herrlichkeit. In ihr verehren wir das Gedächtnis der Heiligen und erhoffen Anteil und Gemeinschaft mit ihnen. In ihr erwarten wir den Erlöser, unseren Herrn Jesus Christus, bis er erscheint als unser Leben und wir mit ihm erscheinen in Herrlichkeit[23].

9. In der heiligen Liturgie erschöpft sich nicht das ganze Tun der Kirche; denn ehe die Menschen zur Liturgie hinzutreten können, müssen sie zu Glauben und Bekehrung gerufen werden: [...] Darum verkündet die Kirche denen, die nicht glauben, die Botschaft des Heils, damit alle Menschen den allein wahren Gott erkennen und den, den er gesandt hat, Jesus Christus, und dass sie sich bekehren von ihren Wegen und Buße tun[24]. Denen aber, die schon glauben, muss sie immer wieder Glauben und Buße verkünden und sie überdies für die Sakramente bereiten. Sie muss sie lehren, alles zu halten, was immer Christus gelehrt hat[25], und sie ermuntern zu allen Werken der Liebe, der Frömmigkeit und des Apostolates. [...]

10. Dennoch ist die Liturgie der Höhepunkt, dem das Tun der Kirche zustrebt, und zugleich die Quelle, aus der all ihre Kraft strömt. Denn die apostolische Arbeit ist darauf hingeordnet, dass alle, durch Glauben und Taufe Kinder Gottes geworden, sich versammeln, inmitten der Kirche Gott loben, am Opfer teil-

Art. 9 und 10 müssen zusammen gelesen werden. Die Liturgie umfasst nicht das gesamte Handeln der Kirche, sie ist eng verknüpft mit den übrigen kirchlichen Tätigkeitsfeldern Verkündigung und Dienst am Nächsten. Dennoch nimmt die Liturgie eine besondere Stellung ein. In der Regel setzt sie einen längeren Weg des Glaubenswachstums und der Einübung voraus (Hören des Wortes in der Verkündigung, Bereitschaft zur Umkehr und Annahme des Glaubens). Die im Gottesdienst empfangene Gabe darf aber nicht zur Selbstgenügsamkeit führen, sondern muss zur Aufgabe im und am Reich Gottes werden. In diesem Sinn ist Liturgie Höhepunkt und Quelle jeder kirchlichen Tätigkeit. Damit wird zugleich deutlich: Weil wir aus der Liturgie diese ▷

> Kraft schöpfen können, ist sie weit mehr als das zeremonielle Regelwerk zum korrekten Vollzug eines von außen vorgegebenen Kultes.

nehmen und das Herrenmahl genießen. Andererseits treibt die Liturgie die Gläubigen an, dass sie, mit den „österlichen Geheimnissen" gesättigt, „in Liebe eines Herzens sind"[26]; sie betet, dass sie „im Leben festhalten, was sie im Glauben empfangen haben"[27]; wenn der Bund Gottes mit den Menschen in der Feier der Eucharistie neu bekräftigt wird, werden die Gläubigen von der drängenden Liebe Christi angezogen und entzündet. Aus der Liturgie, besonders aus der Eucharistie, fließt uns wie aus einer Quelle die Gnade zu; in höchstem Maß werden in Christus die Heiligung der Menschen und die Verherrlichung Gottes verwirklicht, auf die alles Tun der Kirche als auf sein Ziel hinstrebt.

> Die „tätige Teilnahme" meint nicht, jeder muss etwas „zu tun" haben. Vielmehr geht es darum, Bedingungen zu schaffen, die den Menschen eine Antwort auf die Anrede Gottes ermöglichen – im Gottesdienst und damit auch in ihrem Leben. Die Gemeinde soll also nicht passive Zuschauerin/Zuhörerin sein, sondern sich mit aufmerksamer Haltung aktiv in den Gottesdienst einbringen.

11. Damit aber dieses Vollmaß der Verwirklichung erreicht wird, ist es notwendig, dass die Gläubigen mit recht bereiteter Seele zur heiligen Liturgie hinzutreten, dass ihr Herz mit der Stimme zusammenklinge und dass sie mit der himmlischen Gnade zusammenwirken, um sie nicht vergeblich zu empfangen[28]. Darum sollen die Seelsorger bei liturgischen Handlungen darüber wachen, dass nicht bloß die Gesetze des gültigen und erlaubten Vollzugs beachtet werden, sondern auch dass die Gläubigen bewusst, tätig und mit geistlichem Gewinn daran teilnehmen.

Art. 12–13 ordnen die Liturgie in das geistliche Leben der einzelnen Christen ein und beschreiben den Zusammenhang zwischen Liturgie, Privatgebet und Volksfrömmigkeit.

II. Liturgische Ausbildung und tätige Teilnahme

14. Die Mutter Kirche wünscht sehr, alle Gläubigen möchten zu der vollen, bewussten und tätigen Teilnahme an den liturgischen Feiern geführt werden, wie sie das Wesen der Liturgie selbst verlangt und zu der das christliche Volk, „das auserwählte Geschlecht, das königliche Priestertum, der heilige Stamm, das Eigentumsvolk" (1 Petr 2,9; vgl. 2,4-5) kraft der Taufe berechtigt und verpflichtet ist. Diese volle und tätige Teilnahme des ganzen Volkes ist bei der Erneuerung und Förderung der heiligen Liturgie aufs stärkste zu beachten, ist sie doch die erste und unentbehrliche Quelle, aus der die Christen wahrhaft christlichen Geist schöpfen sollen. Darum ist sie in der ganzen seelsorglichen Arbeit durch gebührende Unterweisung von den Seelsorgern gewissenhaft anzustreben. Es besteht aber keine Hoffnung auf Verwirklichung dieser Forderung, wenn nicht zuerst die Seelsorger vom Geist und von der Kraft der Liturgie tief durchdrungen sind und in ihr Lehrmeister werden. Darum ist es dringend notwendig, dass für die liturgische Bildung des Klerus gründlich gesorgt wird. [...]

Das Recht und die Verpflichtung zur vollen Teilnahme am Gottesdienst kommen der Gemeinde nicht durch eine Verordnung von außen zu, sondern ergeben sich aus der dialogischen Grundstruktur der Liturgie und liegen in der Taufe begründet. Wer getauft ist, gehört zur Kirche, hat also Anteil am „Priestertum Christi" und ist von daher berechtigt, mit ihm „priesterlich" zu wirken. Die Ermöglichung dieser tätigen Teilnahme ist das Leitmotiv, das allen Anpassungen und Reformen zugrunde liegt. Eine umfassende liturgische Bildung, die zunächst beim Klerus ansetzt, ist dafür Voraussetzung.

Um das in Art. 14 formulierte Ziel zu erreichen, ist für eine „gediegene Ausbildung" der Liturgiedozenten und eine liturgiewissenschaftliche Ausbildung des Klerus zu sorgen. Das geistliche Leben der Priester und in den Orden und Seminaren sollte „eine liturgische Formung" erhalten. Die in der Seelsorge Tätigen sollen dadurch befähigt werden, sich um die liturgische Bildung der Gläubigen und deren tätige Teilnahme zu kümmern (vgl. Art. 15–19). Welche Herausforderung das darstellt, wird uns auch in der Gegenwart immer neu bewusst.

III. Die Erneuerung der heiligen Liturgie

Das Konzil unterscheidet zwischen dem, was in der Liturgie gefeiert wird (unveränderlicher Teil), und den Formen, durch die das Feiergeheimnis zum Ausdruck gebracht wird (veränderliche Teile). Wie sich das Leben der Menschen und ihre Ausdrucksformen verändern und weiterentwickeln, können auch die liturgischen Zeichenhandlungen – wenn sie verständlich bleiben sollen – nicht statisch festgeschrieben sein. Der Grundsatz der Anpassung lautet: Das, was Worte und Handlungen zum Ausdruck bringen, soll leicht erfasst und gemeinschaftlich vollzogen werden können.

21. Damit das christliche Volk in der heiligen Liturgie die Fülle der Gnaden mit größerer Sicherheit erlange, ist es der Wunsch der heiligen Mutter Kirche, eine allgemeine Erneuerung der Liturgie sorgfältig in die Wege zu leiten. Denn die Liturgie enthält einen kraft göttlicher Einsetzung unveränderlichen Teil und Teile, die dem Wandel unterworfen sind. Diese Teile können sich im Laufe der Zeit ändern, oder sie müssen es sogar, wenn sich etwas in sie eingeschlichen haben sollte, was der inneren Wesensart der Liturgie weniger entspricht oder wenn sie sich als weniger geeignet herausgestellt haben.

Bei dieser Erneuerung sollen Texte und Riten so geordnet werden, dass sie das Heilige, dem sie als Zeichen dienen, deutlicher zum Ausdruck bringen, und so, dass das christliche Volk sie möglichst leicht erfassen und in voller, tätiger und gemeinschaftlicher Teilnahme mitfeiern kann. Zu diesem Zweck hat das Heilige Konzil folgende allgemeinere Regeln aufgestellt.

Das Unterkapitel „A) Allgemeine Regeln" (vgl. Art. 20–25) enthält Bestimmungen zu den liturgischen Gesetzgebern, den Prinzipien der Erneuerung, der Bedeutung der Heiligen Schrift und der Revision der liturgischen Bücher. Neu ist die Verantwortung der Bischöfe und Bischofskonferenzen, die Liturgie „nach Maßgabe des Rechtes" und „innerhalb festgelegter Grenzen" ordnen zu dürfen.

B) Regeln aus der Natur der Liturgie als einer hierarchischen und gemeinschaftlichen Handlung

26. Die liturgischen Handlungen sind nicht privater Natur, sondern Feiern der Kirche, die das „Sakrament der Einheit" ist; sie ist nämlich das heilige Volk, geeint und geordnet unter den Bischöfen[33]. Daher gehen diese Feiern den ganzen mystischen Leib der Kirche an, machen ihn sichtbar und wirken auf ihn ein; seine einzelnen Glieder aber kommen mit ihnen in verschiedener Weise in Berührung je nach der Verschiedenheit von Stand, Aufgabe und tätiger Teilnahme.

27. Wenn Riten gemäß ihrer Eigenart auf gemeinschaftliche Feier mit Beteiligung und tätiger Teilnahme der Gläubigen angelegt sind, dann soll ausdrücklich betont werden, dass ihre Feier in Gemeinschaft - im Rahmen der Möglichkeiten - der vom Einzelnen gleichsam privat vollzogenen vorzuziehen ist. Das gilt vor allem für die Feier der Messe - wobei bestehen bleibt, dass die Messe in jedem Fall öffentlichen und sozialen Charakter hat - und für die Spendung der Sakramente.

28. Bei den liturgischen Feiern soll jeder, sei er Liturge oder Gläubiger, in der Ausübung seiner Aufgabe nur das und all das tun, was ihm aus der Natur der Sache und gemäß den liturgischen Regeln zukommt.

In der Liturgie finden das Leben und der Glaube der ganzen Kirche ihren sichtbaren Ausdruck. Daher sind alle, die zum Gottesdienst zusammenkommen, mit Christus Träger der Liturgie und Handelnde, wenn auch in unterschiedlicher Weise (vgl. Art. 28–30). Weiters folgt daraus, dass alle Formen des Gottesdienstes gemeinschaftlich vollzogen werden sollen. Damit wird ein Liturgieverständnis überwunden, das dem Mittelalter entstammt und zu einem „Nebeneinander" von Priester und Gemeinde geführt hat.

Die Wiederentdeckung der „Rollenverteilung" entspricht dem dialogischen Prinzip der Liturgie. D.h. auch, dass weder einer alles noch ▷

alle das gleiche tun sollen. In der Kirche als einer gegliederten Gemeinschaft nehmen deren Glieder je verschiedene Aufgaben und Dienste wahr. Nicht nur Kleriker, auch Laien vollziehen liturgische Dienste; Frauen werden nicht mehr explizit ausgenommen. Kommentatoren („Erklärer") waren nach Einführung der Muttersprache nicht mehr notwendig.

29. Auch die Ministranten, Lektoren, Kommentatoren und die Mitglieder der Kirchenchöre vollziehen einen wahrhaft liturgischen Dienst. [...]

Deshalb muss man sie, jeden nach seiner Weise, sorgfältig in den Geist der Liturgie einführen und unterweisen, auf dass sie sich in rechter Art und Ordnung ihrer Aufgabe unterziehen.

30. Um die tätige Teilnahme zu fördern, soll man den Akklamationen des Volkes, den Antworten, dem Psalmengesang, den Antiphonen, den Liedern sowie den Handlungen und Gesten und den Körperhaltungen Sorge zuwenden. Auch das heilige Schweigen soll zu seiner Zeit eingehalten werden.

C) Regeln aus dem belehrenden und seelsorglichen Charakter der Liturgie

Weil die Liturgie durch Wort und Zeichen den „Glauben der Teilnehmer nähren und ihr Herz zu Gott hin erwecken möchte", muss sie verständlich sein und soll nicht allzu vieler Erklärungen bedürfen (vgl. Art. 33–34).

Die ersten beiden Forderungen resultieren aus der vorkonziliaren Verkündigungspraxis: es gab kaum alttestamentliche Texte und wenig Abwechslung bei den übrigen Lesungen; die Predigt war nicht integraler Bestandteil der

35. Damit deutlich hervortrete, dass in der Liturgie Ritus und Wort aufs engste miteinander verbunden sind, ist zu beachten:
1) Bei den heiligen Feiern soll die Schriftlesung reicher, mannigfaltiger und passender ausgestaltet werden.
2) Da die Predigt ein Teil der liturgischen Handlung ist, sollen auch die Rubriken ihr je

nach der Eigenart des einzelnen Ritus einen passenden Ort zuweisen. Der Dienst der Predigt soll getreulich und recht erfüllt werden. Schöpfen soll sie vor allem aus dem Quell der Heiligen Schrift und der Liturgie, ist sie doch die Botschaft von den Wundertaten Gottes in der Geschichte des Heils, das heißt im Mysterium Christi, das allezeit in uns zugegen und am Werk ist, vor allem bei der liturgischen Feier. [...]

Liturgie und fand daher häufig außerhalb statt. Hier wird sie explizit als liturgische Handlung qualifiziert. Die Predigt erschließt v.a. die biblischen Lesungen oder liturgische Texte und Symbole (z.B. Sanctus, Chrisamsalbung etc.).

4) Zu fördern sind eigene Wortgottesdienste an den Vorabenden der höheren Feste, an Wochentagen im Advent oder in der Quadragesima sowie an den Sonn- und Feiertagen, besonders da, wo kein Priester zur Verfügung steht; in diesem Fall soll ein Diakon oder ein anderer Beauftragter des Bischofs die Feier leiten.

Heute sind Wort-Gottes-Feiern unter der Leitung von beauftragten Laien zur Überlebensfrage vieler Gemeinden geworden.

36. § 1. Der Gebrauch der lateinischen Sprache soll in den lateinischen Riten erhalten bleiben, soweit nicht Sonderrecht entgegensteht.
§ 2. Da bei der Messe, bei der Sakramentenspendung und in den anderen Bereichen der Liturgie nicht selten der Gebrauch der Muttersprache für das Volk sehr nützlich sein kann, soll es gestattet sein, ihr einen weiteren Raum zuzubilligen, vor allem in den Lesungen und Hinweisen und in einigen Orationen und Gesängen gemäß den Regeln, die hierüber in den folgenden Kapiteln im Einzelnen aufgestellt werden.

Die Formulierungen zur Muttersprache fallen allgemein und etwas zurückhaltend aus. Das verdeutlicht ihren Kompromisscharakter. Prinzipiell ist die Verwendung der Landessprachen in allen Bereichen der Liturgie – auch in der Eucharistiefeier – möglich.

Die Genehmigung (Approbation) der muttersprachlichen Texte für die Liturgie ist Sache der Bischofskonferenzen. Sie sind die für ihr Gebiet zuständige Autorität. Nachfolgende Instruktionen und das erneuerte Kirchenrecht haben dieses Recht wieder erheblich eingeschränkt.	§ 3. Im Rahmen dieser Regeln kommt es der für die einzelnen Gebiete zuständigen kirchlichen Autorität zu, im Sinne von Art. 22 § 2 – gegebenenfalls nach Beratung mit den Bischöfen der angrenzenden Gebiete des gleichen Sprachraumes – zu bestimmen, ob und in welcher Weise die Muttersprache gebraucht werden darf. Die Beschlüsse bedürfen der Billigung, das heißt der Bestätigung durch den Apostolischen Stuhl. § 4. Die in der Liturgie gebrauchte muttersprachliche Übersetzung des lateinischen Textes muss von der obengenannten für das Gebiet zuständigen Autorität approbiert werden.

D) Regeln zur Anpassung an die Eigenart und Überlieferungen der Völker

Das Konzil ermöglicht mit diesen Aussagen eine Öffnung des römischen Ritus hin auf die Anforderungen unterschiedlicher Gemeinschaften und regionaler Bedürfnisse und bekennt sich zu berechtigter Vielfalt, solange der römische Ritus „wesentlich" gewahrt bleibt. Es geht nicht mehr darum, den einen Ritus mit all seinen Abläufen und rituellen Anweisungen (Rubriken) in festgeschriebener Weise buchstabengetreu zu erfüllen, sondern im	37. In den Dingen, die den Glauben oder das Allgemeinwohl nicht betreffen, wünscht die Kirche nicht eine starre Einheitlichkeit der Form zur Pflicht zu machen, nicht einmal in ihrem Gottesdienst; im Gegenteil pflegt und fördert sie das glanzvolle geistige Erbe der verschiedenen Stämme und Völker; was im Brauchtum der Völker nicht unlöslich mit Aberglauben und Irrtum verflochten ist, das wägt sie wohlwollend ab, und wenn sie kann, sucht sie es voll und ganz zu erhalten. Ja, zuweilen gewährt sie ihm Einlass in die Liturgie selbst, sofern es grundsätzlich mit dem wahren und echten Geist der Liturgie vereinbar ist.

38. Unter Wahrung der Einheit des römischen Ritus im Wesentlichen ist berechtigter Vielfalt und Anpassung an die verschiedenen Gemeinschaften, Gegenden und Völker, besonders in den Missionen, Raum zu belassen, auch bei der Revision der liturgischen Bücher. Dieser Grundsatz soll entsprechend beachtet werden, wenn die Gestalt der Riten und ihre Rubriken festgelegt werden.

> Vordergrund steht eine Feierkultur, die den unterschiedlichen Kulturen und Gemeinschaften entspricht.

Das vierte Unterkapitel behandelt das gottesdienstliche Leben im Bistum (österr. Diözese) und in der Pfarre (vgl. Art. 41–42). Das fünfte Unterkapitel beschäftigt sich mit der „Förderung der pastoralliturgischen Bewegung". Diese Bewegung wird „als ein Zeichen für die Fügungen der Vorsehung Gottes über unsere Zeit, gleichsam als Hindurchgehen des Heiligen Geistes durch seine Kirche" (Art. 43) gewürdigt. Zur Förderung der pastoralliturgischen Arbeit wird die Errichtung territorialer und (über)diözesaner (Liturgischer) Kommissionen angeordnet (vgl. Art. 43–46).

Zweites Kapitel: Das Heilige Geheimnis der Eucharistie

47. Unser Erlöser hat beim Letzten Abendmahl in der Nacht, da er überliefert wurde, das eucharistische Opfer seines Leibes und Blutes eingesetzt, um dadurch das Opfer des Kreuzes durch die Zeiten hindurch bis zu seiner Wiederkunft fortdauern zu lassen und so der Kirche, seiner geliebten Braut, eine Gedächtnisfeier seines Todes und seiner Auferstehung anzuvertrauen [...].

48. So richtet die Kirche ihre ganze Sorge darauf, dass die Christen diesem Geheimnis des

> Alle Reformen zielen auf den Ausbau und die Förderung der Einheit mit Gott und untereinander (Communio). Die Eucharistiefeier ist die sakramentale Verwirklichung dieser Einheit; das Konzil widmet ihr daher ein eigenes Kapitel. Was im allgemeinen Teil mehrmals anklingt, wird für die Eucharistiefeier konkret formuliert: Die Gemeinde ist handelndes Subjekt. Sie bringt ▷

gemeinsam mit dem Priester „die Opfergabe" dar. Das kann sie aber nur, wenn sie hört und versteht, was der Priester auch in ihrem Namen spricht.

Glaubens nicht wie Außenstehende und stumme Zuschauer beiwohnen; sie sollen vielmehr durch die Riten und Gebete dieses Mysterium wohl verstehen lernen und so die heilige Handlung bewusst, fromm und tätig mitfeiern, sich durch das Wort Gottes formen lassen, am Tisch des Herrenleibes Stärkung finden. Sie sollen Gott danksagen und die unbefleckte Opfergabe darbringen nicht nur durch die Hände des Priesters, sondern auch gemeinsam mit ihm und dadurch sich selber darbringen lernen. So sollen sie durch Christus, den Mittler[38], von Tag zu Tag zu immer vollerer Einheit mit Gott und untereinander gelangen, damit schließlich Gott alles in allem sei.

Die „wichtigste Reformmaßnahme" (J. A. Jungmann) betrifft die Überarbeitung der Messe unter der in Art. 21 genannten Forderung der Vereinfachung. Sowohl der äußere Ablauf als auch die inhaltlichen Teile (Texte, Handlungen) werden einer Überprüfung unterzogen. (Wieder)-eingeführt wurden u.a. ein mehrjähriger Lesezyklus, die Predigt, das allgemeine Gebet der Gläubigen und der Laienkelch (vgl. Art. 51–55).

50. Der Mess-Ordo soll so überarbeitet werden, dass der eigentliche Sinn der einzelnen Teile und ihr wechselseitiger Zusammenhang deutlicher hervortreten und die fromme und tätige Teilnahme der Gläubigen erleichtert werde.

Deshalb sollen die Riten unter treulicher Wahrung ihrer Substanz einfacher werden. Was im Lauf der Zeit verdoppelt oder weniger glücklich eingefügt wurde, soll wegfallen. Einiges dagegen, was durch die Ungunst der Zeit verlorengegangen ist, soll, soweit es angebracht oder nötig erscheint, nach der altehrwürdigen Norm der Väter wiederhergestellt werden.

55. Mit Nachdruck wird jene vollkommenere Teilnahme an der Messe empfohlen, bei der die Gläubigen nach der Kommunion des Priesters aus derselben Opferfeier den Herrenleib entgegennehmen. Unbeschadet der durch das Konzil von Trient festgelegten dogmatischen Prinzipien[40] kann in Fällen, die vom Apostolischen Stuhl zu umschreiben sind, nach Ermessen der Bischöfe sowohl Klerikern und Ordensleuten wie auch Laien die Kommunion unter beiden Gestalten gewährt werden, so etwa den Neugeweihten in der Messe ihrer heiligen Weihe, den Ordensleuten in der Messe bei ihrer Ordensprofess und den Neugetauften in der Messe, die auf die Taufe folgt.

> Die vollkommene Teilnahme an der Eucharistiefeier verwirklicht sich im Empfang der Kommunion unter den Gestalten von Brot und Wein. Dies entspricht dem biblischen Auftrag Christi. Daher wird die Kelchkommunion für Laien seit ihrem Verbot 1415 prinzipiell wieder erlaubt. Die Gläubigen sollen wie der Priester das in der jeweiligen Feier konsekrierte Brot empfangen. Dem entspricht heute noch nicht die Praxis vieler Eucharistiefeiern.

56. Die beiden Teile, aus denen die Messe gewissermaßen besteht, nämlich Wortgottesdienst und Eucharistiefeier, sind so eng miteinander verbunden, dass sie einen einzigen Kultakt ausmachen. Daher mahnt die Heilige Versammlung die Seelsorger eindringlich, sie sollen in der religiösen Unterweisung die Gläubigen mit Eifer belehren, an der ganzen Messe teilzunehmen, vor allem an Sonntagen und gebotenen Feiertagen.

Art. 57–58 regeln das gemeinsame Zelebrieren mehrerer Priester in einer Feier (Konzelebration) und ordnen die Schaffung eines Konzelebrationsritus an, der in die entsprechenden liturgischen Bücher eingefügt werden soll.

Drittes Kapitel: Die übrigen Sakramente und Sakramentalien

Sakramente sind Feiern der Kirche, in denen sie ihren Glauben bekennt und verkündet. Die Mitfeiernden werden „geheiligt" und im Glauben gestärkt, damit das, was sie empfangen haben, im Leben fruchtbar wird. Dafür müssen die Zeichen in ihrer Bedeutung verständlich sein und einen Bezug zur Lebenswelt haben. Hier wird ein Verständnis überwunden, das sich bloß auf die Minimalbedingungen des gültigen Zustandekommens eines Sakraments beschränkte.

59. Die Sakramente sind hingeordnet auf die Heiligung der Menschen, den Aufbau des Leibes Christi und schließlich auf die Gott geschuldete Verehrung; als Zeichen haben sie auch die Aufgabe der Unterweisung. Den Glauben setzen sie nicht nur voraus, sondern durch Wort und Ding nähren sie ihn auch, stärken ihn und zeigen ihn an; deshalb heißen sie Sakramente des Glaubens. Sie verleihen Gnade, aber ihre Feier befähigt auch die Gläubigen in hohem Maße, diese Gnade mit Frucht zu empfangen, Gott recht zu verehren und die Liebe zu üben. Es ist darum sehr wichtig, dass die Gläubigen die sakramentalen Zeichen leicht verstehen und immer wieder zu jenen Sakramenten voll Hingabe hinzutreten, die eingesetzt sind, um das christliche Leben zu nähren.

Jede sakramentale Feier hat Zeichencharakter: Sie (be)deutet und verwirklicht Gottes Gegenwart (Gnade) in menschlichen Worten und Handlungen (Zeichen). Nahezu alles im Leben ist also auf Begegnung mit dem Heiligen hin offen und dazu „fähig".

61. Die Wirkung der Liturgie der Sakramente und Sakramentalien ist also diese: Wenn die Gläubigen recht bereitet sind, wird ihnen nahezu jedes Ereignis ihres Lebens geheiligt durch die göttliche Gnade, die ausströmt vom Pascha-Mysterium des Leidens, des Todes und der Auferstehung Christi, aus dem alle Sakramente und Sakramentalien ihre Kraft ableiten. Auch bewirken sie, dass es kaum einen rechten Gebrauch der materiellen Dinge gibt, der nicht auf das Ziel ausgerich-

tet werden kann, den Menschen zu heiligen und Gott zu loben.

64. Ein mehrstufiger Katechumenat für Erwachsene soll wiederhergestellt und nach dem Urteil des Ortsordinarius eingeführt werden. So soll ermöglicht werden, dass die Zeit des Katechumenats, die zu angemessener Einführung bestimmt ist, durch heilige, in gewissen Zeitabschnitten aufeinanderfolgende Riten geheiligt wird.

Die steigende Zahl erwachsener Taufbewerber hat das urkirchliche Bewusstsein für die Notwendigkeit einer angemessenen Taufvorbereitung (Katechumenat) neu geweckt.

73. Die „Letzte Ölung", die auch – und zwar besser – „Krankensalbung" genannt werden kann, ist nicht nur das Sakrament derer, die sich in äußerster Lebensgefahr befinden. Daher ist der rechte Augenblick für ihren Empfang sicher schon gegeben, wenn der Gläubige beginnt, wegen Krankheit oder Altersschwäche in Lebensgefahr zu geraten.

Die Krankensalbung wird im Verständnis wieder zu einem Sakrament der Kranken und nicht der Sterbenden.

In den Art. 65–82 werden die allgemeinen Grundsätze der Reform auf die einzelnen sakramentlichen Feiern angewendet. Dazu gehören die Überprüfung und die daraus resultierende Überarbeitung der liturgischen Riten und Bücher, notwendige rituelle Anpassungen an regionale Bedingungen und die Schaffung neuer liturgischer Feierformen (z.B. bei Taufe und Profess) aufgrund geänderter pastoraler Gegebenheiten, sodass die tätige Teilnahme einfacher ermöglicht werden kann.

Viertes Kapitel: Das Stundengebet

83. Als der Hohepriester des Neuen und Ewigen Bundes, Christus Jesus, Menschennatur annahm, hat er in die Verbannung dieser Erde

Das Stundengebet (auch Stunden- oder Tagzeitenliturgie) ist der tägliche ▷

Gottesdienst der Kirche. In ihm setzt sie den Lobpreis Gottes im Gebet fort, den Christus begonnen hat. Wie jede liturgische Feier ist das Stundengebet Vollzug des Priesteramtes Christi im Lob Gottes und im Eintreten füreinander.

jenen Hymnus mitgebracht, der in den himmlischen Wohnungen durch alle Ewigkeit erklingt. Die gesamte Menschengemeinschaft schart er um sich, um gemeinsam mit ihr diesen göttlichen Lobgesang zu singen. Diese priesterliche Aufgabe setzt er nämlich durch seine Kirche fort; sie lobt den Herrn ohne Unterlass und tritt bei ihm für das Heil der ganzen Welt ein nicht nur in der Feier der Eucharistie, sondern auch in anderen Formen, besonders im Vollzug des Stundengebetes.

Bis in das Frühmittelalter feierten die Gläubigen das Morgen- und Abendlob der Kirche als Gemeindegottesdienst. Dann wurde das Stundengebet zum Pflichtgebet der Kleriker und verschwand aus der Gemeinde. Das Konzil hält deshalb wieder fest: Jeder, der in dieser Form betet, tut dies im Namen der Kirche. Diese betet dabei zu Christus und mit Christus zum Vater.

84. Das Stundengebet ist nach alter christlicher Überlieferung so aufgebaut, dass der gesamte Ablauf des Tages und der Nacht durch Gotteslob geweiht wird. Wenn nun die Priester und andere kraft kirchlicher Ordnung Beauftragte oder die Christgläubigen, die zusammen mit dem Priester in einer approbierten Form beten, diesen wunderbaren Lobgesang recht vollziehen, dann ist dies wahrhaft die Stimme der Braut, die zum Bräutigam spricht, ja es ist das Gebet, das Christus vereint mit seinem Leibe an seinen Vater richtet.

Ausgangspunkt der Neuordnung war die Problematik, dass die Priester aufgrund ihrer Pfarrseelsorge die Tagzeiten für das Gebet nicht mehr einhalten konnten. Der Zeitansatz sollte ihrer Situation und all derer, die pastoral tätig sind,

88. Da die Heiligung des Tages Ziel des Stundengebetes ist, soll die überlieferte Folge der Gebetsstunden so neugeordnet werden, dass die Horen soweit wie möglich ihren zeitgerechten Ansatz wiedererhalten. Dabei soll zugleich den heutigen Lebensverhältnissen Rechnung getragen werden, in denen vor allem jene leben, die apostolisch tätig sind.

89. Deshalb sollen bei der Reform des Stundengebetes folgende Richtlinien eingehalten werden.

a) Die Laudes als Morgengebet und die Vesper als Abendgebet, nach der ehrwürdigen Überlieferung der Gesamtkirche die beiden Angelpunkte des täglichen Stundengebetes, sollen als die vornehmsten Gebetsstunden angesehen und als solche gefeiert werden. [...]

> besser entsprechen. Als Hauptthoren (lat. hora, Stunde) werden Laudes und Vesper festgelegt, die den Tag strukturieren.

Art. 89 formuliert die konkreten Entscheidungen des Konzils im Hinblick auf die Neuordnung der Gebetszeiten, Art. 91–98 legen die konkreten Reformschritte fest. Sie betreffen die Neuordnung der Psalmenverteilung, die Lesungen und Hymnen der einzelnen Horen und die Verpflichtung zum Stundengebet.

99. Da das Stundengebet Stimme der Kirche ist, des ganzen mystischen Leibes, der Gott öffentlich lobt, wird empfohlen, dass die nicht zum Chor verpflichteten Kleriker und besonders die Priester, die zusammenleben oder zusammenkommen, wenigstens einen Teil des Stundengebetes gemeinsam verrichten.

Dabei sollen sie alle, ob sie nun das Stundengebet im Chor oder gemeinsam verrichten, die ihnen anvertraute Aufgabe in der inneren Frömmigkeit wie im äußeren Verhalten so vollkommen wie möglich erfüllen.

Überdies ist vorzuziehen, dass man das Stundengebet im Chor oder in Gemeinschaft singt, soweit das möglich ist.

> Das Stundengebet ist öffentliches Tun der Kirche, also keine private Angelegenheit und nicht ausschließlich Sache des Klerus. Daher hat der gemeinschaftliche Vollzug Vorrang vor dem privaten (vgl. Art. 27). Dabei wird das Singen betont, denn die Psalmen und biblischen Cantica (Lieder), die das Stundengebet prägen, sind ihrer Gattung nach Gesang.

100. Die Seelsorger sollen darum bemüht sein, dass die Hauptthoren, besonders die Vesper an Sonntagen und höheren Festen, in der

> Die Empfehlung zum Stundengebet ist kein „Zugeständnis" der ▷

Konzilsväter an die Laien, sondern ergibt sich aus dem erneuerten Liturgie- und Kirchenverständnis.

Kirche gemeinsam gefeiert werden. Auch den Laien wird empfohlen, das Stundengebet zu verrichten, sei es mit den Priestern, sei es unter sich oder auch jeder einzelne allein.

Art. 101 regelt die Verwendung der lateinischen Sprache und der Landessprachen im Stundengebet. Mit dem Verweis auf Verständlichkeit wird erlaubt, dass das Stundengebet in der Landessprache gefeiert werden kann, v.a. wenn die Gemeinde mitfeiert.

Fünftes Kapitel: Das Liturgische Jahr

Was wir Liturgisches Jahr (Kirchenjahr) nennen, ist das feiernde Gedächtnis des Heilshandelns Gottes in Jesus Christus im Jahreslauf. Die Verwendung des Begriffes „Liturgisches Jahr" macht deutlich, dass die christlichen Feste immer mit der Feier der Liturgie verbunden sind, in der sie ihren Höhepunkt erfahren. Diese sind keine isolierten Einzelereignisse, sondern entfalten das eine Pascha-Mysterium und sind darauf bezogen. So versteht die Kirche alle ihre Feste „von Ostern her".

102. Als liebende Mutter hält die Kirche es für ihre Aufgabe, das Heilswerk ihres göttlichen Bräutigams an bestimmten Tagen das Jahr hindurch in heiligem Gedenken zu feiern. In jeder Woche begeht sie an dem Tag, den sie Herrentag genannt hat, das Gedächtnis der Auferstehung des Herrn, und einmal im Jahr feiert sie diese Auferstehung zugleich mit dem seligen Leiden des Herrn an Ostern, ihrem höchsten Fest.

Im Kreislauf des Jahres entfaltet sie das ganze Mysterium Christi von der Menschwerdung und Geburt bis zur Himmelfahrt, zum Pfingsttag und zur Erwartung der seligen Hoffnung und der Ankunft des Herrn.

Indem sie so die Mysterien der Erlösung feiert, erschließt sie die Reichtümer der Machterweise und der Verdienste ihres Herrn, so dass sie jederzeit gewissermaßen gegenwärtig gemacht werden und die Gläubigen mit ihnen in Berührung kommen und mit der Gnade des Heiles erfüllt werden.

Art. 103–104 betten auch die Marien- und Heiligenfeste in diesen Kontext ein. Sie sind ebenfalls auf das Pascha-Mysterium hingeordnet: Maria ist im Besonderen „mit dem Heilswerk ihres Sohnes verbunden". Im Leben (und Sterben) der Märtyrer und der anderen Heiligen ist die Nachfolge des Herrn sichtbar geworden.

106. Aus apostolischer Überlieferung, die ihren Ursprung auf den Auferstehungstag Christi zurückführt, feiert die Kirche Christi das Pascha-Mysterium jeweils am achten Tage, der deshalb mit Recht Tag des Herrn oder Herrentag genannt wird. An diesem Tag müssen die Christgläubigen zusammenkommen, um das Wort Gottes zu hören, an der Eucharistiefeier teilzunehmen und so des Leidens, der Auferstehung und der Herrlichkeit des Herrn Jesus zu gedenken und Gott dankzusagen, der sie „wiedergeboren hat zu lebendiger Hoffnung durch die Auferstehung Jesu Christi von den Toten" (1 Petr 1,3). Deshalb ist der Herrentag der Ur-Feiertag [...]. Andere Feiern sollen ihm nicht vorgezogen werden, wenn sie nicht wirklich von höchster Bedeutung sind; denn der Herrentag ist Fundament und Kern des ganzen liturgischen Jahres.

Das Konzil stellt den „österlichen Charakter" des Sonntags heraus: Als Gedächtnistag von Tod und Auferstehung ist er der erste und älteste christliche Feiertag und mit dem Herrenmahl (Eucharistiefeier) verbunden. Daher wird er auch „Herrentag" genannt. Die Bezeichnung „achter Tag" hat symbolische Bedeutung. Acht ist die Zahl des Neubeginns, der Fülle und der Vollendung, die das Irdische überschreitet (vgl. auch die liegende Acht als Zeichen für „unendlich").

108. Die Herzen der Gläubigen sollen vor allem auf die Herrenfeste hingelenkt werden, in denen die Heilsgeheimnisse das Jahr hindurch begangen werden. Daher soll das Herrenjahr den ihm zukommenden Platz vor den Heiligenfesten erhalten, damit der volle Kreis der Heilsmysterien in gebührender Weise gefeiert wird.

Der Vorrang der Herrenfeste (z.B. Verkündigung des Herrn) sowie des Oster- und Weihnachtsfestkreises vor den Heiligenfesten wird deutlich betont.

Die Art. 109–111 behandeln die doppelte Bedeutung der Fastenzeit (Quadragesima) als Zeit der Taufvorbereitung und der Buße sowie die Heiligenfeste.

Sechstes Kapitel: Die Kirchenmusik

Nicht mehr die allein vom Priester gesprochenen Texte der Gesänge, sondern der gottesdienstliche Gesang selbst (z.B. Gloria, Sanctus) ist liturgischer Vollzug. Die Kirchenmusik wird nicht mehr auf schmückendes Beiwerk oder feierliche Umrahmung reduziert, sondern dient in Verbindung mit der liturgischen Handlung deren Vertiefung.

112. Die überlieferte Musik der Gesamtkirche stellt einen Reichtum von unschätzbarem Wert dar, ausgezeichnet unter allen übrigen künstlerischen Ausdrucksformen vor allem deshalb, weil sie als der mit dem Wort verbundene gottesdienstliche Gesang einen notwendigen und integrierenden Bestandteil der feierlichen Liturgie ausmacht. [...]

So wird denn die Kirchenmusik um so heiliger sein, je enger sie mit der liturgischen Handlung verbunden ist, sei es, dass sie das Gebet inniger zum Ausdruck bringt oder die Einmütigkeit fördert, sei es, dass sie die heiligen Riten mit größerer Feierlichkeit umgibt, Dabei billigt die Kirche alle Formen wahrer Kunst, welche die erforderlichen Eigenschaften besitzen, und lässt sie zur Liturgie zu. [...]

Als Leviten wurden in der tridentinischen Liturgie Diakone und Subdiakone bezeichnet.

113. Ihre vornehmste Form nimmt die liturgische Handlung an, wenn der Gottesdienst feierlich mit Gesang gehalten wird, wenn Leviten mitwirken und das Volk tätig teilnimmt. [...]

Die tätige Teilnahme der Gemeinde ist nur möglich, wenn die ihr zukommenden Gesänge (v.a. Kyrie, Gloria, Credo,

114. [...] Die Sängerchöre sollen nachdrücklich gefördert werden, besonders an den Kathedralkirchen. Dabei mögen aber die Bischöfe und die übrigen Seelsorger eifrig

dafür Sorge tragen, dass in jeder liturgischen Feier mit Gesang die gesamte Gemeinde der Gläubigen die ihr zukommende tätige Teilnahme auch zu leisten vermag, im Sinne von Art. 28 und 30.

Sanctus) von allen mitgesungen werden können und nicht ausschließlich von einem Chor übernommen werden.

116. Die Kirche betrachtet den Gregorianischen Choral als den der römischen Liturgie eigenen Gesang; demgemäß soll er in ihren liturgischen Handlungen, wenn im Übrigen die gleichen Voraussetzungen gegeben sind, den ersten Platz einnehmen.

Andere Arten der Kirchenmusik, besonders die Mehrstimmigkeit, werden für die Feier der Liturgie keineswegs ausgeschlossen, wenn sie dem Geist der Liturgie im Sinne von Art. 30 entsprechen.

Der einstimmige unbegleitete Gesang (Choral) behält seine vorrangige Bedeutung. Neben dem mehrstimmigen Chorgesang würdigt das Konzil das volkssprachliche Kirchenlied als liturgischen Gesang, der nun auch in der Liturgie selbst verwendet werden darf – ohne dass ein Priester die Texte parallel sprechen muss (vgl. Art. 112).

118. Der religiöse Volksgesang soll eifrig gepflegt werden, so dass die Stimmen der Gläubigen bei Andachtsübungen und gottesdienstlichen Feiern und auch bei den liturgischen Handlungen selbst gemäß den Richtlinien und Vorschriften der Rubriken erklingen können.

Siebtes Kapitel: Die sakrale Kunst
Liturgisches Gerät und Gewand

123. Die Kirche hat niemals einen Stil als ihren eigenen betrachtet, sondern hat je nach Eigenart und Lebensbedingungen der Völker und nach den Erfordernissen der verschie-

Das Konzil bringt klar zum Ausdruck, dass es keinen bevorzugten Kunststil gibt. Wie die Musik hat auch die ▷

Kunst dienenden Charakter für die Liturgie.

denen Riten die Sonderart eines jeden Zeitalters zugelassen und so im Laufe der Jahrhunderte einen Schatz zusammengetragen, der mit aller Sorge zu hüten ist. Auch die Kunst unserer Zeit und aller Völker und Länder soll in der Kirche Freiheit der Ausübung haben, sofern sie nur den Gotteshäusern und den heiligen Riten mit der gebührenden Ehrfurcht und Ehrerbietung dient [...].

Art. 124–127 behandeln die kirchlichen Forderungen an die Kunst, den Bilderschmuck, die Kunstkommissionen und die Sorge für die Künstler.

Obwohl einige Bischöfe gerne konkrete Bestimmungen auf dem Konzil getroffen hätten, werden in der Liturgiekonstitution nur allgemeine Grundsätze für die Reform festgelegt. Die Ausarbeitung wurde der Reformkommission überlassen, die aber auf Anregungen und eingegebene Wünsche der Konzilsväter zurückgreifen konnte. Alle Änderungen, Abschaffungen und Neugestaltungen sollen der erneuerten Liturgie dienen (vgl. Art. 21). Die Bischofskonferenzen erhalten dazu die Vollmacht, entsprechende Anpassungen für ihr Gebiet vorzunehmen.

128. Die Canones und kirchlichen Statuten, die sich auf die Gestaltung der äußeren zur Liturgie gehörigen Dinge beziehen, sind [...] zu revidieren. Das gilt besonders von den Bestimmungen über würdigen und zweckentsprechenden Bau von Gotteshäusern, Gestalt und Errichtung der Altäre, edle Form des eucharistischen Tabernakels, seinen Ort und seine Sicherheit, richtige und würdige Anlage des Baptisteriums, schließlich von den Bestimmungen über die rechte Art der heiligen Bücher, des Schmuckes und der Ausstattung der Kultgebäude. Bestimmungen, die der erneuerten Liturgie weniger zu entsprechen scheinen, mögen abgeändert oder abgeschafft werden; solche aber, die sie fördern, sollen beibehalten oder neu eingeführt werden.

In diesem Zusammenhang wird den Bischofsversammlungen der einzelnen Gebiete, [...], die Vollmacht erteilt, Anpassungen an die örtlichen Erfordernisse und Sitten vorzunehmen [...].

Das Kapitel schließt mit der Forderung, dass der Klerus in seiner Ausbildung auch in sakraler Kunst unterrichtet werde, und der Regelung zum Gebrauch der Pontifikalien Mitra und Stab (vgl. Art. 129–130).

Anmerkungen:

1) Sekret des 9. Sonntags nach Pfingsten.
2) Vgl. Hebr 13,14.
3) Vgl. Eph 2,21-22.
4) Vgl. Eph 4,13.
5) Vgl. Jes 11,12.
6) Vgl. Joh 11,52.
7) Vgl. Joh 10,16.
8) Vgl. Jes 61,1; Lk 4,18.
9) Ignatius von Antiochien, Ad Ephesios, 7, 2: ed. F. X. Funk, Patres Apostolici, I (Tübingen 1901) 218.
10) Vgl. 1 Tim 2,5.
11) Sacramentarium Veronense (Leonianum): ed. C. Mohlberg (Rom 1956) n. 1265 S. 162.
12) Osterpräfation im Missale Romanum.
13) Vgl. die Oration nach der zweiten Lesung am Karsamstag, im Missale Romanum, vor der Erneuerung der Karwoche.
14) Vgl. Mk 16,15.
15) Vgl. Apg 26,18.
16) Vgl. Röm 6,4; Eph 2,6; Kol 3,1; 2 Tim 2,11.
17) Vgl. Joh 4,23.
18) Vgl. 1 Kor 11,26.
19) Konzil von Trient, Sess. XIII., 11. Okt. 1551, Decr. De ss. Eucharist., c. 5: Concilium Tridentinum, Diariorum, Actorum, Epistularum, Tractatuum nova collectio, ed. Soc. Gœrresiana, Bd. VII. Actorum pars IV (Freiburg i. Br. 1961) 202.
20) Konzil von Trient, Sess. XXII., 17. Sept. 1562, Doctr. De ss. Missæ sacrif., c. 2: Concilium Tridentinum. Ed. cit., Bd. VIII. Actorum pars V (Freiburg i. Br. 1919) 960.
21) Vgl. Augustinus, In Ioannis Evangelium Tractatus VI., cap. I, n.7: PL 35, 1428.
22) Vgl. Offb 21,2; Kol 3,1; Hebr 8,2.
23) Vgl. Phil 3,20; Kol 3,4.
24) Vgl. Joh 17,3; Lk 24,27; Apg 2,38.
25) Vgl. Mt 28,20.
26) Postcommunio der Ostervigil und des Ostersonntags.
27) Oration der Messe am Dienstag in der Osterwoche.
28) Vgl. 2 Kor 6,1.
33) Cyprian, De cath. eccl. unitate, 7: ed. G. Hartel, CSEL III/1 (Wien 1868) 215 bis 216. Vgl. Ep. 66, n. 8, 3: ebd. III/2 (Wien 1871) 732-733.
38) Vgl. Cyrillus von Alex., Commentarium in Ioannis Evangelium, lib. XI., capp. XI-XII: PG 74, 557-564.
40) Sessio XXI., 16. Juli 1562. Doctrina de Communione sub utraque specie et parvulorum, capp. 1-3: Concilium Tridentinum. Ed. cit., Bd. VIII 698-699.

DOGMATISCHE KONSTITUTION ÜBER DIE KIRCHE LUMEN GENTIUM

Hinführung zum Konzilstext von Bernhard Körner

Bezeichnenderweise hat die theologische Lehre von der Kirche (Ekklesiologie) ihren Ursprung im Kirchenrecht. Und über Jahrhunderte war sie vor allem die Lehre von der Autorität des Papstes und der Bischöfe. Sie sollte nachweisen, dass der Römisch-katholischen Kirche und ihrem Lehramt die Autorität zukommt, die Lehre Christi mit Vollmacht und Verbindlichkeit vorzulegen.

Zu Vorgeschichte und Anlass der Kirchenkonstitution

Auf dieser Linie kann auch das Erste Vatikanische Konzil (1869-1870) gesehen werden. Da es angesichts der Besetzung Roms und des Kirchenstaates abgebrochen werden musste, konnte das vorgesehene Dokument über die Kirche nicht fertiggestellt werden. In der Dogmatischen Konstitution *Pastor aeternus* wurde daher nur die Lehre vom Primat und von der Unfehlbarkeit des Papstes vorgelegt. Das führte in weiterer Folge zu einem ganz auf den Papst ausgerichteten Kirchenbild.

Im 20. Jahrhundert war es vor allem Papst Pius XII., der mit der Enzyklika *Mystici corporis* (1943) eine vertiefte theologische Sicht auf die Kirche vorgelegt hat: Es geht um den auferstandenen Christus, dessen Leib die Kirche ist.

Vor diesem Hintergrund war es selbstverständlich, dass das Zweite Vatikanische Konzil das Thema „Kirche" aufnahm und diese einseitige Konzentration auf das Papsttum und das Kirchenrecht überwinden wollte. So wurde die Dogmatische Konstitution über die Kirche *Lumen Gentium* zum zentralen Dokument des Konzils.

Entwürfe und Diskussionen

Der erste Entwurf (1962) der Kirchenkonstitution wollte keine vollständige Lehre über die Kirche vorlegen, sondern in elf Kapiteln zu einigen Aspekten der Lehre Stellung nehmen – angefangen von einer Wesensumschreibung der Kirche, über die Stände in der Kirche, die Beziehung zwischen Kirche und Staat bis zum Ökumenismus. Die Reaktionen waren zurückhaltend. Unter den vielen Stellungnahmen sind vor allem zwei zu nennen, die für die weitere Erarbeitung des Dokumentes wichtig wurden: Kardinal Montini (Mailand) kritisierte den mangelhaften inneren Zusammenhang. Bischof de Smedt (Brügge) war mit dem Ton des Entwurfes nicht zufrieden. Er wandte sich gegen jeden Triumphalismus, gegen eine Verengung der Sicht auf die geweihten Amtsträger (Klerikalismus) und gegen eine zu juridische Sichtweise. Auf der anderen Seite ließ der Unterschied zur herkömmlichen Ekklesiologie den italienischen Bischof Musto von „einem Spektrum der Häresie" sprechen. Der Entwurf wurde zurückgewiesen.

Auf Grund der Kritik wurde 1963 ein zweiter Entwurf vorgelegt, der als Diskussionsgrundlage angenommen wurde. Er bestand aus vier Kapiteln: I. Das Geheimnis der Kirche / II. Die hierarchische Verfassung der Kirche, besonders der Episkopat / III. Das Volk Gottes, besonders die Laien / IV. Die Berufung zur Heiligkeit in der Kirche.

In der Diskussion zeigten sich zwei Tendenzen: Ein Teil der Konzilsväter wollte vor allem klare Definitionen und Schlussfolgerungen im Stil der damals üblichen Schultheologie. Die anderen, die sich schlussendlich durchsetzen sollten, waren besonders um Zuwendung zu einem biblisch-heilsgeschichtlichen Denken, zum Denken der Kirchenväter und um eine erkennbare Nähe zur Zeit bemüht. Im Verlauf der weiteren Arbeit entschied man sich, der Gottesmutter Maria kein eigenes Dokument zu widmen, sondern ein Kapitel in der Kirchenkonstitution. So entstand eine dritte Fassung mit acht Kapiteln, die 1964 intensiv diskutiert wurde. Bemerkenswert ist in dieser Endfassung, dass das Kapitel über das Volk Gottes dem Kapitel über die Hierarchie vorgeordnet wurde – die geweihten Amtsträger stehen nicht außerhalb des Volkes Gottes. In der Abschlussphase der Diskussion wurde auf Weisung des Papstes noch eine „nota explicativa" eingefügt, die den Schwierigkeiten der Konzilsminderheit mit dem für sie zu „fortschrittlichen" Text entsprach. Diese „nota" unterstreicht den Primat des Papstes. Trotz Missfallen an dieser Intervention und einiger Nervosität wurde das Dokument schließlich mit 2151 Ja-Stimmen und nur 5 Gegenstimmen verabschiedet.

Aufbau und Kommentar des Dokumentes

Der endgültige Aufbau der Kirchenkonstitution dokumentiert deutlich sichtbar die Grundentscheidungen des Konzils, die bei der Kommentierung sichtbar gemacht werden. Die acht Kapitel sind:

1. Das Mysterium der Kirche
2. Das Volk Gottes
3. Die hierarchische Verfassung der Kirche, insbesondere das Bischofsamt
4. Die Laien
5. Die allgemeine Berufung zur Heiligkeit in der Kirche
6. Die Ordensleute
7. Der endzeitliche Charakter der pilgernden Kirche und ihre Einheit mit der himmlischen Kirche
8. Die selige jungfräuliche Gottesmutter Maria im Geheimnis Christi und der Kirche

Bei der folgenden Auswahl wird der Schwerpunkt auf die beiden ersten und grundlegenden Kapitel gelegt. Die übrigen Kapitel mussten z. T. stark gekürzt werden; es wurde dabei aber darauf geachtet, dass der große Themenbogen der Kirchenkonstitution sichtbar wird und keine heiklen Themen umgangen werden. Dabei stützen sich die Ausführungen auf die Kommentare von G. Philips, A. Grillmeier, K. Rahner, H. Vorgrimler, F. Klostermann, F. Wulf, und O. Semmelroth (die z. T. Konzilstheologen gewesen sind) im Lexikon für Theologie und Kirche (2. Auflage), Bd. 13, 139-359.

DOGMATISCHE KONSTITUTION ÜBER DIE KIRCHE LUMEN GENTIUM

Erstes Kapitel: Das Mysterium der Kirche

1. Christus ist das Licht der Völker. Darum ist es der dringende Wunsch dieser im Heiligen Geist versammelten Heiligen Synode, alle Menschen durch seine Herrlichkeit, die auf dem Antlitz der Kirche widerscheint, zu erleuchten, indem sie das Evangelium allen Geschöpfen verkündet (vgl. Mk 16,15). Die Kirche ist ja in Christus gleichsam das Sakrament, das heißt Zeichen und Werkzeug für die innigste Vereinigung mit Gott wie für die Einheit der ganzen Menschheit. Deshalb möchte sie das Thema der vorausgehenden Konzilien fortführen, ihr Wesen und ihre universale Sendung ihren Gläubigen und aller Welt eingehender erklären. Die gegenwärtigen Zeitverhältnisse geben dieser Aufgabe der Kirche eine besondere Dringlichkeit, dass nämlich alle Menschen, die heute durch vielfältige soziale, technische und kulturelle Bande enger miteinander verbunden sind, auch die volle Einheit in Christus erlangen.

Bewusst wird hier mit der Aussage begonnen, dass Christus das Licht der Völker ist. Er ist der Angelpunkt der Kirche. Alles, was die Kirche vorweisen kann, empfängt sie von ihm, und alles, was sie soll, muss an ihm Maß nehmen. Die Kirche vermag nichts aus sich selbst, sie lebt von Christus und durch ihn. Die Kirche wird hier als eine sakramentale Wirklichkeit präsentiert. Aber von ihr wird gesagt, dass sie „gleichsam" Sakrament ist, d.h. sie ist nicht ein achtes Sakrament, sondern gleicht in gewisser Weise einem Sakrament: Wie ein Sakrament macht sie etwas sichtbar (Zeichen) und bewirkt sie etwas (Werkzeug) – die Einheit der Menschen mit Gott und die Einheit der Menschen untereinander.

2. Der ewige Vater hat die ganze Welt nach dem völlig freien, verborgenen Ratschluss seiner Weisheit und Güte erschaffen. Er hat auch beschlossen, die Menschen zur Teilhabe an dem göttlichen Leben zu erheben. Und als

In den Artikeln 2 bis 4 wird gezeigt, dass die Kirche ihren Ursprung im Wirken des drei-einen Gottes hat. In diesem Zusammenhang wird ▷

durch das Wort „vorausbedeutet" gesagt, dass es sie in gewisser Weise bereits seit der Erschaffung der Welt gegeben hat, d.h. in einzelnen Personen wie z.B. Abel Wirklichkeit gewesen ist. In der Geschichte des Volkes Israel ist sie schon deutlicher, aber erst durch Christus voll verwirklicht worden.

sie in Adam gefallen waren, verließ er sie nicht, sondern gewährte ihnen jederzeit Hilfen zum Heil um Christi, des Erlösers, willen, „der das Bild des unsichtbaren Gottes ist, der Erstgeborene aller Schöpfung" (Kol 1,15). Alle Erwählten aber hat der Vater vor aller Zeit „vorhergekannt und vorherbestimmt, gleichförmig zu werden dem Bild seines Sohnes, auf dass dieser der Erstgeborene sei unter vielen Brüdern" (Röm 8,29). Die aber an Christus glauben, beschloss er in der heiligen Kirche zusammenzurufen. Sie war schon seit dem Anfang der Welt vorausbedeutet; in der Geschichte des Volkes Israel und im Alten Bund wurde sie auf wunderbare Weise vorbereitet[1], in den letzten Zeiten gestiftet, durch die Ausgießung des Heiligen Geistes offenbart, und am Ende der Weltzeiten wird sie in Herrlichkeit vollendet werden. Dann werden, wie bei den heiligen Vätern zu lesen ist, alle Gerechten von Adam an, „von dem gerechten Abel bis zum letzten Erwählten"[2], in der allumfassenden Kirche beim Vater versammelt werden.

Im Werden der Kirche kommt Christus, dem Sohn Gottes, eine Schlüsselrolle zu. Sein Wirken wird dreifach umschrieben: Er begründet das Reich Gottes auf Erden, er offenbart uns, wer Gott ist, und er erwirkt die Erlösung. Das,

3. Es kam also der Sohn, gesandt vom Vater, der uns in ihm vor Grundlegung der Welt erwählt und zur Sohnesannahme vorherbestimmt hat, weil es ihm gefallen hat, in Christus alles zu erneuern (vgl. Eph 1,4-5.10). Um den Willen des Vaters zu erfüllen, hat Christus das Reich der Himmel auf Erden begründet, uns sein Geheimnis offenbart und durch

seinen Gehorsam die Erlösung gewirkt. Die Kirche, das heißt das im Mysterium schon gegenwärtige Reich Christi, wächst durch die Kraft Gottes sichtbar in der Welt. Dieser Anfang und dieses Wachstum werden zeichenhaft angedeutet durch Blut und Wasser, die der geöffneten Seite des gekreuzigten Jesus entströmten (vgl. Joh 19,34), und vorherverkündet durch die Worte des Herrn über seinen Tod am Kreuz: „Und ich, wenn ich von der Erde erhöht bin, werde alle an mich ziehen" (Joh 12,32). Sooft das Kreuzesopfer, in dem Christus, unser Osterlamm, dahingegeben wurde (1 Kor 5,7), auf dem Altar gefeiert wird, vollzieht sich das Werk unserer Erlösung. Zugleich wird durch das Sakrament des eucharistischen Brotes die Einheit der Gläubigen, die einen Leib in Christus bilden, dargestellt und verwirklicht (1 Kor 10,17). Alle Menschen werden zu dieser Einheit mit Christus gerufen, der das Licht der Welt ist: Von ihm kommen wir, durch ihn leben wir, zu ihm streben wir hin.

was Christus erwirkt hat, wird durch die Kirche sakramental („im Mysterium"), d.h. zeichenhaft und wirksam vergegenwärtigt – besonders durch die Feier der Eucharistie.

4. Als das Werk vollendet war, das der Vater dem Sohn auf Erden zu tun aufgetragen hatte (vgl. Joh 17,4), wurde am Pfingsttag der Heilige Geist gesandt, auf dass er die Kirche immerfort heilige und die Gläubigen so durch Christus in einem Geiste Zugang hätten zum Vater (vgl. Eph 2,18). Er ist der Geist des Lebens, die Quelle des Wassers, das zu ewigem Leben aufsprudelt (vgl. Joh 4,14; 7,38-39);

Artikel 4 zeigt, wie sehr die Kirche und jeder einzelne in ihr durch das Wirken des Heiligen Geistes belebt wird – nicht nur die geweihten Amtsträger. Deshalb hat die Kirche nicht nur im drei-einen Gott ihren Ursprung, sondern die Einheit Gottes als Einheit von Vater, Sohn ▷

und Heiligem Geist ist auch das für die Kirche maßgebliche Urbild: Die Lebensfülle und Einheit in Gott, also sein göttliches Leben, soll durch die Kirche und ihr Wirken sichtbar gemacht werden, dazu soll sie einladen, das soll durch ihr Wort und ihre Sakramente wirksam werden.	durch ihn macht der Vater die in der Sünde erstorbenen Menschen lebendig, um endlich ihre sterblichen Leiber in Christus aufzuerwecken (vgl. Röm 8,10-11). Der Geist wohnt in der Kirche und in den Herzen der Gläubigen wie in einem Tempel (vgl. 1 Kor 3,16; 6,19), in ihnen betet er und bezeugt ihre Annahme an Sohnes Statt (vgl. Gal 4,6; Röm 8,15-16.26). Er führt die Kirche in alle Wahrheit ein (vgl. Joh 16,13), eint sie in Gemeinschaft und Dienstleistung, bereitet und lenkt sie durch die verschiedenen hierarchischen und charismatischen Gaben und schmückt sie mit seinen Früchten (vgl. Eph 4,11-12; 1 Kor 12,4; Gal 5,22). Durch die Kraft des Evangeliums lässt er die Kirche allezeit sich verjüngen, erneut sie immerfort und geleitet sie zur vollkommenen Vereinigung mit ihrem Bräutigam[3]. Denn der Geist und die Braut sagen zum Herrn Jesus: „Komm" (vgl. Offb 22,17).
	So erscheint die ganze Kirche als „das von der Einheit des Vaters und des Sohnes und des Heiligen Geistes her geeinte Volk"[4].
Wie bereits in Artikel 3 wird auch hier die Kirche mit der Wirklichkeit des Reiches Gottes in Verbindung gesetzt, dessen Anbrechen Jesus in seinen Gleichnissen verkündet hat. Jesus hat nicht nur den Anfang der sichtbaren Kirche gesetzt, sondern in ihm und in seinem Wirken wird auch	5. Das Geheimnis der heiligen Kirche wird in ihrer Gründung offenbar. Denn der Herr Jesus machte den Anfang seiner Kirche, indem er frohe Botschaft verkündigte, die Ankunft nämlich des Reiches Gottes, das von alters her in den Schriften verheißen war: „Erfüllt ist die Zeit, und genaht hat sich das Reich Gottes" (Mk 1,15; vgl. Mt 4,17). Dieses Reich aber leuchtet im Wort, im Werk und in der

Gegenwart Christi den Menschen auf. Denn das Wort des Herrn ist gleich einem Samen, der auf dem Acker gesät wird (Mk 4,14): Die es im Glauben hören und der kleinen Herde Christi (Lk 12,32) beigezählt werden, haben das Reich selbst angenommen; aus eigener Kraft sprosst dann der Same und wächst bis zur Zeit der Ernte (vgl. Mk 4,26-29). Auch die Wunder Jesu erweisen, dass das Reich schon auf Erden angekommen ist: „Wenn ich im Finger Gottes die Dämonen austreibe, ist wahrlich das Reich Gottes zu euch gekommen" (Lk 11,20; vgl. Mt 12,28). Vor allem aber wird dieses Reich offenbar in der Person Christi selbst, des Sohnes Gottes und des Menschensohnes, der gekommen ist, „um zu dienen und sein Leben hinzugeben als Lösegeld für die Vielen" (Mk 10,45). Als aber Jesus nach seinem für die Menschen erlittenen Kreuzestod auferstanden war, ist er als der Herr, der Gesalbte und als der zum Priester auf immerdar Bestellte erschienen (vgl. Apg 2,36; Hebr 5,6; 7,17-21) und hat den vom Vater verheißenen Geist auf die Jünger ausgegossen (vgl. Apg 2,33). Von daher empfängt die Kirche, die mit den Gaben ihres Stifters ausgestattet ist und seine Gebote der Liebe, der Demut und der Selbstverleugnung treulich hält, die Sendung, das Reich Christi und Gottes anzukündigen und in allen Völkern zu begründen. So stellt sie Keim und Anfang dieses Reiches auf Erden dar. Während sie allmählich wächst, streckt sie sich verlangend aus

> sichtbar, was das Reich Gottes ist und worum es in diesem Reich geht. Das Gleiche soll auch in der Verkündigung und im Wirken der Kirche geschehen. Die Kirche ist zwar mit dem Reich Gottes nicht identisch, wohl aber ist sie „Keim und Anfang dieses Reiches auf Erden".

nach dem vollendeten Reich; mit allen Kräften hofft und sehnt sie sich danach, mit ihrem König in Herrlichkeit vereint zu werden.

> Das Konzil definiert die Kirche nicht, sondern greift auf verschiedene Bilder aus der Bibel zurück, um die Kirche darzustellen. Unter diesen Bildern wird der Kirche als Leib Christi besondere Aufmerksamkeit gewidmet. Dieses Bild geht auf Paulus zurück (vgl. 1 Kor 12,12–27) und wurde von Pius XII. in seiner Enzyklika *Mystici corporis* (1943) aufgegriffen, um den tieferen Sinn und die Sendung der Kirche darzustellen: Was Christus gebracht hat, soll durch die Kirche gegenwärtig werden. Bis heute wird das Bild vom Leib Christi verwendet, um sichtbar zu machen, dass die Kirche nicht nur eine menschliche Institution ist, sondern dass sich in ihr göttliche Gegenwart ereignet. Außerdem macht das Bild deutlich, dass es in der Kirche viele Gaben des Heiligen Geistes („Dienstgaben") gibt, die allen zugutekommen sollen – so wie die einzelnen Organe dem ganzen Leib dienen.

7. Gottes Sohn hat in der mit sich geeinten menschlichen Natur durch seinen Tod und seine Auferstehung den Tod besiegt und so den Menschen erlöst und ihn umgestaltet zu einem neuen Geschöpf (vgl. Gal 6,15; 2 Kor 5,17). Indem er nämlich seinen Geist mitteilte, hat er seine Brüder, die er aus allen Völkern zusammenrief, in geheimnisvoller Weise gleichsam zu seinem Leib gemacht. [...]

Das Haupt dieses Leibes ist Christus. Er ist das Bild des unsichtbaren Gottes, und in ihm ist alles geschaffen. Er ist vor allem, und alles hat in ihm seinen Bestand. Er ist das Haupt des Leibes, welcher die Kirche ist. Er ist der Anfang, der Erstgeborene aus den Toten, auf dass er in allem den Vorrang innehabe (vgl. Kol 1,15-18). Durch die Größe seiner Macht herrscht er über Himmlisches und Irdisches, und durch seine alles überragende Vollkommenheit und Wirksamkeit erfüllt er den ganzen Leib mit dem Reichtum seiner Herrlichkeit (vgl. Eph 1,18-23)[7].

Alle Glieder müssen ihm gleichgestaltet werden, bis Christus Gestalt gewinnt in ihnen (vgl. Gal 4,19). Deshalb werden wir aufgenommen in die Mysterien seines Erdenlebens, sind ihm gleichgestaltet, mit ihm gestorben und mit ihm auferweckt, bis wir mit ihm herrschen werden (vgl. Phil 3,21;

2 Tim 2,11; Eph 2,6; Kol 2,12 usw.). Solange wir auf Erden in Pilgerschaft sind und in Bedrängnis und Verfolgung ihm auf seinem Weg nachgehen, werden wir - gleichwie der Leib zum Haupt gehört - in sein Leiden hineingenommen; wir leiden mit ihm, um so mit ihm verherrlicht zu werden (vgl. Röm 8,17).

Von ihm her „entfaltet sich der ganze Leib, durch Gelenke und Bänder getragen und zusammengehalten, im Wachstum Gottes" (Kol 2,19). Er selbst verfügt in seinem Leib, der Kirche, die Dienstgaben immerfort, vermöge deren wir durch seine Kraft uns gegenseitig Dienste leisten zum Heil, so dass wir, die Wahrheit in Liebe vollbringend, in allem auf ihn hin wachsen, der unser Haupt ist (vgl. Eph 4,11-16). [...]

8. Der einzige Mittler Christus hat seine heilige Kirche, die Gemeinschaft des Glaubens, der Hoffnung und der Liebe, hier auf Erden als sichtbares Gefüge verfasst und trägt sie als solches unablässig[9]; so gießt er durch sie Wahrheit und Gnade auf alle aus. Die mit hierarchischen Organen ausgestattete Gesellschaft und der geheimnisvolle Leib Christi, die sichtbare Versammlung und die geistliche Gemeinschaft, die irdische Kirche und die mit himmlischen Gaben beschenkte Kirche sind nicht als zwei verschiedene Größen zu betrachten, sondern bilden eine einzige komplexe Wirklichkeit, die aus menschlichem und göttlichem Element zusammen-

Artikel 8 macht deutlich, was es bedeutet, wenn die Kirche sakramental verstanden wird (vgl. Art. I): Sie ist eine Wirklichkeit, in der Sichtbares und Unsichtbares, Menschliches und Göttliches untrennbar miteinander verknüpft sind – wie es ja auch bei den Sakramenten der Fall ist. So wird sichtbar, dass die Kirche einerseits etwas in der Gesellschaft Greifbares ist, sie andererseits über das Greif- und Beschreibbare hinausgeht.

wächst¹⁰. Deshalb ist sie in einer nicht unbedeutenden Analogie dem Mysterium des fleischgewordenen Wortes ähnlich. Wie nämlich die angenommene Natur dem göttlichen Wort als lebendiges, ihm unlöslich geeintes Heilsorgan dient, so dient auf eine ganz ähnliche Weise das gesellschaftliche Gefüge der Kirche dem Geist Christi, der es belebt, zum Wachstum seines Leibes (vgl. Eph 4,16)¹¹.

In einer bewussten Entscheidung formulieren die Konzilsväter, dass die Kirche, die Jesus Christus gegründet hat, in der Kirche unter dem Nachfolger des Petrus „verwirklicht ist" (subsistit). Diese für die Ökumene bedeutsame Aussage geht nicht von einer Gleichwertigkeit aller Konfessionen aus, sie spricht die Überzeugung des Konzils aus, dass die katholische Kirche mit der von Christus begründeten Kirche übereinstimmt. Die Frage, welcher Zusammenhang zwischen den anderen Konfessionen und der von Christus gegründeten Kirche besteht, bleibt offen. Aber es wird deutlich gesagt, dass es auch außerhalb der Römischkatholischen Kirche, also in den anderen christlichen Kirchen und Gemeinschaften, vieles gibt, was für die wahre Kirche Christi wesentlich und

Dies ist die einzige Kirche Christi, die wir im Glaubensbekenntnis als die eine, heilige, katholische und apostolische bekennen¹². Sie zu weiden, hat unser Erlöser nach seiner Auferstehung dem Petrus übertragen (Joh 21,17), ihm und den übrigen Aposteln hat er ihre Ausbreitung und Leitung anvertraut (vgl. Mt 28,18 ff), für immer hat er sie als „Säule und Feste der Wahrheit" errichtet (1 Tim 3,15). Diese Kirche, in dieser Welt als Gesellschaft verfasst und geordnet, ist verwirklicht in der katholischen Kirche, die vom Nachfolger Petri und von den Bischöfen in Gemeinschaft mit ihm geleitet wird¹³. Das schließt nicht aus, dass außerhalb ihres Gefüges vielfältige Elemente der Heiligung und der Wahrheit zu finden sind, die als der Kirche Christi eigene Gaben auf die katholische Einheit hindrängen.

Wie aber Christus das Werk der Erlösung in Armut und Verfolgung vollbrachte, so ist auch die Kirche berufen, den gleichen Weg einzuschlagen, um die Heilsfrucht den Menschen mitzuteilen. Christus Jesus hat, „obwohl er doch in Gottesgestalt war, ... sich selbst entäußert und Knechtsgestalt angenommen" (Phil 2,6); um unseretwillen „ist er arm geworden, obgleich er doch reich war" (2 Kor 8,9). So ist die Kirche, auch wenn sie zur Erfüllung ihrer Sendung menschlicher Mittel bedarf, nicht gegründet, um irdische Herrlichkeit zu suchen, sondern um Demut und Selbstverleugnung auch durch ihr Beispiel auszubreiten. Christus wurde vom Vater gesandt, „den Armen frohe Botschaft zu bringen, zu heilen, die bedrückten Herzens sind" (Lk 4,18), „zu suchen und zu retten, was verloren war" (Lk 19,10). In ähnlicher Weise umgibt die Kirche alle mit ihrer Liebe, die von menschlicher Schwachheit angefochten sind, ja in den Armen und Leidenden erkennt sie das Bild dessen, der sie gegründet hat und selbst ein Armer und Leidender war. Sie müht sich, deren Not zu erleichtern, und sucht Christus in ihnen zu dienen. Während aber Christus heilig, schuldlos, unbefleckt war (Hebr 7,26) und Sünde nicht kannte (2 Kor 5,21), sondern allein die Sünden des Volkes zu sühnen gekommen ist (vgl. Hebr 2,17), umfasst die Kirche Sünder in ihrem eigenen Schoße. Sie ist zugleich heilig und stets der Reinigung bedürftig, sie geht immerfort den Weg der Buße und Erneuerung.

Die Kirche „schreitet zwischen den Verfolgungen der Welt und den Tröstungen Gottes auf ihrem Pilgerweg dahin"[14] und verkündet das Kreuz und den Tod des Herrn, bis er wiederkommt (vgl. 1 Kor 11,26). Von der

so Triebfeder zu ihrer sichtbaren Einheit ist.

Auch wenn die Kirche auf Grund ihrer Verankerung in Gott von sich Großes sagen kann, so erinnert das Konzil realistisch – wenn auch ein wenig knapp – daran, dass der Weg der Kirche in der Geschichte nicht ein Triumphzug ist, sondern oft ein Weg in Armut und Verfolgung. Und zur Armut der Kirche gehört auch, dass sie eine Gemeinschaft von Menschen ist, die versagt haben und versagen, Sünder waren und sind. Daraus ergibt sich, dass zur Kirche immer auch das tatkräftige Bemühen um Bekehrung und Reform gehören muss.

Kraft des auferstandenen Herrn aber wird sie gestärkt, um ihre Trübsale und Mühen, innere gleichermaßen wie äußere, durch Geduld und Liebe zu besiegen und sein Mysterium, wenn auch schattenhaft, so doch getreu in der Welt zu enthüllen, bis es am Ende im vollen Lichte offenbar werden wird.

Zweites Kapitel: Das Volk Gottes

Das zweite Kapitel der Kirchenkonstitution stellt die Kirche als Volk Gottes vor und greift damit ein biblisches Bild auf, das tief in der Bundesgeschichte des Volkes Israel verankert ist. Bewusst war diesem Kapitel das erste über den sakramentalen Charakter der Kirche vorangestellt worden, damit immer die Tiefendimension sichtbar bleibt, die für das Volk Gottes charakteristisch ist. Das Kapitel beginnt mit einer weiteren bedeutsamen Absicherung: Die Erwählung eines Bundesvolkes ändert nichts daran, dass alle Menschen zu allen Zeiten auch außerhalb des erwählten Bundesvolkes unter Gottes gnadenvoller Zuwendung stehen, auch wenn nicht greifbar ist, wie weit diese Gnade angekommen ist bzw. ankommt.

9. Zu aller Zeit und in jedem Volk ruht Gottes Wohlgefallen auf jedem, der ihn fürchtet und gerecht handelt (vgl. Apg 10,35). Gott hat es aber gefallen, die Menschen nicht einzeln, unabhängig von aller wechselseitigen Verbindung, zu heiligen und zu retten, sondern sie zu einem Volke zu machen, das ihn in Wahrheit anerkennen und ihm in Heiligkeit dienen soll. So hat er sich das Volk Israel zum Eigenvolk erwählt und hat mit ihm einen Bund geschlossen und es Stufe für Stufe unterwiesen. Dies tat er, indem er sich und seinen Heilsratschluss in dessen Geschichte offenbarte und sich dieses Volk heiligte. Dies alles aber wurde zur Vorbereitung und zum Vorausbild jenes neuen und vollkommenen Bundes, der in Christus geschlossen, und der volleren Offenbarung, die durch das Wort Gottes selbst in seiner Fleischwerdung übermittelt werden sollte. „Siehe, es kommen Tage, spricht der Herr, da schließe ich mit dem Hause Israel und dem Hause Juda einen neuen Bund ... Ich werde mein Gesetz in ihr

Inneres geben, und ihrem Herzen will ich es einschreiben, und ich werde ihnen Gott sein, und sie werden mir zum Volke sein ... Alle nämlich werden mich kennen, vom Kleinsten bis zum Größten, spricht der Herr" (Jer 31,31-34). Diesen neuen Bund hat Christus gestiftet, das Neue Testament nämlich in seinem Blute (vgl. 1 Kor 11,25). So hat er sich aus Juden und Heiden ein Volk berufen, das nicht dem Fleische nach, sondern im Geiste zur Einheit zusammenwachsen und das neue Gottesvolk bilden sollte. Die an Christus glauben, werden nämlich durch das Wort des lebendigen Gottes (vgl. 1 Petr 1,23) wiedergeboren nicht aus vergänglichem, sondern aus unvergänglichem Samen, nicht aus dem Fleische, sondern aus dem Wasser und dem Heiligen Geist (vgl. Joh 3,5-6), schließlich gemacht zu „einem auserwählten Geschlecht, einem königlichen Priestertum ..., einem heiligen Stamm, einem Volk der Erwerbung ... Die einst ein Nicht-Volk waren, sind jetzt Gottes Volk" (1 Petr 2,9-10).

Dieses messianische Volk hat zum Haupte Christus, „der hingegeben worden ist wegen unserer Sünden und auferstanden ist um unserer Rechtfertigung willen" (Röm 4,25) und jetzt voll Herrlichkeit im Himmel herrscht, da er den Namen über allen Namen erlangt hat. Seinem Stande eignet die Würde und die Freiheit der Kinder Gottes, in deren Herzen der Heilige Geist wie in einem Tempel wohnt. Sein Gesetz ist das neue Gebot

Gott schränkt seine Gnade und Liebe nicht auf einen kleinen Teil der Menschheit ein, er will das Heil aller Menschen. Wenn er ein Volk besonders erwählt, dann deshalb, damit es sichtbares Zeichen und Werkzeug seiner Gnade und Liebe ist.

Das Konzil greift die Erfahrung auf, dass die Kirche vielerorts eine Minderheit ist. Das soll sie nicht beirren – sie hat trotzdem eine bedeutsame und unersetzliche Berufung. Unabhängig von jeder Statistik ist sie „unzerstörbare Keimzelle der Einheit, der Hoffnung und des Heils" für die ganze Welt.

(vgl. Joh 13,34), zu lieben, wie Christus uns geliebt hat. Seine Bestimmung endlich ist das Reich Gottes, das von Gott selbst auf Erden grundgelegt wurde, das sich weiter entfalten muss, bis es am Ende der Zeiten von ihm auch vollendet werde, wenn Christus, unser Leben (vgl. Kol 3,4), erscheinen wird und „die Schöpfung selbst von der Knechtschaft der Vergänglichkeit zur Freiheit der Herrlichkeit der Kinder Gottes befreit wird" (Röm 8,21). So ist denn dieses messianische Volk, obwohl es tatsächlich nicht alle Menschen umfasst und gar oft als kleine Herde erscheint, für das ganze Menschengeschlecht die unzerstörbare Keimzelle der Einheit, der Hoffnung und des Heils. Von Christus als Gemeinschaft des Lebens, der Liebe und der Wahrheit gestiftet, wird es von ihm auch als Werkzeug der Erlösung angenommen und als Licht der Welt und Salz der Erde (vgl. Mt 5,13-16) in alle Welt gesandt. [...]

Das Volk Gottes wird in der Kirchenkonstitution dadurch charakterisiert, dass alle Getauften Anteil haben am Priestertum Christi. Dieser Gedanke war seit der Reformation in der Römisch-katholischen Kirche unüblich, weil man die Bedeutung des durch die Weihe verliehenen Priestertums nicht – wie bei den Protestanten – in Frage stellen wollte.

10. Christus der Herr, als Hoherpriester aus den Menschen genommen (vgl. Hebr 5,1-5), hat das neue Volk „zum Königreich und zu Priestern für Gott und seinen Vater gemacht" (vgl. Offb 1,6; 5,9-10). Durch die Wiedergeburt und die Salbung mit dem Heiligen Geist werden die Getauften zu einem geistigen Bau und einem heiligen Priestertum geweiht, damit sie in allen Werken eines christlichen Menschen geistige Opfer darbringen und die Machttaten dessen verkünden, der sie aus

der Finsternis in sein wunderbares Licht berufen hat (vgl. 1 Petr 2,4-10). So sollen alle Jünger Christi ausharren im Gebet und gemeinsam Gott loben (vgl. Apg 2,42-47) und sich als lebendige, heilige, Gott wohlgefällige Opfergabe darbringen (vgl. Röm 12,1); überall auf Erden sollen sie für Christus Zeugnis geben und allen, die es fordern, Rechenschaft ablegen von der Hoffnung auf das ewige Leben, die in ihnen ist (vgl. 1 Petr 3,15).

Das gemeinsame Priestertum der Gläubigen aber und das Priestertum des Dienstes, das heißt das hierarchische Priestertum, unterscheiden sich zwar dem Wesen und nicht bloß dem Grade nach. Dennoch sind sie einander zugeordnet: Das eine wie das andere nämlich nimmt je auf besondere Weise am Priestertum Christi teil[16]. Der Amtspriester nämlich bildet kraft seiner heiligen Gewalt, die er innehat, das priesterliche Volk heran und leitet es; er vollzieht in der Person Christi das eucharistische Opfer und bringt es im Namen des ganzen Volkes Gott dar; die Gläubigen hingegen wirken kraft ihres königlichen Priestertums an der eucharistischen Darbringung mit[17] und üben ihr Priestertum aus im Empfang der Sakramente, im Gebet, in der Danksagung, im Zeugnis eines heiligen Lebens, durch Selbstverleugnung und tätige Liebe.

12. Das heilige Gottesvolk nimmt auch teil an dem prophetischen Amt Christi, in der Ver-

> So ergab sich für das Konzil die Notwendigkeit, das gemeinsame Priestertum aller Getauften und das Priestertum, das durch das Sakrament der Weihe verliehen wird, zu unterscheiden. Von den beiden Formen des Priestertums wird gesagt, dass sie unterschiedliche Aufgaben haben und beide für die Kirche unverzichtbar sind. Daher müssen sie als zwei Wirklichkeiten gesehen werden, die sich gegenseitig ergänzen.

Anders als manche vermuten, ist Unfehlbarkeit nicht in erster Linie ein Attribut des Papstes, sondern zuerst eine Eigenschaft der Gesamtkirche. Der Grund dafür liegt im Wirken des Heiligen Geistes und in einem „Instinkt" für den wahren Glauben, der allen Getauften zukommt. Eine unfehlbar verlässliche Glaubensüberzeugung der ganzen Kirche ist daran erkennbar, dass das ganze Volk Gottes diese Überzeugung teilt. An dieser Stelle wird auch sichtbar, was für das Konzil außer Frage steht: Mit dem Begriff „Volk Gottes" ist nicht nur die sogenannte „Basis" (im Gegensatz zu den Amtsträgern) gemeint, sondern alle Getauften.	breitung seines lebendigen Zeugnisses vor allem durch ein Leben in Glauben und Liebe, in der Darbringung des Lobesopfers an Gott als Frucht der Lippen, die seinen Namen bekennen (vgl. Hebr 13,15). Die Gesamtheit der Gläubigen, welche die Salbung von dem Heiligen haben (vgl. 1 Joh 2,20.27), kann im Glauben nicht irren. Und diese ihre besondere Eigenschaft macht sie durch den übernatürlichen Glaubenssinn des ganzen Volkes dann kund, wenn sie „von den Bischöfen bis zu den letzten gläubigen Laien"[22] ihre allgemeine Übereinstimmung in Sachen des Glaubens und der Sitten äußert. Durch jenen Glaubenssinn nämlich, der vom Geist der Wahrheit geweckt und genährt wird, hält das Gottesvolk unter der Leitung des heiligen Lehramtes, in dessen treuer Gefolgschaft es nicht mehr das Wort von Menschen, sondern wirklich das Wort Gottes empfängt (vgl. 1 Thess 2,13), den einmal den Heiligen übergebenen Glauben (vgl. Jud 3) unverlierbar fest. Durch ihn dringt es mit rechtem Urteil immer tiefer in den Glauben ein und wendet ihn im Leben voller an.
Weil die Kirche im Wirken des Heiligen Geistes ihren Ursprung hat, werden auch die Gaben des Heiligen Geistes (die sog. Charismen) besonders beachtet. Das Konzil unterscheidet unter ihnen „gewöhnliche" und „außergewöhnliche" Gaben. Ihr Sinn ist in jedem Fall nicht persönliche	Derselbe Heilige Geist heiligt außerdem nicht nur das Gottesvolk durch die Sakramente und die Dienstleistungen, er führt es nicht nur und bereichert es mit Tugenden, sondern „teilt den Einzelnen, wie er will" (1 Kor 12,11), seine Gaben aus und verteilt unter den Gläubigen jeglichen Standes auch besondere Gnaden. Durch diese macht er sie geeignet und bereit, für die Erneuerung und

den vollen Aufbau der Kirche verschiedene Werke und Dienste zu übernehmen gemäß dem Wort: „Jedem wird der Erweis des Geistes zum Nutzen gegeben" (1 Kor 12,7). Solche Gnadengaben, ob sie nun von besonderer Leuchtkraft oder aber schlichter und allgemeiner verbreitet sind, müssen mit Dank und Trost angenommen werden, da sie den Nöten der Kirche besonders angepasst und nützlich sind. Außerordentliche Gaben soll man aber nicht leichthin erstreben. Man darf auch nicht vermessentlich Früchte für die apostolische Tätigkeit von ihnen erwarten. Das Urteil über ihre Echtheit und ihren geordneten Gebrauch steht bei jenen, die in der Kirche die Leitung haben und denen es in besonderer Weise zukommt, den Geist nicht auszulöschen, sondern alles zu prüfen und das Gute zu behalten (vgl. 1 Thess 5,12.19-21).

Auszeichnung, sondern sie werden von Gott als Hilfe für das Leben und den Aufbau der Kirche gegeben, entsprechend den immer wieder neuen Herausforderungen und Bedürfnissen der Glaubensgemeinschaft. Um Unklarheiten und Unsicherheiten nach Möglichkeit zu vermeiden, wird gesagt, dass es dem kirchlichen Amt zukommt, gegebenenfalls darüber zu entscheiden, ob es sich wirklich um eine Gabe des Heiligen Geistes handelt oder nicht.

13. Zum neuen Gottesvolk werden alle Menschen gerufen. Darum muss dieses Volk eines und ein einziges bleiben und sich über die ganze Welt und durch alle Zeiten hin ausbreiten. So soll sich das Ziel des Willens Gottes erfüllen, der das Menschengeschlecht am Anfang als eines gegründet und beschlossen hat, seine Kinder aus der Zerstreuung wieder zur Einheit zu versammeln (vgl. Joh 11,52). Dazu sandte nämlich Gott seinen Sohn, den er zum Erben des Alls gemacht hat (vgl. Hebr 1,2), dass er Lehrer, König und Priester aller sei, das Haupt des neuen und allumfassen-

Die Kirche Jesu Christi ist nicht Kirche einer privilegierten Nation oder eines Landes, sondern Welt-Kirche, in die alle Menschen berufen sind. Das ist ursprünglich mit der Bezeichnung „katholische Kirche" gemeint – die Kirche ist Kirche für die ganze Welt. Die Menschheit, deren Einheit durch Kriege, Diskriminierung, Ausbeutung usw. schmerzlich zerbrochen ist, soll wieder zum einen ▷

Gottesvolk werden. Damit die Kirche diesem Anliegen dienen kann, muss sie selbst eins sein.

Die Einheit der Kirche schließt Vielfalt nicht aus. Deshalb stellt das Konzil die Kirche, entsprechend der altkirchlichen Überzeugung, als eine Gemeinschaft von Ortskirchen vor, die durch den gemeinsamen Glauben und die Sakramente eine *communio* bilden. Der Begriff der *communio* meint nicht einfach eine Gemeinschaft, sondern eine Gemeinschaft, die im gleichen Glauben, in den Sakramenten und damit in Gott grundgelegt ist. In dieser Gemeinschaft kommt dem Papst die Aufgabe zu, die Einheit sicherzustellen. Die Ausführungen bedeuten eine Aufwertung der Ortskirchen – zwischen zwei Extremen: zwischen den Nationalkirchen, die die Bedeutung des Papsttums zurückdrängen, und einem Zentralismus, der den Ortskirchen zu wenig Bedeutung gibt.

den Volkes der Söhne Gottes. Dazu sandte Gott schließlich den Geist seines Sohnes, den Herrn und Lebensspender, der für die ganze Kirche und die Gläubigen einzeln und insgesamt der Urgrund der Vereinigung und Einheit in der Lehre der Apostel und in der Gemeinschaft, im Brotbrechen und im Gebet ist (vgl. Apg 2,42). [...]

Kraft dieser Katholizität bringen die einzelnen Teile ihre eigenen Gaben den übrigen Teilen und der ganzen Kirche hinzu, so dass das Ganze und die einzelnen Teile zunehmen aus allen, die Gemeinschaft miteinander halten und zur Fülle in Einheit zusammenwirken. So kommt es, dass das Gottesvolk nicht nur aus den verschiedenen Völkern sich sammelt, sondern auch in sich selbst aus verschiedenen Ordnungen gebildet wird. Unter seinen Gliedern herrscht eine Verschiedenheit, sei es in den Ämtern, da manche im heiligen Dienst zum Nutzen ihrer Brüder wirken, sei es in Stand und Lebensordnung, da viele im Ordensstand auf einem engeren Weg nach Heiligkeit trachten und die Brüder durch ihr Beispiel anspornen. Darum gibt es auch in der kirchlichen Gemeinschaft zu Recht Teilkirchen, die sich eigener Überlieferungen erfreuen, unbeschadet des Primats des Stuhles Petri, welcher der gesamten Liebesgemeinschaft vorsteht[25], die rechtmäßigen Verschiedenheiten schützt und zugleich darüber wacht, dass die Besonderheiten der Einheit nicht nur nicht schaden, sondern ihr vielmehr dienen. Daher bestehen schließlich zwischen den verschiedenen Teilen der Kirche die Bande einer innigen Gemeinschaft der geistigen Güter, der apostolischen Arbeiter und der zeitlichen Hilfsmittel. Zu dieser Gütergemeinschaft nämlich sind die Glieder des Gottesvolkes berufen, und auch von den Einzelkirchen gelten die Worte des Apostels: „Dienet einander, jeder mit der Gnadengabe, wie er sie empfangen hat, als gute Verwalter der vielfältigen Gnadengaben Gottes" (1 Petr 4,10).

Zu dieser katholischen Einheit des Gottesvolkes, die den allumfassenden Frieden bezeichnet und fördert, sind alle Menschen berufen. Auf verschiedene Weise gehören ihr zu oder sind ihr zugeordnet die katholischen Gläubigen, die anderen an Christus Glaubenden und schließlich alle Menschen überhaupt, die durch die Gnade Gottes zum Heile berufen sind.

> Das Konzil spricht sehr differenziert von verschiedenen Formen der – sichtbaren, aber auch unsichtbaren – Zugehörigkeit und Hinordnung zur Kirche.

14. Den katholischen Gläubigen wendet die Heilige Synode besonders ihre Aufmerksamkeit zu. Gestützt auf die Heilige Schrift und die Tradition, lehrt sie, dass diese pilgernde Kirche zum Heile notwendig sei. Christus allein ist Mittler und Weg zum Heil, der in seinem Leib, der Kirche, uns gegenwärtig wird; indem er aber selbst mit ausdrücklichen Worten die Notwendigkeit des Glaubens und der Taufe betont hat (vgl. Mk 16,16; Joh 3,5), hat er zugleich die Notwendigkeit der Kirche, in die die Menschen durch die Taufe wie durch

> Das Konzil greift das alte Wort auf, dass es außerhalb der Kirche kein Heil gebe (extra ecclesiam nulla salus) und verwendet es entsprechend dem ursprünglichen Sprachgebrauch als ein Mahnwort an die Katholikinnen und Katholiken. Wer wirklich erkannt hat, dass ihm durch und in der Kirche die Gnade Gottes geschenkt ist, für den gibt es keinen anderen ▷

Weg zum Heil. Dabei wird immer davon ausgegangen, dass jemand auch ohne eigene Schuld außerhalb der Kirche ist – wenn er sich bemüht, ein rechtes Leben zu führen, kann er selbstverständlich das Heil erlangen (vgl. Art. 16).

eine Türe eintreten, bekräftigt. Darum könnten jene Menschen nicht gerettet werden, die um die katholische Kirche und ihre von Gott durch Christus gestiftete Heilsnotwendigkeit wissen, in sie aber nicht eintreten oder in ihr nicht ausharren wollten.

Jene werden der Gemeinschaft der Kirche voll eingegliedert, die, im Besitze des Geistes Christi, ihre ganze Ordnung und alle in ihr eingerichteten Heilsmittel annehmen und in ihrem sichtbaren Verband mit Christus, der sie durch den Papst und die Bischöfe leitet, verbunden sind, und dies durch die Bande des Glaubensbekenntnisses, der Sakramente und der kirchlichen Leitung und Gemeinschaft. Nicht gerettet wird aber, wer, obwohl der Kirche eingegliedert, in der Liebe nicht verharrt und im Schoße der Kirche zwar „dem Leibe", aber nicht „dem Herzen" nach verbleibt[26]. Alle Söhne der Kirche sollen aber dessen eingedenk sein, dass ihre ausgezeichnete Stellung nicht den eigenen Verdiensten, sondern der besonderen Gnade Christi zuzuschreiben ist; wenn sie ihr im Denken, Reden und Handeln nicht entsprechen, wird ihnen statt Heil strengeres Gericht zuteil[27].

Die Katechumenen, die, getrieben vom Heiligen Geist, mit ausdrücklicher Willensäußerung um Aufnahme in die Kirche bitten, werden durch eben dieses Begehren mit ihr verbunden. Die Mutter Kirche umfasst sie schon in liebender Sorge als die Ihrigen.

15. Mit jenen, die durch die Taufe der Ehre des Christennamens teilhaft sind, den vollen Glauben aber nicht bekennen oder die Einheit der Gemeinschaft unter dem Nachfolger Petri nicht wahren, weiß sich die Kirche aus mehrfachem Grunde verbunden[28]. Viele nämlich halten die Schrift als Glaubens- und Lebensnorm in Ehren, zeigen einen aufrichtigen religiösen Eifer, glauben in Liebe an Gott, den allmächtigen Vater, und an Christus, den Sohn Gottes und Erlöser[29], empfangen das Zeichen der Taufe, wodurch sie mit Christus verbunden werden; ja sie anerkennen und empfangen auch andere Sakramente in ihren eigenen Kirchen oder kirchlichen Gemeinschaften. Mehrere unter ihnen besitzen auch einen Episkopat, feiern die heilige Eucharistie und pflegen die Verehrung der jungfräulichen Gottesmutter[30]. Dazu kommt die Gemeinschaft im Gebet und in anderen geistlichen Gütern; ja sogar eine wahre Verbindung im Heiligen Geiste, der in Gaben und Gnaden auch in ihnen mit seiner heiligenden Kraft wirksam ist und manche von ihnen bis zur Vergießung des Blutes gestärkt hat. So erweckt der Geist in allen Jüngern Christi Sehnsucht und Tat, dass alle in der von Christus angeordneten Weise in der einen Herde unter dem einen Hirten in Frieden geeint werden mögen[31]. Um dies zu erlangen, betet, hofft und wirkt die Mutter Kirche unaufhörlich, ermahnt sie ihre Söhne zur Läuterung und Erneuerung, damit das Zeichen Christi auf dem Antlitz der Kirche klarer erstrahle.

Einen weiteren Kreis über die Katholikinnen und Katholiken hinaus bilden die Glaubenden der anderen christlichen Kirchen und kirchlichen Gemeinschaften. Von ihnen wird gezeigt, dass sie auf vielfältige Weise mit der katholischen Kirche verbunden sind. Das Konzil nützt die Gelegenheit, auf das Anliegen der sichtbaren Ökumene hinzuweisen – auf die Sehnsucht nach Einheit und die dafür notwendige Umkehr und Erneuerung aller.

Im Blick auf jene, die noch nicht zum Glauben gefunden haben, sagt das Konzil, dass Gott das Heil aller Menschen will. Dieser Hinweis kann verknüpft werden mit einer Aussage in der Pastoralkonstitution, in der das Konzil darauf hinweist, dass Gott nicht nur das Heil aller Menschen will, sondern dass wir damit rechnen dürfen, dass Gott sie auch zum Heil führt auf Wegen, die nur ihm selbst bekannt sind (vgl. GS 22).

16. Diejenigen endlich, die das Evangelium noch nicht empfangen haben, sind auf das Gottesvolk auf verschiedene Weise hingeordnet[32]. In erster Linie jenes Volk, dem der Bund und die Verheißungen gegeben worden sind und aus dem Christus dem Fleische nach geboren ist (vgl. Röm 9,4-5), dieses seiner Erwählung nach um der Väter willen so teure Volk: Die Gaben und Berufung Gottes nämlich sind ohne Reue (vgl. Röm 11,28-29). Der Heilswille umfasst aber auch die, welche den Schöpfer anerkennen, unter ihnen besonders die Muslim, die sich zum Glauben Abrahams bekennen und mit uns den einen Gott anbeten, den barmherzigen, der die Menschen am Jüngsten Tag richten wird. Aber auch den anderen, die in Schatten und Bildern den unbekannten Gott suchen, auch solchen ist Gott nicht ferne, da er allen Leben und Atem und alles gibt (vgl. Apg 17,25-28) und als Erlöser will, dass alle Menschen gerettet werden (vgl. 1 Tim 2,4). Wer nämlich das Evangelium Christi und seine Kirche ohne Schuld nicht kennt, Gott aber aus ehrlichem Herzen sucht, seinen im Anruf des Gewissens erkannten Willen unter dem Einfluss der Gnade in der Tat zu erfüllen trachtet, kann das ewige Heil erlangen[33]. Die göttliche Vorsehung verweigert auch denen das zum Heil Notwendige nicht, die ohne Schuld noch nicht zur ausdrücklichen Anerkennung Gottes gekommen sind, jedoch, nicht ohne die göttliche Gnade, ein rechtes

Leben zu führen sich bemühen. Was sich nämlich an Gutem und Wahrem bei ihnen findet, wird von der Kirche als Vorbereitung für die Frohbotschaft[34] und als Gabe dessen geschätzt, der jeden Menschen erleuchtet, damit er schließlich das Leben habe. Vom Bösen getäuscht, wurden freilich die Menschen oft eitel in ihren Gedanken, vertauschten die Wahrheit Gottes mit der Lüge und dienten der Schöpfung mehr als dem Schöpfer (vgl. Röm 1,21.25) oder sind, ohne Gott in dieser Welt lebend und sterbend, der äußersten Verzweiflung ausgesetzt. Daher ist die Kirche eifrig bestrebt, zur Ehre Gottes und zum Nutzen des Heils all dieser Menschen die Missionen zu fördern, eingedenk des Befehls des Herrn, der gesagt hat: „Predigt das Evangelium der ganzen Schöpfung" (Mk 16,15).

17. Wie nämlich der Sohn vom Vater gesandt ist, so hat er selbst die Apostel gesandt (vgl. Joh 20,21) mit den Worten: „Gehet hin und lehret alle Völker, taufet sie im Namen des Vaters und des Sohnes und des Heiligen Geistes, lehret sie alles halten, was ich euch geboten habe. Und siehe, ich bin bei euch alle Tage bis ans Ende der Welt" (Mt 28,18-20). Diesen feierlichen Auftrag Christi zur Verkündigung der Heilswahrheit hat die Kirche von den Aposteln erhalten und muss ihn erfüllen bis zu den Grenzen der Erde (vgl. Apg 1,8). [...]

Das Kapitel endet mit einem kraftvollen und engagierten Hinweis, dass die Kirche nicht anders kann, als missionarisch zu sein – was auch im Missionsdekret ausgesprochen wird (vgl. AG 2). Ziel ist der Glaube und ein wahrhaft menschliches Leben möglichst vieler. Und das ist nicht nur Sache von Spezialisten, sondern ein Auftrag an alle Getauften.

Drittes Kapitel: Die hierarchische Verfassung der Kirche, insbesondere das Bischofsamt

Bewusst hat das Konzil entschieden, dass erst nach dem Kapitel über das Volk Gottes als Ganzes das Kapitel über die Hierarchie, d.h. über die geweihten Amtsträger folgt. Und das erste Wort über die Hierarchie ist nicht Vollmacht, sondern Dienst bzw. Dienstamt. Das heißt: Amtsträger erhalten ihre Vollmacht, um dem Volk Gottes und den Menschen zu dienen – so wie auch Christus, in dessen Namen sie gesendet sind, nicht gekommen ist, um sich bedienen zu lassen, sondern um zu dienen (vgl. Mk 10,45).

Das Konzil macht deutlich, dass die Ausführungen über die hierarchische Verfassung der Kirche eine Fortführung des Ersten Vatikanischen Konzils sind, das nur von der universellen Leitungsvollmacht (Primat) des Papstes und seiner Kompetenz, unfehlbare Lehraussagen vorzulegen, gesprochen hat. Die Aussagen über den Papst werden hier im dritten Kapitel der Kirchenkonstitution vor allem durch Ausführungen über das Bischofsamt ergänzt.

18. Um Gottes Volk zu weiden und immerfort zu mehren, hat Christus der Herr in seiner Kirche verschiedene Dienstämter eingesetzt, die auf das Wohl des ganzen Leibes ausgerichtet sind. Denn die Amtsträger, die mit heiliger Vollmacht ausgestattet sind, stehen im Dienste ihrer Brüder, damit alle, die zum Volke Gottes gehören und sich daher der wahren Würde eines Christen erfreuen, in freier und geordneter Weise sich auf das nämliche Ziel hin ausstrecken und so zum Heile gelangen.

Diese Heilige Synode setzt den Weg des ersten Vatikanischen Konzils fort und lehrt und erklärt feierlich mit ihm, dass der ewige Hirt Jesus Christus die heilige Kirche gebaut hat, indem er die Apostel sandte wie er selbst gesandt war vom Vater (vgl. Joh 20,21). Er wollte, dass deren Nachfolger, das heißt die Bischöfe, in seiner Kirche bis zur Vollendung der Weltzeit Hirten sein sollten. Damit aber der Episkopat selbst einer und ungeteilt sei, hat er den heiligen Petrus an die Spitze der übrigen Apostel gestellt und in ihm ein immerwährendes und sichtbares Prinzip und Fundament der Glaubenseinheit und der Gemeinschaft eingesetzt[37]. Diese Lehre über Einrichtung, Dauer, Gewalt und Sinn des dem Bischof von Rom zukommenden heiligen Primates sowie über dessen unfehlbares

Lehramt legt die Heilige Synode abermals allen Gläubigen fest zu glauben vor. Das damals Begonnene fortführend, hat sie sich entschlossen, nun die Lehre von den Bischöfen, den Nachfolgern der Apostel, die mit dem Nachfolger Petri, dem Stellvertreter Christi[38] und sichtbaren Haupt der ganzen Kirche, zusammen das Haus des lebendigen Gottes leiten, vor allen zu bekennen und zu erklären.

22. Wie nach der Verfügung des Herrn der heilige Petrus und die übrigen Apostel ein einziges apostolisches Kollegium bilden, so sind in entsprechender Weise der Bischof von Rom, der Nachfolger Petri, und die Bischöfe, die Nachfolger der Apostel, untereinander verbunden. Schon die uralte Disziplin, dass die auf dem ganzen Erdkreis bestellten Bischöfe untereinander und mit dem Bischof von Rom im Bande der Einheit, der Liebe und des Friedens Gemeinschaft hielten[59], desgleichen das Zusammentreten von Konzilien[60] zur gemeinsamen Regelung gerade der wichtigeren Angelegenheiten[61] in einem durch die Überlegung vieler abgewogenen Spruch[62] weisen auf die kollegiale Natur und Beschaffenheit des Episkopates hin. Diese beweisen die im Lauf der Jahrhunderte gefeierten ökumenischen Konzilien. Darauf deutet aber auch schon der früh eingeführte Brauch hin, mehrere Bischöfe zur Teilnahme an der Erhebung eines Neuerwählten zum hohenpriesterlichen Dienstamt beizuziehen. Glied

Die Ausführungen des Konzils betreffen nicht nur die Bischöfe als einzelne, sondern auch die Gesamtheit der Bischöfe, die als Kollegium verstanden wird. Die hier entfaltete Lehre vom Bischofskollegium ist ein zentrales Thema des Konzils. Gegen theologische Meinungen, die nach der Dogmatisierung des päpstlichen Primates sogar gefragt haben, ob es überhaupt noch ein Konzil brauche, werden gerade die ökumenischen, d.h. weltkirchlichen Konzilien in der Geschichte als bedeutsamer Anhaltspunkt für die gemeinsame Verantwortung aller Bischöfe im Bischofskollegium genannt.

der Körperschaft der Bischöfe wird man durch die sakramentale Weihe und die hierarchische Gemeinschaft mit Haupt und Gliedern des Kollegiums.

Um die durch den Abbruch des Ersten Vatikanischen Konzils entstandene Einseitigkeit auszugleichen, stellt das Zweite Vatikanum dem Begriff des päpstlichen Primats den Begriff des Bischofskollegiums an die Seite. Manche meinten in dieser Vorgehensweise eine Beeinträchtigung der päpstlichen Vollmacht zu sehen; die der Kirchenkonstitution angefügte „nota" (siehe Hinführung) geht auf diese Frage noch einmal ein. Freilich lässt der Text des Artikels 22 deutlich erkennen, dass das Konzil die Kompetenz des Papstes nicht einschränkt, sondern betont.

Das Kollegium oder die Körperschaft der Bischöfe hat aber nur Autorität, wenn das Kollegium verstanden wird in Gemeinschaft mit dem Bischof von Rom, dem Nachfolger Petri, als seinem Haupt, und unbeschadet dessen primatialer Gewalt über alle Hirten und Gläubigen. Der Bischof von Rom hat nämlich kraft seines Amtes als Stellvertreter Christi und Hirt der ganzen Kirche volle, höchste und universale Gewalt über die Kirche und kann sie immer frei ausüben. Die Ordnung der Bischöfe aber, die dem Kollegium der Apostel im Lehr- und Hirtenamt nachfolgt, ja, in welcher die Körperschaft der Apostel immerfort weiter besteht, ist gemeinsam mit ihrem Haupt, dem Bischof von Rom, und niemals ohne dieses Haupt, gleichfalls Träger der höchsten und vollen Gewalt über die ganze Kirche[63]. [...]

Die Kollegialität der Bischöfe (die ja den Bischof von Rom einschließt) und der Primat des Papstes werden vom Konzil nicht als Gegensätze gesehen, sondern als Ergänzung. Der Papst, dessen Vollmacht die Konzilsväter wiederholt hervorheben, wird als Garant der Einheit gesehen. Das

23. Die kollegiale Einheit tritt auch in den wechselseitigen Beziehungen der einzelnen Bischöfe zu den Teilkirchen wie zur Gesamtkirche in Erscheinung. Der Bischof von Rom ist als Nachfolger Petri das immerwährende, sichtbare Prinzip und Fundament für die Einheit der Vielheit von Bischöfen und Gläubigen[66]. Die Einzelbischöfe hinwiederum sind sichtbares Prinzip und Fundament der Ein-

heit in ihren Teilkirchen⁶⁷, die nach dem Bild der Gesamtkirche gestaltet sind. In ihnen und aus ihnen besteht die eine und einzige katholische Kirche⁶⁸. Daher stellen die Einzelbischöfe je ihre Kirche, alle zusammen aber in Einheit mit dem Papst die ganze Kirche im Band des Friedens, der Liebe und der Einheit dar.

Die Bischöfe, die den Teilkirchen vorstehen, üben als einzelne ihr Hirtenamt über den ihnen anvertrauten Anteil des Gottesvolkes, nicht über andere Kirchen und nicht über die Gesamtkirche aus. Aber als Glieder des Bischofskollegiums und rechtmäßige Nachfolger der Apostel sind sie aufgrund von Christi Stiftung und Vorschrift zur Sorge für die Gesamtkirche gehalten⁶⁹. [...]

25. Unter den hauptsächlichsten Ämtern der Bischöfe hat die Verkündigung des Evangeliums einen hervorragenden Platz⁷⁵. Denn die Bischöfe sind Glaubensboten, die Christus neue Jünger zuführen; sie sind authentische, das heißt mit der Autorität Christi ausgerüstete Lehrer. Sie verkündigen dem ihnen anvertrauten Volk die Botschaft zum Glauben und zur Anwendung auf das sittliche Leben und erklären sie im Licht des Heiligen Geistes, indem sie aus dem Schatz der Offenbarung Neues und Altes vorbringen (vgl. Mt 13,52). So lassen sie den Glauben fruchtbar werden und halten die ihrer Herde drohenden Irrtümer wachsam fern (vgl. 2 Tim 4,1-4). Die Bischöfe,

---

Konzil begnügt sich nicht mit dem Verweis auf die Vollmacht des Papstes, sondern nennt den inneren Sinn dieser Vollmacht: die Einheit. Und das gilt auch für die anderen Stufen des geweihten Amtes.

Die starke Betonung der Bedeutung der Bischöfe soll freilich nicht zu einem kirchlichen „Lokalpatriotismus" führen. Den Bischöfen wird auch ihre Verantwortung über die Diözesangrenzen hinaus eingeschärft.

In Artikel 25 wird das Lehramt der Bischöfe und des Papstes thematisiert. Schon aus dem ersten Abschnitt geht hervor, dass der eigentliche Gegenstand der Kompetenz des Lehramtes die Glaubens- und Sittenlehre ist. Wird dieses Lehramt von einem einzelnen Bischof in Anspruch genommen, dann wird als Antwort auf seine Vorgaben (soweit sie nicht Glaubensaussagen im strikten Sinn sind) „religiös gegründeter Gehorsam", also eine Zustimmung erwartet, ▷

die in Gemeinschaft mit dem römischen Bischof lehren, sind von allen als Zeugen der göttlichen und katholischen Wahrheit zu verehren. Die Gläubigen aber müssen mit einem im Namen Christi vorgetragenen Spruch ihres Bischofs in Glaubens- und Sittensachen übereinkommen und ihm mit religiös gegründetem Gehorsam anhangen. Dieser religiöse Gehorsam des Willens und Verstandes ist in besonderer Weise dem authentischen Lehramt des Bischofs von Rom, auch wenn er nicht kraft höchster Lehrautorität spricht, zu leisten; nämlich so, dass sein oberstes Lehramt ehrfürchtig anerkannt und den von ihm vorgetragenen Urteilen aufrichtige Anhänglichkeit gezollt wird, entsprechend der von ihm kundgetanen Auffassung und Absicht. Diese lässt sich vornehmlich erkennen aus der Art der Dokumente, der Häufigkeit der Vorlage ein und derselben Lehre, und der Sprechweise.

Die einzelnen Bischöfe besitzen zwar nicht den Vorzug der Unfehlbarkeit; wenn sie aber, in der Welt räumlich getrennt, jedoch in Wahrung des Gemeinschaftsbandes untereinander und mit dem Nachfolger Petri, authentisch in Glaubens- und Sittensachen lehren und eine bestimmte Lehre übereinstimmend als endgültig verpflichtend vortragen, so verkündigen sie auf unfehlbare Weise die Lehre Christi[76]. Dies ist noch offenkundiger der Fall, wenn sie auf einem Ökumenischen Konzil vereint für die ganze

---

die sich auf das Vertrauen auf Gottes Geist und Führung stützt. Damit ist noch nicht die höchste Form der Antwort gemeint.

Höhere Verbindlichkeit haben Aussagen, wenn die Bischöfe in Übereinstimmung miteinander lehren. In diesem Fall spricht man häufig vom „authentischen Lehramt", seinen Aussagen wird Unfehlbarkeit zugesprochen. Das gilt z.B. von der beständigen und unumstrittenen Lehre von der Auferstehung Jesu. Solchen Lehraussagen gegenüber wird, weil es um Wahrheiten geht,

Kirche Lehrer und Richter des Glaubens und der Sitten sind. Dann ist ihren Definitionen mit Glaubensgehorsam anzuhangen[77].

Diese Unfehlbarkeit, mit welcher der göttliche Erlöser seine Kirche bei der Definierung einer Glaubens- und Sittenlehre ausgestattet sehen wollte, reicht so weit wie die Hinterlage der göttlichen Offenbarung, welche rein bewahrt und getreulich ausgelegt werden muss, es erfordert. Dieser Unfehlbarkeit erfreut sich der Bischof von Rom, das Haupt des Bischofskollegiums, kraft seines Amtes, wenn er als oberster Hirt und Lehrer aller Christgläubigen, der seine Brüder im Glauben stärkt (vgl. Lk 22,32), eine Glaubens- oder Sittenlehre in einem endgültigen Akt verkündet[78]. Daher heißen seine Definitionen mit Recht aus sich und nicht erst aufgrund der Zustimmung der Kirche unanfechtbar, da sie ja unter dem Beistand des Heiligen Geistes vorgebracht sind, der ihm im heiligen Petrus verheißen wurde. Sie bedürfen daher keiner Bestätigung durch andere und dulden keine Berufung an ein anderes Urteil. In diesem Falle trägt nämlich der Bischof von Rom seine Entscheidung nicht als Privatperson vor, sondern legt die katholische Glaubenslehre aus und schützt sie in seiner Eigenschaft als oberster Lehrer der Gesamtkirche, in dem als einzelnem das Charisma der Unfehlbarkeit der Kirche selbst gegeben ist[79]. Die der Kirche verheißene Unfehlbarkeit ist auch in der Körperschaft der Bischöfe gegeben, wenn sie

die in der Offenbarung begründet sind, „Glaubensgehorsam" erwartet.

Der neue Abschnitt knüpft beim Stichwort „Unfehlbarkeit" an. Wie schon im Ersten Vatikanischen Konzil wird herausgestrichen, dass Unfehlbarkeit vor allem der Kirche als Ganzer zukommt und sich nur auf Aussagen bezieht, die sich auf die Offenbarung („Hinterlage der Offenbarung") stützen können. Dahinter steht die Glaubensüberzeugung, dass Gott der Kirche durch seinen Geist hilft, dem Glauben in den wesentlichen Aspekten treu zu bleiben. Daran anschließend werden die Hauptpunkte der Lehre von der Unfehlbarkeit des Papstes in Erinnerung gerufen, wie sie im Ersten Vatikanum formuliert worden sind.

das oberste Lehramt zusammen mit dem Nachfolger Petri ausübt. Diesen Definitionen kann aber die Beistimmung der Kirche niemals fehlen vermöge der Wirksamkeit desselben Heiligen Geistes, kraft deren die gesamte Herde Christi in der Einheit des Glaubens bewahrt wird und voranschreitet[80].

> Das Konzil stellt klar, dass die für die ganze Kirche verbindliche (hier als „öffentlich" bezeichnete) Offenbarung abgeschlossen ist. Dem entsprechend sind auch die Äußerungen des Lehramtes nur Absicherung der Offenbarung und nicht deren Ergänzung. Diese Feststellung ist auch im Blick auf sog. Privatoffenbarungen (z.B. in Zusammenhang mit Marienerscheinungen) wichtig: Auch wenn sie kirchlich anerkannt sind, ergänzen sie nicht die Offenbarung Gottes in der Geschichte seines Volkes bis zu den Aposteln, sondern sie setzen Akzente bzw. erinnern an Vergessenes.

Wenn aber der Bischof von Rom oder die Körperschaft der Bischöfe mit ihm einen Satz definieren, legen sie ihn vor gemäß der Offenbarung selbst, zu der zu stehen und nach der sich zu richten alle gehalten sind. In Schrift oder Überlieferung wird sie durch die rechtmäßige Nachfolge der Bischöfe und insbesondere auch durch die Sorge des Bischofs von Rom unversehrt weitergegeben und im Licht des Geistes der Wahrheit in der Kirche rein bewahrt und getreu ausgelegt[81]. Um ihre rechte Erhellung und angemessene Darstellung mühen sich eifrig mit geeigneten Mitteln der Bischof von Rom und die Bischöfe, entsprechend ihrer Pflicht und dem Gewicht der Sache[82]. Eine neue öffentliche Offenbarung als Teil der göttlichen Glaubenshinterlage empfangen sie jedoch nicht[83].

> Aufgrund der starken Betonung der Rolle des Papstes durch das Erste Vatikanische Konzil konnte der Eindruck entstehen, die Bischöfe seien nur seine Vertreter „vor Ort". Dem widerspricht die Kirchen-

27. Die Bischöfe leiten die ihnen zugewiesenen Teilkirchen als Stellvertreter und Gesandte Christi[94] durch Rat, Zuspruch, Beispiel, aber auch in Autorität und heiliger Vollmacht, die sie indes allein zum Aufbau ihrer Herde in Wahrheit und Heiligkeit gebrauchen, eingedenk, dass der Größere werden soll wie der

Dogmatische Konstitution über die Kirche

Geringere und der Vorsteher wie der Diener (vgl. Lk 22,26-27). Diese Gewalt, die sie im Namen Christi persönlich ausüben, kommt ihnen als eigene, ordentliche und unmittelbare Gewalt zu, auch wenn ihr Vollzug letztlich von der höchsten kirchlichen Autorität geregelt wird und im Hinblick auf den Nutzen der Kirche oder der Gläubigen mit bestimmten Grenzen umschrieben werden kann. Kraft dieser Gewalt haben die Bischöfe das heilige Recht und vor dem Herrn die Pflicht, Gesetze für ihre Untergebenen zu erlassen, Urteile zu fällen und alles, was zur Ordnung des Gottesdienstes und des Apostolats gehört, zu regeln. [...]

konstitution: Den Bischöfen kommt eigenständige Verantwortung zu, auch wenn sie selbstverständlich die Einheit mit dem Papst wahren müssen.

28. Christus, den der Vater geheiligt und in die Welt gesandt hat (Joh 10,36), hat durch seine Apostel deren Nachfolger, die Bischöfe, seiner eigenen Weihe und Sendung teilhaftig gemacht. Diese wiederum haben die Aufgabe ihres Dienstamtes in mehrfacher Abstufung verschiedenen Trägern in der Kirche rechtmäßig weitergegeben[98]. So wird das aus göttlicher Einsetzung kommende kirchliche Dienstamt in verschiedenen Ordnungen ausgeübt von jenen, die schon seit alters Bischöfe, Priester, Diakone heißen[99]. Die Priester haben zwar nicht die höchste Stufe der priesterlichen Weihe und hängen in der Ausübung ihrer Gewalt von den Bischöfen ab; dennoch sind sie mit ihnen in der priesterlichen Würde verbunden[100] und kraft des Weihe-

Immer wieder ist seit dem Zweiten Vatikanum die Frage diskutiert worden, ob das Konzil nicht zu wenig über die Priester gesagt hat – sie sind ja zahlenmäßig die größte Gruppe der geweihten Amtsträger. Wie immer man die Frage beantwortet, abgesehen vom Dekret über Dienst und Leben der Priester werden sie an dieser Stelle als Mitarbeiter des Bischofs zur Sprache gebracht; auch ihr Amt wird als Dienstamt charakterisiert.

sakramentes[101] nach dem Bilde Christi, des höchsten und ewigen Priesters (Hebr 5,1-10; 7,24; 9,11-28), zur Verkündigung der Frohbotschaft, zum Hirtendienst an den Gläubigen und zur Feier des Gottesdienstes geweiht und so wirkliche Priester des Neuen Bundes[102]. Auf der Stufe ihres Dienstamtes haben sie Anteil am Amt des einzigen Mittlers Christus (1 Tim 2,5) und verkünden allen das Wort Gottes. Am meisten üben sie ihr heiliges Amt in der eucharistischen Feier oder Versammlung aus, wobei sie in der Person Christi handeln[103] und sein Mysterium verkünden, die Gebete der Gläubigen mit dem Opfer ihres Hauptes vereinigen und das einzige Opfer des Neuen Bundes, das Opfer Christi nämlich, der sich ein für allemal dem Vater als unbefleckte Gabe dargebracht hat (vgl. Hebr 9,11-28), im Messopfer bis zur Wiederkunft des Herrn (vgl. 1 Kor 11,26) vergegenwärtigen und zuwenden[104]. Für die büßenden oder von Krankheit heimgesuchten Gläubigen walten sie vollmächtig des Amtes der Versöhnung und der Wiederaufrichtung; die Nöte und Bitten der Gläubigen tragen sie zu Gott dem Vater hin (vgl. Hebr 5,1-4). Das Amt Christi des Hirten und Hauptes üben sie entsprechend dem Anteil ihrer Vollmacht aus[105], sie sammeln die Familie Gottes als von einem Geist durchdrungene Gemeinde von Brüdern[106] und führen sie durch Christus im Geist zu Gott dem Vater. Inmitten der Herde beten sie ihn im Geist und in der Wahrheit an (vgl. Joh 4,24).

Endlich mühen sie sich im Wort und in der Lehre (vgl. 1 Tim 5,17), sie glauben, was sie im Gesetz des Herrn meditierend gelesen haben, lehren, was sie glauben, verwirklichen, was sie lehren[107].

Als sorgsame Mitarbeiter[108], als Hilfe und Organ der Ordnung der Bischöfe bilden die Priester, die zum Dienst am Volke Gottes gerufen sind, in Einheit mit ihrem Bischof ein einziges Presbyterium[109], das freilich mit unterschiedlichen Aufgaben betraut ist. [...]

Kraft der Gemeinsamkeit der heiligen Weihe und Sendung sind die Priester alle einander in ganz enger Brüderlichkeit verbunden. Diese soll sich spontan und freudig äußern in gegenseitiger Hilfe, geistiger wie materieller, pastoraler wie persönlicher Art, in Zusammenkünften, in der Gemeinschaft des Lebens, der Arbeit und der Liebe. [...]

> Wie auch im Dekret über Dienst und Leben der Priester (vgl. *Presbyterorum ordinis*, Art. 8) wird hier in besonderer Weise die Gemeinschaft der Priester betont, die mit ihrem Bischof das sog. „Presbyterium" bilden. Diese Gemeinschaft soll aber nicht formell bleiben, sondern sich in einem familiären Miteinander zeigen.

29. In der Hierarchie eine Stufe tiefer stehen die Diakone, welche die Handauflegung „nicht zum Priestertum, sondern zur Dienstleistung empfangen"[110]. Mit sakramentaler Gnade gestärkt, dienen sie dem Volke Gottes in der Diakonie der Liturgie, des Wortes und der Liebestätigkeit in Gemeinschaft mit dem Bischof und seinem Presbyterium. Sache des Diakons ist es, je nach Weisung der zuständigen Autorität, feierlich die Taufe zu spenden, die Eucharistie zu verwahren und auszuteilen, der Eheschließung im Namen der Kirche zu assistieren und sie zu segnen,

> Zuletzt wird noch eine andere Gruppe von geweihten Amtsträgern hervorgehoben: die Diakone. Bei ihnen wird noch deutlicher unterstrichen, dass sie zum Dienst geweiht werden. Schließlich öffnet das Konzil einen Weg dafür, den Diakonat, der bis dahin nur eine Vorstufe des Priestertums gewesen ist, als eine eigenständige Weihestufe zu errichten, für die auch Verheiratete vorgesehen werden.

die Wegzehrung den Sterbenden zu überbringen, vor den Gläubigen die Heilige Schrift zu lesen, das Volk zu lehren und zu ermahnen, dem Gottesdienst und dem Gebet der Gläubigen vorzustehen, Sakramentalien zu spenden und den Beerdigungsritus zu leiten. Den Pflichten der Liebestätigkeit und der Verwaltung hingegeben, sollen die Diakone eingedenk sein der Mahnung des heiligen Polykarp: „Barmherzig, eifrig, wandelnd nach der Wahrheit des Herrn, der aller Diener geworden ist."[111]

Weil diese für die Kirche in höchstem Maße lebensnotwendigen Ämter bei der gegenwärtig geltenden Disziplin der lateinischen Kirche in zahlreichen Gebieten nur schwer ausgeübt werden können, kann in Zukunft der Diakonat als eigene und beständige hierarchische Stufe wiederhergestellt werden. [...]

Viertes Kapitel: Die Laien

Ein Charakteristikum des Zweiten Vatikanischen Konzils ist sicher die starke Aufwertung der sog. Laien. Beleg dafür ist nicht zuletzt das vierte Kapitel der Kirchenkonstitution. Die Formulierung „die man Laien nennt" lässt Unzufriedenheit mit diesem Begriff heraushören. In der Kirche werden damit

30. Nachdem die Heilige Synode von den hierarchischen Ämtern gehandelt hat, wendet sie nun bereitwillig ihre Aufmerksamkeit dem Stand jener Christgläubigen zu, die man Laien nennt. Gewiss richtet sich alles, was über das Volk Gottes gesagt wurde, in gleicher Weise an Laien, Ordensleute und Kleriker. Doch einiges gilt in besonderer Weise für die Laien, Männer und Frauen, aufgrund ihrer Stellung und Sendung. Die Grundzüge

davon müssen wegen der besonderen Verhältnisse unserer Zeit eingehender erörtert werden. Die geweihten Hirten wissen sehr gut, wie viel die Laien zum Wohl der ganzen Kirche beitragen. Sie wissen ja, dass sie von Christus nicht bestellt sind, um die ganze Heilsmission der Kirche an der Welt allein auf sich zu nehmen, sondern dass es ihre vornehmliche Aufgabe ist, die Gläubigen so als Hirten zu führen und ihre Dienstleistungen und Charismen so zu prüfen, dass alle in ihrer Weise zum gemeinsamen Werk einmütig zusammenarbeiten. Wir alle müssen nämlich, „indem wir die Wahrheit in Liebe tun, in allem auf ihn hin wachsen, der das Haupt ist, Christus: von ihm her besorgt der ganze Leib, durch ein jedes hilfreiche Gelenk zusammengefügt und zusammengehalten, kräftig nach dem Maß eines jeden Teiles, das Wachstum des Leibes zum Aufbau seiner selbst in Liebe" (Eph 4,15-16).

eigentlich diejenigen bezeichnet, die zum Volk (griech. laos) Gottes gehören. „Laie" gilt somit als Ehrenbegriff. Anders im allgemeinen Sprachgebrauch: Da gelten Laien als Unkundige. Das wäre im Blick auf die Kirche ein Missverständnis – und dem widerspricht hier das ganze Kapitel.

31. Unter der Bezeichnung Laien sind hier alle Christgläubigen verstanden mit Ausnahme der Glieder des Weihestandes und des in der Kirche anerkannten Ordensstandes, das heißt die Christgläubigen, die, durch die Taufe Christus einverleibt, zum Volk Gottes gemacht und des priesterlichen, prophetischen und königlichen Amtes Christi auf ihre Weise teilhaftig, zu ihrem Teil die Sendung des ganzen christlichen Volkes in der Kirche und in der Welt ausüben.

Die besondere Aufgabe der Laien sieht das Konzil darin, dass sie als gläubige Menschen entsprechend ihren Berufen und Lebensumständen in allen Bereichen der Gesellschaft wirksam werden. Dafür hat das Konzil das ausdrucksstarke Bild des Sauerteiges gefunden: Wie die Hefe im Teig sollen die sog. Laien in der Gesellschaft wirken. In diesem Sinn spricht es vom „Weltcharakter" der Laien. Das Konzil wählt dabei allerdings eine Formulierung, die nicht ausschließt, dass Laien auch Aufgaben in der Kirche übernehmen.

Den Laien ist der Weltcharakter in besonderer Weise eigen. Die Glieder des geweihten Standes können zwar bisweilen mit weltlichen Dingen zu tun haben, sogar in Ausübung eines weltlichen Berufes. Aufgrund ihrer besonderen Erwählung aber sind sie vor allem und von Berufs wegen dem heiligen Dienstamt zugeordnet; und die Ordensleute geben durch ihren Stand ein deutliches und hervorragendes Zeugnis dafür, dass die Welt nicht ohne den Geist der Seligpreisungen verwandelt und Gott dargebracht werden kann. Sache der Laien ist es, kraft der ihnen eigenen Berufung in der Verwaltung und gottgemäßen Regelung der zeitlichen Dinge das Reich Gottes zu suchen. Sie leben in der Welt, das heißt in all den einzelnen irdischen Aufgaben und Werken und den normalen Verhältnissen des Familien- und Gesellschaftslebens, aus denen ihre Existenz gleichsam zusammengewoben ist. Dort sind sie von Gott gerufen, ihre eigentümliche Aufgabe, vom Geist des Evangeliums geleitet, auszuüben und so wie ein Sauerteig zur Heiligung der Welt gewissermaßen von innen her beizutragen und vor allem durch das Zeugnis ihres Lebens, im Glanz von Glaube, Hoffnung und Liebe Christus den anderen kundzumachen. Ihre Aufgabe ist es also in besonderer Weise, alle zeitlichen Dinge, mit denen sie eng verbunden sind, so zu durchleuchten und zu ordnen, dass sie immer Christus entsprechend geschehen und sich entwickeln und zum Lob des Schöpfers und Erlösers gereichen.

33. Die im Volk Gottes versammelten und dem einen Leibe Christi unter dem einen Haupt eingefügten Laien sind, wer auch immer sie sein mögen, berufen, als lebendige Glieder alle ihre Kräfte, die sie durch das Geschenk des Schöpfers und die Gnade des Erlösers empfangen haben, zum Wachstum und zur ständigen Heiligung der Kirche beizutragen.

Der Apostolat der Laien ist Teilnahme an der Heilssendung der Kirche selbst. Zu diesem Apostolat werden alle vom Herrn selbst durch Taufe und Firmung bestellt. Durch die Sakramente, vor allem durch die heilige Eucharistie, wird jene Liebe zu Gott und den Menschen mitgeteilt und genährt, die die Seele des ganzen Apostolates ist. Die Laien sind besonders dazu berufen, die Kirche an jenen Stellen und in den Verhältnissen anwesend und wirksam zu machen, wo die Kirche nur durch sie das Salz der Erde werden kann[113]. So ist jeder Laie kraft der ihm geschenkten Gaben zugleich Zeuge und lebendiges Werkzeug der Sendung der Kirche selbst „nach dem Maß der Gabe Christi" (Eph 4,7).

Außer diesem Apostolat, das schlechthin alle Christgläubigen angeht, können die Laien darüber hinaus in verschiedener Weise zu unmittelbarer Mitarbeit mit dem Apostolat der Hierarchie berufen werden[114], nach Art

Den Laien wird also in besonderer Weise die Sendung der Kirche nach außen zugesprochen. Das geschieht mit dem Begriff des „Apostolates". Dieses Apostolat, das Männer und Frauen in ihren Lebensbereichen, Familien und Berufen ausüben und dem das Konzil ein eigenes Dokument gewidmet hat (das Dekret über das Laienapostolat *Apostolicam actuositatem*), ist ein unverzichtbarer Teil der Sendung der Kirche. Daneben sieht das Konzil aber auch vor, dass Laien an Aufgaben teilnehmen, die eigentlich Aufgaben der geweihten Amtsträger sind.

jener Männer und Frauen, die den Apostel Paulus in der Verkündigung des Evangeliums unterstützten und sich sehr im Herrn mühten (vgl. Phil 4,3; Röm 16,3ff). Außerdem haben sie die Befähigung dazu, von der Hierarchie zu gewissen kirchlichen Ämtern herangezogen zu werden, die geistlichen Zielen dienen.

So obliegt allen Laien die ehrenvolle Bürde, dafür zu wirken, dass der göttliche Heilsratschluss mehr und mehr alle Menschen aller Zeiten und überall auf der Erde erreiche. Es soll daher auch ihnen in jeder Hinsicht der Weg offenstehen, nach ihren Kräften und entsprechend den Zeitbedürfnissen am Heilswirken der Kirche in tätigem Eifer teilzunehmen.

> Das Kapitel über die Laien schließt mit der Erinnerung, dass Laien nicht nur Aufgaben und Pflichten haben, sondern selbstverständlich auch Rechte. Entgegen der Vorstellung, dass die Haltung der Laien im Idealfall widerspruchsloser Gehorsam ist, weist das Konzil darauf hin, dass sie ihre Fragen, Bedenken und Wünsche den geweihten Amtsträgern gegenüber in Freimut äußern sollen, ja dass sie gegebenenfalls sogar dazu verpflichtet sind. Das Dokument ermutigt die Priester dazu, die Leistung der Laien

37. Die Laien haben wie alle Christgläubigen das Recht, aus den geistlichen Gütern der Kirche, vor allem die Hilfe des Wortes Gottes und der Sakramente, von den geweihten Hirten reichlich zu empfangen[117]. Und ihnen sollen sie ihre Bedürfnisse und Wünsche mit der Freiheit und dem Vertrauen, wie es den Kindern Gottes und den Brüdern in Christus ansteht, eröffnen. Entsprechend dem Wissen, der Zuständigkeit und hervorragenden Stellung, die sie einnehmen, haben sie die Möglichkeit, bisweilen auch die Pflicht, ihre Meinung in dem, was das Wohl der Kirche angeht, zu erklären[118]. Gegebenenfalls soll das durch die dazu von der Kirche festgesetzten Einrichtungen geschehen, immer in Wahr-

haftigkeit, Mut und Klugheit, mit Ehrfurcht und Liebe gegenüber denen, die aufgrund ihres geweihten Amtes die Stelle Christi vertreten.

Die Laien sollen wie alle Gläubigen das, was die geweihten Hirten in Stellvertretung Christi als Lehrer und Leiter in der Kirche festsetzen, in christlichem Gehorsam bereitwillig aufnehmen nach dem Beispiel Christi, der durch seinen Gehorsam bis zum Tode den seligen Weg der Freiheit der Kinder Gottes für alle Menschen eröffnet hat. Sie sollen auch nicht unterlassen, ihre Vorgesetzten Gott zu empfehlen, die ja wachen, um Rechenschaft für unsere Seelen zu geben, damit sie das mit Freude tun können und nicht mit Seufzen (vgl. Hebr 13,17).

Die geweihten Hirten aber sollen die Würde und Verantwortung der Laien in der Kirche anerkennen und fördern. Sie sollen gern deren klugen Rat benutzen, ihnen vertrauensvoll Aufgaben im Dienst der Kirche übertragen und ihnen Freiheit und Raum im Handeln lassen, ihnen auch Mut machen, aus eigener Initiative Werke in Angriff zu nehmen. Mit väterlicher Liebe sollen sie Vorhaben, Eingaben und Wünsche, die die Laien vorlegen, aufmerksam in Christus in Erwägung ziehen[119]. Die gerechte Freiheit, die allen im irdischen bürgerlichen Bereich zusteht, sollen die Hirten sorgfältig anerkennen.

Aus diesem vertrauten Umgang zwischen Laien und Hirten kann man viel Gutes

anzuerkennen. Beide Seiten werden daran erinnert, dass sie vertrauensvoll zusammenarbeiten sollen. Was das Konzil von den Laien erwartet, das gilt sinngemäß auch für Priester und Bischöfe: Das Verhältnis zwischen ihnen soll durch Wahrhaftigkeit, Mut, Klugheit, Ehrfurcht und Liebe gekennzeichnet sein.

für die Kirche erwarten. In den Laien wird so der Sinn für eigene Verantwortung gestärkt, die Bereitwilligkeit gefördert. Die Kraft der Laien verbindet sich leichter mit dem Werk der Hirten. Sie können mit Hilfe der Erfahrung der Laien in geistlichen wie in weltlichen Dingen genauer und besser urteilen. So mag die ganze Kirche, durch alle ihre Glieder gestärkt, ihre Sendung für das Leben der Welt wirksamer erfüllen.

Fünftes Kapitel: Die allgemeine Berufung zur Heiligkeit in der Kirche

Das fünfte Kapitel tritt dem Missverständnis entgegen, dass nur Ordensleute nach Heiligkeit streben, und stellt klar, dass alle Getauften zur Heiligkeit berufen sind. Aus diesem Grund wurde dieses Kapitel vor dem Kapitel über die Ordensleute eingefügt und durchbricht daher die Abfolge „geweihte Amtsträger – Laien – Ordensleute".

39. Es ist Gegenstand des Glaubens, dass die Kirche, deren Geheimnis die Heilige Synode vorlegt, unzerstörbar heilig ist. Denn Christus, der Sohn Gottes, der mit dem Vater und dem Geist als „allein Heiliger" gepriesen wird[121], hat die Kirche als seine Braut geliebt und sich für sie hingegeben, um sie zu heiligen (vgl. Eph 5,25-26), er hat sie als seinen Leib mit sich verbunden und mit der Gabe des Heiligen Geistes reich beschenkt zur Ehre Gottes. Daher sind in der Kirche alle, mögen sie zur Hierarchie gehören oder von ihr geleitet werden, zur Heiligkeit berufen gemäß dem Apostelwort: „Das ist der Wille Gottes, eure Heiligung" (1 Thess 4,3; vgl. Eph 1,4). Diese Heiligkeit der Kirche tut sich aber in den Gnadenfrüchten, die der Heilige Geist in den Gläubigen hervorbringt, unaufhörlich kund und muss das tun. Sie drückt sich viel-

gestaltig in den Einzelnen aus, die in ihrer Lebensgestaltung zur Vollkommenheit der Liebe in der Erbauung anderer streben. In eigener Weise erscheint sie in der Übung der sogenannten evangelischen Räte. Diese von vielen Christen auf Antrieb des Heiligen Geistes privat oder in einer von der Kirche anerkannten Lebensform, einem Stand, übernommene Übung der Räte gibt in der Welt ein hervorragendes Zeugnis und Beispiel dieser Heiligkeit und muss es geben.

40. Der Herr Jesus, göttlicher Lehrer und Urbild jeder Vollkommenheit, hat die Heiligkeit des Lebens, deren Urheber und Vollender er selbst ist, allen und jedem einzelnen seiner Jünger in jedweden Lebensverhältnissen gepredigt: „Seid ihr also vollkommen, wie auch euer Vater im Himmel vollkommen ist" (Mt 5,48)[122]. Allen hat er den Heiligen Geist gesandt, dass er sie innerlich bewege, Gott aus ganzem Herzen, aus ganzer Seele, aus ganzem Gemüt und aus ganzer Kraft zu lieben (vgl. Mk 12,30), und einander zu lieben, wie Christus sie geliebt hat (vgl. Joh 13,34; 15,12). [...]

Jedem ist also klar, dass alle Christgläubigen jeglichen Standes oder Ranges zur Fülle des christlichen Lebens und zur vollkommenen Liebe berufen sind[124]. Durch diese Heiligkeit wird auch in der irdischen Gesellschaft eine menschlichere Weise zu leben gefördert. Zur Erreichung dieser Vollkommenheit sollen die Gläubigen die Kräfte, die sie nach Maß

Die Heiligkeit, die von allen gefordert ist, besteht nicht in erster Linie in besonderen Werken der Askese, in Opfern und Verzichten, sondern vor allem in der Liebe zu Gott und den Menschen, die eine wahre Menschlichkeit hervorbringt. Aufmerksam gegenüber Einsprüchen der protestantischen Theologie wird klargestellt, dass Heiligkeit nicht allein Ergebnis des eigenen Bemühens ist, sondern – durch das Wirken des Heiligen Geistes – vor allem Geschenk Gottes.

der Gnadengabe Christi empfangen haben, anwenden, um, seinen Spuren folgend und seinem Bild gleichgestaltet, dem Willen des Vaters in allem folgsam, sich mit ganzem Herzen der Ehre Gottes und dem Dienst des Nächsten hinzugeben. So wird die Heiligkeit des Gottesvolkes zu überreicher Frucht anwachsen, wie es die Kirchengeschichte durch das Leben so vieler Heiliger strahlend zeigt.

Was die Verwirklichung der Heiligkeit betrifft, wenden sich die Konzilsväter zuerst den geweihten Amtsträgern zu. Ihr Leben darf nicht mit einem kontemplativen Leben gleichgesetzt werden. Deshalb wird den Amtsträgern gesagt, dass gerade die manchmal schwierigen Aufgaben, die sie zu erfüllen haben, ihr Weg zur Heiligkeit sind.

41. [...] Die Priester sollen ähnlich wie die Ordnung der Bischöfe, um die sie einen geistlichen Kranz bilden[126], in Teilnahme an deren Amtsgnade durch Christus, den ewigen und einzigen Mittler, in täglicher Ausübung ihrer Pflicht in der Liebe zu Gott und dem Nächsten wachsen. Sie sollen das Band der priesterlichen Gemeinschaft wahren, an jedem geistlichen Gut Überfluss haben und vor allen ein lebendiges Zeugnis für Gott geben[127], als eifrige Nachahmer jener Priester, die im Laufe der Jahrhunderte in oft demütigem und verborgenem Dienst ein hervorragendes Beispiel von Heiligkeit hinterließen. Ihr Lob lebt in der Kirche Gottes. Im pflichtmäßigen Gebet und Opfer für ihre Gemeinde und das ganze Volk Gottes sollen sie erkennen, was sie tun, und nachahmen, was sie vollziehen[128]. Es sollen ihnen die apostolischen Sorgen, Gefahren und Mühsale so wenig ein Hindernis sein, dass sie dadurch vielmehr zu höherer Heiligkeit emporsteigen, indem sie aus der Fülle der Kontemplation ihre Tätigkeit nähren

und fördern zur Freude der ganzen Kirche Gottes. Alle Priester, und vor allem die, die auf ihren besonderen Weihetitel hin Diözesanpriester heißen, sollen bedenken, wie sehr die treue Verbundenheit und großmütige Zusammenarbeit mit ihrem Bischof zu ihrer Heiligkeit beiträgt. [...]

Die christlichen Eheleute und Eltern müssen auf ihrem eigenen Weg in treuer Liebe das ganze Leben hindurch einander in der Gnade Halt und Stütze sein und die von Gott gerne empfangenen Kinder mit den christlichen Lehren und den Tugenden des Evangeliums erfüllen. So geben sie allen das Beispiel einer unermüdlichen und großmütigen Liebe, sie bauen die Bruderschaft der Liebe auf, sind Zeugen und Mitarbeiter der fruchtbaren Mutter Kirche, zum Zeichen und in Teilnahme jener Liebe, in der Christus seine Braut geliebt und sich für sie hingegeben hat[131]. Ein ähnliches Beispiel wird auf andere Weise von den Witwen und Unverheirateten gegeben; auch sie können nicht wenig zur Heiligkeit und Wirksamkeit in der Kirche beitragen. Jene aber, die – oft so schwer – arbeiten, müssen durch die menschliche Arbeit sich selbst vollenden, das Wohl der Mitbürger fördern und die ganze Gesellschaft und Schöpfung höherführen. Sie sollen aber auch Christus in tätiger Liebe nachahmen, der handwerklich gearbeitet hat und immer mit dem Vater zum Heil aller wirkt. In freudiger Hoffnung soll einer des anderen Last tragen

Ähnlich wie die Priester werden alle Getauften vom Konzil daran erinnert, dass sie das Leben, das sich aus ihrem Beruf und ihren Lebensumständen ergibt, als ihren Weg zur Heiligkeit verstehen sollen und können. Nicht zuletzt gilt das auch für die Leidenden – auch ihr Leben hat seine eigene christliche Würde, auch wenn man alles tun wird, um ihr Los zu lindern.

und gerade durch die tägliche Arbeit zu einer höheren, auch apostolischen Heiligkeit emporsteigen.

Die Armen, Schwachen, Kranken und von verschiedener Mühseligkeit Bedrückten oder die um der Gerechtigkeit willen Verfolgten sollen sich in besonderer Weise mit Christus in seinem Leiden für das Heil der Welt zu vereinigen wissen. Sie hat der Herr im Evangelium seliggepriesen, und „der Gott ... aller Gnade, der uns in Christus Jesus zu seiner ewigen Herrlichkeit berufen hat, wird (sie) nach kurzer Zeit des Leidens selber vollenden, stärken, kräftigen und festigen" (1 Petr 5,10).

Alle Christgläubigen also werden in ihrer Lebenslage, ihren Pflichten und Verhältnissen und durch dies alles von Tag zu Tag mehr geheiligt, wenn sie alles aus der Hand des himmlischen Vaters im Glauben entgegennehmen und mit Gottes Willen zusammenwirken und so die Liebe, mit der Gott die Welt geliebt hat, im zeitlichen Dienst selbst allen kundmachen.

42. „Gott ist die Liebe, und wer in der Liebe bleibt, der bleibt in Gott und Gott in ihm" (1 Joh 4,16). Gott aber gießt seine Liebe in unseren Herzen aus durch den Heiligen Geist, der uns gegeben ist (vgl. Röm 5,5). Daher ist die erste und notwendigste Gabe die Liebe, durch die wir Gott über alles und den Nächsten um Gottes willen lieben. Damit aber die

Liebe wie ein guter Same in der Seele wachse und Frucht bringe, muss jeder Gläubige das Wort Gottes bereitwillig hören und seinen Willen mit Hilfe seiner Gnade in der Tat erfüllen, an den Sakramenten, vor allem der Eucharistie, und an den gottesdienstlichen Handlungen häufig teilnehmen und sich standhaft dem Gebet, der Selbstverleugnung, dem tatkräftigen Bruderdienst und der Übung aller Tugenden widmen. Denn die Liebe als Band der Vollkommenheit und Fülle des Gesetzes (vgl. Kol 3,14; Röm 13,10) leitet und beseelt alle Mittel der Heiligung und führt sie zum Ziel[132]. Daher ist die Liebe zu Gott wie zum Nächsten das Siegel des wahren Jüngers Christi.

Da Jesus, der Sohn Gottes, seine Liebe durch die Hingabe seines Lebens für uns bekundet hat, hat keiner eine größere Liebe, als wer sein Leben für ihn und die Brüder hingibt (vgl. 1 Joh 3,16; Joh 15,13). Dieses höchste Zeugnis der Liebe vor allen, besonders den Verfolgern, zu geben war die Berufung einiger Christen schon in den ersten Zeiten und wird es immer sein. Das Martyrium, das den Jünger dem Meister in der freien Annahme des Todes für das Heil der Welt ähnlich macht und im Vergießen des Blutes gleichgestaltet, wertet die Kirche als hervorragendes Geschenk und als höchsten Erweis der Liebe. Wenn es auch wenigen gegeben wird, so müssen doch alle bereit sein, Christus vor den Menschen zu bekennen und ihm in den

---

Als besonderer Weg zur Heiligkeit wird schließlich das Martyrium genannt. In weiterer Folge wird auch auf das Leben in den evangelischen Räten verwiesen: Historisch betrachtet hat sich ja das Leben in Armut, Ehelosigkeit und Gehorsam in der Urkirche nach den Christenverfolgungen entfaltet, weil man nach einem Leben gesucht hat, das ebenso radikal ist wie die Bereitschaft zum Martyrium. Es soll ein Leben sein, das die christliche Liebe zum Ausdruck bringt und dazu anspornt.

Verfolgungen, die der Kirche nie fehlen, auf dem Weg des Kreuzes zu folgen.

Ferner wird die Heiligkeit der Kirche in besonderer Weise gefördert durch die vielfachen Räte, deren Beobachtung der Herr im Evangelium seinen Jüngern vorlegt[133]. Darunter ragt die kostbare göttliche Gnadengabe hervor, die der Vater einigen gibt (vgl. Mt 19,11; 1 Kor 7,7), die Jungfräulichkeit oder der Zölibat, in dem man sich leichter ungeteilten Herzens (vgl. 1 Kor 7,32-34) Gott allein hingibt[134]. Diese vollkommene Enthaltsamkeit um des Himmelreiches willen wurde von der Kirche immer besonders in Ehren gehalten als Zeichen und Antrieb für die Liebe und als eine besondere Quelle geistlicher Fruchtbarkeit in der Welt. [...]

Sechstes Kapitel: Die Ordensleute

Behutsam und entschieden zugleich verweist das Konzil nach seinen Ausführungen zum geweihten Amt und zu den Laien auf den Ordensstand. Er ist nicht der einzige Weg zu einem authentischen christlichen Leben (vgl. fünftes Kapitel). Ohne es auszusprechen, nimmt das Konzil dabei Bezug auf Befürchtungen, die vor allem bei protestantischen Christen gegeben sind, und stellt fest, dass

43. Die evangelischen Räte der Gott geweihten Keuschheit, der Armut und des Gehorsams sind, in Wort und Beispiel des Herrn begründet und von den Aposteln und den Vätern wie auch den Lehrern und Hirten der Kirche empfohlen, eine göttliche Gabe, welche die Kirche von ihrem Herrn empfangen hat und in seiner Gnade immer bewahrt. Die Autorität der Kirche selbst hat unter Leitung des Heiligen Geistes für ihre Auslegung, die Regelung ihrer Übung und die Festsetzung entsprechender dauerhafter Lebensformen gesorgt. So sind wie an einem Baum, der aus

einem von Gott gegebenen Keim wunderbar und vielfältig auf dem Ackerfeld des Herrn Zweige treibt, verschiedene Formen des eremitischen und gemeinschaftlichen Lebens und verschiedene Gemeinschaften gewachsen. Sie bieten reichliche Hilfen zum Fortschritt ihrer Mitglieder wie zum Besten des ganzen Leibes Christi[137]. Jene Gemeinschaften verhelfen nämlich ihren Mitgliedern zu größerer Beständigkeit in der Lebensweise, zu einer erprobten Lehre über das Streben nach Vollkommenheit, zu einer brüderlichen Gemeinschaft im Kriegsdienst Christi und zu einer durch den Gehorsam gefestigten Freiheit. Dadurch können sie ihr Ordensgelöbnis sicher erfüllen und getreu bewahren und auf dem Weg der Liebe in geistlicher Freude voranschreiten[138].

> das Leben in den evangelischen Räten Gnade Gottes und Geschenk ist, und nicht ein menschliches Werk, durch das die Gnade erkauft wird.

Ein derartiger Stand ist, in Bezug auf die göttliche, hierarchische Verfassung der Kirche, kein Zwischenstand zwischen dem der Kleriker und dem der Laien. Vielmehr werden in beiden Gruppen Christgläubige von Gott gerufen, im Leben der Kirche sich einer besonderen Gabe zu erfreuen und, jeder in seiner Weise, ihrer Heilssendung zu nützen[139].

44. Durch die Gelübde oder andere heilige Bindungen, die jeweils in ihrer Eigenart den Gelübden ähnlich sind, verpflichtet sich der Christgläubige zu den drei genannten evangelischen Räten und gibt sich dadurch dem über alles geliebten Gott vollständig zu eigen,

> Das Konzil versteht den Ordensstand nicht als einen Zwischenstand zwischen Klerikern und Laien, sondern als eine Lebensform, die ihren Ausgang bei der Taufe ▷

nimmt und die Taufgnade durch ein Leben in den evangelischen Räten der ehelosen Keuschheit, der Armut und des Gehorsams zur Entfaltung bringt.

so dass er selbst durch einen neuen und besonderen Titel auf Gottes Dienst und Ehre hingeordnet wird. Er ist zwar durch die Taufe der Sünde gestorben und Gott geweiht. Um aber reichere Frucht aus der Taufgnade empfangen zu können, will er durch die Verpflichtung auf die evangelischen Räte in der Kirche von den Hindernissen, die ihn von der Glut der Liebe und der Vollkommenheit der Gottesverehrung zurückhalten könnten, frei werden und wird dem göttlichen Dienst inniger geweiht[140]. Die Weihe ist aber um so vollkommener, je mehr sie durch die Festigkeit und Beständigkeit der Bande die unlösliche Verbindung Christi mit seiner Braut, der Kirche, darstellt.

So unterschiedlich die Aufgabe der Ordensgemeinschaften sind, sie stimmen darin überein, dass sie vieles relativieren, was menschlich betrachtet als wichtig und erfüllend erscheint. Sie erinnern alle an das Ziel der Kirche in der Herrlichkeit Gottes. So übernehmen die Orden nicht nur praktische Aufgaben, sondern haben im Gesamt der Kirche vor allem eine geistliche Sendung.

Weil aber die evangelischen Räte ihre Befolger durch die Liebe, zu der sie hinführen[141], auch in besonderer Weise mit der Kirche und ihrem Geheimnis verbinden, muss ihr geistliches Leben auch dem Wohl der ganzen Kirche gewidmet sein. Daraus ergibt sich die Pflicht, nach Kräften und entsprechend der Gestalt der eigenen Berufung, durch Gebet oder auch tätiges Wirken sich um die Einwurzelung und Festigung des Reiches Christi in den Seelen und seine weltweite Ausbreitung zu bemühen. Deshalb auch schützt und fördert die Kirche den eigenen Charakter der verschiedenen Ordensinstitute.

So erscheint das Bekenntnis zu den evangelischen Räten als ein Zeichen, das alle Glieder der Kirche wirksam zur eifrigen Erfüllung der Pflichten ihrer christlichen Berufung hinziehen kann und soll. Das Volk Gottes hat ja hier keine bleibende Heimstatt, sondern sucht die zukünftige. Deshalb macht der Ordensstand, der seine Glieder von den irdischen Sorgen mehr befreit, mehr die himmlischen Güter, die schon in dieser Zeit gegenwärtig sind, auch allen Gläubigen kund, bezeugt das neue und ewige, in der Erlösung Christi erworbene Leben und kündigt die zukünftige Auferstehung und die Herrlichkeit des Himmelreiches an. Auch die Lebensform, die der Sohn Gottes annahm, als er in die Welt eintrat, um den Willen des Vaters zu tun, und die er den Jüngern, die ihm nachfolgen, vorgelegt hat, ahmt dieser Stand ausdrücklicher nach und bringt sie in der Kirche ständig zur Darstellung. Schließlich macht er die Erhabenheit des Gottesreiches gegenüber allem Irdischen und seine höchsten Ansprüche in besonderer Weise offenkundig. Er zeigt auch allen Menschen die überragende Größe der Herrscherkraft Christi und die wunderbare, unbegrenzte Macht des Heiligen Geistes in der Kirche auf. [...]

46. Die Ordensleute sollen sorgfältig darauf achten, dass durch sie die Kirche wirklich von Tag zu Tag mehr den Gläubigen wie den Ungläubigen Christus sichtbar mache, wie er auf dem Berg in der Beschauung weilt oder wie er den Scharen das Reich Gottes verkündigt oder wie er die Kranken und Schwachen

heilt und die Sünder zum Guten bekehrt oder wie er die Kinder segnet und allen Wohltaten erweist, immer aber dem Willen des Vaters gehorsam ist, der ihn gesandt hat[145].

> Hier wird auf den Einwand eingegangen, der gegen das Leben in der Lebensform der evangelischen Räte immer wieder vorgebracht wird: Es sei menschlich nicht erfüllend und trage die Gefahr der Verkümmerung in sich. Dem gegenüber betont das Konzil, dass die evangelischen Räte nicht zu einem abgehobenen, sondern zu einem wahrhaft menschlichen Leben führen können. Es entfremdet die Ordensleute nicht von den Menschen, sondern stärkt ihre Solidarität mit ihnen.

Alle sollen schließlich einsehen, dass das Gelöbnis der evangelischen Räte, wenn es auch den Verzicht auf hochzuschätzende Werte mit sich bringt, dennoch der wahren Entfaltung der menschlichen Person nicht entgegensteht, sondern aus ihrem Wesen heraus sie aufs höchste fördert. Die Räte nämlich tragen, wenn sie entsprechend der persönlichen Berufung eines jeden in freiem Entschluss übernommen werden, nicht wenig zur Reinigung des Herzens und zur geistlichen Freiheit bei, fachen ständig die Glut der Liebe an und vermögen den Christen gleichförmiger zu machen vor allem der jungfräulichen und armen Lebensweise, die Christus der Herr gewählt und die seine jungfräuliche Mutter sich zu eigen gemacht hat. Das beweist das Beispiel so vieler heiliger Ordensgründer. Und es darf keiner meinen, die Ordensleute würden durch ihre Weihe den Menschen fremd oder für die irdische Gesellschaft nutzlos. Denn, wenn sie auch zuweilen ihren Zeitgenossen nicht in unmittelbarer Weise hilfreich sind, haben sie diese doch auf tiefere Weise in der Liebe Christi gegenwärtig und wirken geistlich mit ihnen zusammen, dass der Bau der irdischen Gesellschaft immer in Gott gründe und auf ihn ausgerichtet sei und seine Erbauer nicht vergeblich arbeiten[146].

Siebtes Kapitel: Der endzeitliche Charakter der pilgernden Kirche und ihre Einheit mit der himmlischen Kirche

48. Die Kirche, zu der wir alle in Christus Jesus berufen werden und in der wir mit der Gnade Gottes die Heiligkeit erlangen, wird erst in der himmlischen Herrlichkeit vollendet werden, wenn die Zeit der allgemeinen Wiederherstellung kommt (Apg 3,21). Dann wird mit dem Menschengeschlecht auch die ganze Welt, die mit dem Menschen innigst verbunden ist und durch ihn ihrem Ziele entgegengeht, vollkommen in Christus erneuert werden (vgl. Eph 1,10; Kol 1,20; 2 Petr 3,10-13).

Christus hat, von der Erde erhöht, alle an sich gezogen (vgl. Joh 12,32 griech.). Auferstanden von den Toten (vgl. Röm 6,6), hat er seinen lebendigmachenden Geist den Jüngern mitgeteilt und durch ihn seinen Leib, die Kirche, zum allumfassenden Heilssakrament gemacht. Zur Rechten des Vaters sitzend, wirkt er beständig in der Welt, um die Menschen zur Kirche zu führen und durch sie enger mit sich zu verbinden, um sie mit seinem eigenen Leib und Blut zu ernähren und sie seines verherrlichten Lebens teilhaftig zu machen. Die Wiederherstellung also, die uns verheißen ist und die wir erwarten, hat in Christus schon begonnen, nimmt ihren Fortgang in der Sendung des Heiligen Geistes und geht durch ihn weiter in der Kirche, in der wir durch den Glauben auch über den

Das siebte Kapitel war ursprünglich nicht vorgesehen und geht auf eine Intervention von Papst Johannes XXIII. zurück, der einen Text zur Heiligenverehrung (die ihm selbst sehr wichtig war) wünschte. Das Konzil hat dieses Thema in eine umfassende Perspektive eingeordnet.

Die ewige Vollendung, auf die die Kirche ausgerichtet ist, ist in der Geschichte der Menschheit durch Christus schon anfanghaft gegenwärtig. Christus bleibt gegenwärtig in und durch die Kirche, die deshalb vom Konzil, auch wenn sie noch auf dem Weg und nicht vollendet ist, als das „allumfassende Heilssakrament" bezeichnet wird. Das heißt: Die Kirche macht das Ziel der Schöpfung, die vollendete Einheit mit Gott und der ganzen Menschheit (die „Wiederherstellung"), durch das Wort Gottes, die Sakramente und ihr Leben (wo es gelingt) in der Geschichte gegenwärtig.

Sinn unseres zeitlichen Lebens belehrt werden, bis wir das vom Vater uns in dieser Welt übertragene Werk mit der Hoffnung auf die künftigen Güter zu Ende führen und unser Heil wirken (vgl. Phil 2,12). [...]

Mit Christus also in der Kirche verbunden und mit dem Heiligen Geist gezeichnet, „der das Angeld unserer Erbschaft ist" (Eph 1,14), heißen wir wahrhaft Kinder Gottes und sind es (vgl. 1 Joh 3,1). Wir sind aber noch nicht mit Christus in der Herrlichkeit erschienen (vgl. Kol 3,4), in der wir Gott ähnlich sein werden, da wir ihn schauen werden, wie er ist (vgl. 1 Joh 3,2). „Solange wir im Leibe sind, pilgern wir ferne vom Herrn" (2 Kor 5,6), und im Besitz der Erstlinge des Geistes seufzen wir in uns (vgl. Röm 8,23) und wünschen mit Christus zu sein (vgl. Phil 1,23). Die gleiche Liebe aber drängt uns, mehr für den zu leben, der für uns gestorben und auferstanden ist (vgl. 2 Kor 5,15). Wir sind also bestrebt, in allem dem Herrn zu gefallen (vgl. 2 Kor 5,9), und ziehen die Waffenrüstung Gottes an, um standhalten zu können gegen die Nachstellungen des Teufels und zu widerstehen am bösen Tage (vgl. Eph 6,11-13). Da wir aber weder Tag noch Stunde wissen, so müssen wir nach der Mahnung des Herrn standhaft wachen, damit wir am Ende unseres einmaligen Erdenlebens (vgl. Hebr 9,27) mit ihm zur Hochzeit einzutreten und den Gesegneten zugezählt zu werden verdienen (vgl. Mt 25,31-46) und nicht wie böse und faule Knechte (vgl. Mt 25,26) ins

---

Dass die Kirche und die Schöpfung ihr Ziel in Gott haben, ist nicht Ergebnis des menschlichen Fortschritts, sondern Geschenk Gottes. Und es ist auch eine Aufgabe. Das Konzil erinnert daran, dass in der Heiligen Schrift auch vom Gericht die Rede ist, und dass es darum geht, dass jede und jeder Einzelne Gottes Liebe selbst mit Liebe beantwortet. Das bedeutet Wachsamkeit für Gott und seinen Willen und die Bereitschaft, auch gegen Widerstände kämpfend treu zu bleiben.

ewige Feuer weichen müssen (vgl. Mt 25,41), in die Finsternis draußen, wo „Heulen und Zähneknirschen sein wird" (Mt 22,13 und 25,30). Denn bevor wir mit dem verherrlichten Christus herrschen können, werden wir alle erscheinen „vor dem Richterstuhl Christi, damit ein jeder Rechenschaft ablege über das, was er in seinem leiblichen Leben getan hat, Gutes oder Böses" (2 Kor 5,10). Am Ende der Welt „werden die, welche Gutes getan haben, hervorgehen zur Auferstehung des Lebens, die aber Böses getan haben, zur Auferstehung des Gerichtes" (Joh 5,29; vgl. Mt 25,46). Wir halten also dafür, dass „die Leiden dieser Zeit nicht zu vergleichen sind mit der künftigen Herrlichkeit, die an uns offenbar werden wird" (Röm 8,18; vgl. 2 Tim 2,11-12), und erwarten tapfer im Glauben „die selige Hoffnung und die Ankunft der Herrlichkeit unseres großen Gottes und Erlösers Jesus Christus" (Tit 2,13), „der unseren Leib der Niedrigkeit verwandeln wird zur Gleichgestalt mit dem Leibe seiner Herrlichkeit" (Phil 3,21). Er wird kommen, „um verherrlicht zu werden in seinen Heiligen und wunderbar in allen, die geglaubt haben" (2 Thess 1,10).

49. Bis also der Herr kommt in seiner Majestät und alle Engel mit ihm (vgl. Mt 25,31) und nach der Vernichtung des Todes ihm alles unterworfen sein wird (vgl. 1 Kor 15,26-27), pilgern die einen von seinen Jüngern auf Erden, die andern sind aus diesem Leben geschieden

In Artikel 49 greift das Konzil mit neuen Worten einen alten Gedanken auf: Die Kirche umfasst nicht nur Menschen im irdischen Leben (die „streitende", ▷

d.h. kämpfende Kirche), sondern auch Menschen, die für die Vollendung im Purgatorium (Fegfeuer) gereinigt werden (die leidende Kirche), und Menschen, die in Gott ihre Vollendung gefunden haben (die triumphierende Kirche). Die Fürsprache der bereits bei Gott Vollendeten für die auf Erden Lebenden ist ein Ausdruck dieser Verbundenheit zwischen der irdischen und der himmlischen Kirche.

und werden gereinigt, wieder andere sind verherrlicht und schauen „klar den dreieinen Gott selbst, wie er ist"[147]. Wir alle jedoch haben, wenn auch in verschiedenem Grad und auf verschiedene Weise, Gemeinschaft in derselben Gottes- und Nächstenliebe und singen unserem Gott denselben Lobgesang der Herrlichkeit. Alle nämlich, die Christus zugehören und seinen Geist haben, wachsen zu der einen Kirche zusammen und sind in ihm miteinander verbunden (vgl. Eph 4,16). Die Einheit der Erdenpilger mit den Brüdern, die im Frieden Christi entschlafen sind, hört keineswegs auf, wird vielmehr nach dem beständigen Glauben der Kirche gestärkt durch die Mitteilung geistlicher Güter[148]. Dadurch nämlich, dass die Seligen inniger mit Christus vereint sind, festigen sie die ganze Kirche stärker in der Heiligkeit, erhöhen die Würde des Gottesdienstes, den sie auf Erden Gott darbringt, und tragen auf vielfältige Weise zum weiteren Aufbau der Kirche bei (vgl. 1 Kor 12,12-27)[149]. Denn in die Heimat aufgenommen und dem Herrn gegenwärtig (vgl. 2 Kor 5,8), hören sie nicht auf, durch ihn, mit ihm und in ihm beim Vater für uns Fürbitte einzulegen[150], indem sie die Verdienste darbringen, die sie durch den einen Mittler zwischen Gott und den Menschen, Christus Jesus (vgl, 1 Tim 2,5), auf Erden erworben haben, zur Zeit, da sie in allem dem Herrn dienten und für seinen Leib, die Kirche, in ihrem Fleisch ergänzten, was an den Leiden Christi noch fehlt (vgl. Kol 1,24)[151].

Durch ihre brüderliche Sorge also findet unsere Schwachheit reichste Hilfe.

50. Aus der tiefen Anerkennung dieser Gemeinschaft des ganzen mystischen Leibes Jesu Christi hat die pilgernde Kirche seit den Anfängen der christlichen Religion das Gedächtnis der Verstorbenen mit großer Ehrfurcht gepflegt[152] und hat auch Fürbitten für sie dargebracht, „weil es ein heiliger und heilsamer Gedanke ist, für die Verstorbenen zu beten, damit sie von ihren Sünden erlöst werden" (2 Makk 12,46). Dass aber die Apostel und Märtyrer Christi, die mit ihrem Blut das höchste Zeugnis des Glaubens und der Liebe gegeben hatten, in Christus in besonderer Weise mit uns verbunden seien, hat die Kirche immer geglaubt, sie hat sie zugleich mit der seligen Jungfrau Maria und den heiligen Engeln mit besonderer Andacht verehrt[153] und hat fromm ihre fürbittende Hilfe erbeten. [...]

Auf vornehmste Weise wird aber unsere Einheit mit der himmlischen Kirche verwirklicht, wenn wir, besonders in der heiligen Liturgie, in der die Kraft des Heiligen Geistes durch die sakramentalen Zeichen auf uns einwirkt, das Lob der göttlichen Majestät in gemeinsamem Jubel feiern[164]. So verherrlichen wir alle, die im Blute Christi aus allen Stämmen, Sprachen, Völkern und Nationen erkauft (vgl. Offb 5,9) und zur einen Kirche versammelt sind, in dem einen Lobgesang den einen und dreifaltigen Gott. Bei der Feier des eucharisti-

---

Der Ausblick auf die ewige Vollendung ist für die Kirche kein ferner Horizont, sondern eine Perspektive, die ihr tägliches Leben und Beten bestimmt. Das Konzil erinnert an das Gedächtnis der Verstorbenen, die Verehrung der Heiligen und an die Feier der Liturgie. Die Liturgie, also der offizielle Gottesdienst der Kirche, kann mit seinen schönen Kirchen, Gewändern und kostbaren Geräten nur richtig verstanden werden, wenn man sich vergegenwärtigt, woran das Konzil erinnert: In der Liturgie ereignet sich unter irdischen Zeichen, was die Freude des Himmels ausmacht – Freude, Dank und Lobpreis, weil Gott ist und weil er nicht nur Ursprung, sondern auch Ziel des Kosmos ist. Das ist gemeint, wenn davon die Rede ist, dass die Kirche in der Feier der Liturgie in besonderer Weise mit der himmlischen Kirche vereint ist.

schen Opfers sind wir also sicherlich dem Kult der himmlischen Kirche innigst verbunden, da wir uns in verehrendem Gedenken vereinigen vor allem mit Maria, der glorreichen, allzeit reinen Jungfrau, aber auch mit dem heiligen Josef wie auch den heiligen Aposteln und Martyrern und allen Heiligen[165].

Gegen kritische Stimmen, vor allem bei den Protestanten, verweisen die Konzilsväter auf die Tradition, in der die Heiligenverehrung fest verankert ist. Zugleich wendet es sich gegen „Missbräuche, Übertreibungen oder Mängel", die den Glauben an den alleinigen Herrn und Erlöser Jesus Christus verdunkeln.

51. Diesen ehrwürdigen Glauben unserer Vorfahren an die lebendige Gemeinschaft mit den Brüdern, die in der himmlischen Herrlichkeit sind oder noch nach dem Tode gereinigt werden, übernimmt diese Heilige Synode mit großer Ehrfurcht und legt die Beschlüsse des II. Konzils von Nicæa[166], der Konzilien von Florenz[167] und von Trient[168] wiederum vor. Zugleich mahnt sie aber in ihrer Hirtensorge alle, die es angeht, bemüht zu sein, jegliche vielleicht da und dort eingeschlichenen Missbräuche, Übertreibungen oder Mängel fernzuhalten oder zu beheben. [...]

Achtes Kapitel: Die selige jungfräuliche Gottesmutter Maria

Das achte Kapitel sollte ursprünglich ein eigenes Dokument werden. Schon der Beginn macht jedoch deutlich, warum Maria ihren Platz in der Kirchen-konstitution erhält: Als Mutter Jesu ist sie Teil des göttlichen Plans für die Menschheit,

52. Da der gütigste und weiseste Gott die Erlösung der Welt vollenden wollte, „sandte er, als die Fülle der Zeit gekommen war, seinen Sohn, von der Frau geboren ... damit wir die Annahme zu Söhnen empfangen" (Gal 4,4-5). „Er stieg für uns Menschen und um unseres Heils willen vom Himmel herab und ist Fleisch geworden durch den Heiligen Geist

aus Maria, der Jungfrau."¹⁷² Dieses göttliche Heilsmysterium wird uns offenbar und wird fortgesetzt in der Kirche. Sie hat der Herr als seinen Leib gegründet, und in ihr müssen die Gläubigen, die Christus, dem Haupt, anhangen und mit allen seinen Heiligen verbunden sind, auch das Gedächtnis „vor allem Marias, der glorreichen, allzeit jungfräulichen Mutter unseres Gottes und Herrn Jesus Christus"¹⁷³ feiern.

und weil zu diesem Plan auch die Kirche gehört, gibt es eine Verbindung zwischen Maria und der Kirche.

53. Die Jungfrau Maria, die auf die Botschaft des Engels Gottes Wort in ihrem Herzen und in ihrem Leib empfing und der Welt das Leben brachte, wird als wahre Mutter Gottes und des Erlösers anerkannt und geehrt. Im Hinblick auf die Verdienste ihres Sohnes auf erhabenere Weise erlöst und mit ihm in enger und unauflöslicher Verbindung geeint, ist sie mit dieser höchsten Aufgabe und Würde beschenkt, die Mutter des Sohnes Gottes und daher die bevorzugt geliebte Tochter des Vaters und das Heiligtum des Heiligen Geistes zu sein. Durch dieses hervorragende Gnadengeschenk hat sie bei weitem den Vorrang vor allen anderen himmlischen und irdischen Kreaturen. Zugleich aber findet sie sich mit allen erlösungsbedürftigen Menschen in der Nachkommenschaft Adams verbunden, ja „sie ist sogar Mutter der Glieder (Christi), denn sie hat in Liebe mitgewirkt, dass die Gläubigen in der Kirche geboren würden, die dieses Hauptes Glieder sind"¹⁷⁴. Daher wird sie auch

Das Kapitel über Maria will nicht alle Themen behandeln, die Maria betreffen, sondern nur den Zusammenhang zwischen ihr und der Kirche herausstreichen. Dazu greift das Konzil auf den Begriff des „Typus" zurück, der sich bereits in der Bibel und auch in der altkirchlichen Theologie findet. Typus meint: Maria ist „Urbild" der Kirche, weswegen an ihr abgelesen werden kann, was die Kirche ist bzw. sein soll.

als überragendes und völlig einzigartiges Glied der Kirche wie auch als ihr Typus und klarstes Urbild im Glauben und in der Liebe gegrüßt, und die katholische Kirche verehrt sie, vom Heiligen Geist belehrt, in kindlicher Liebe als geliebte Mutter.

Kritische Stimmen wenden immer wieder gegen die Marienverehrung ein, dass sie die einzigartige Bedeutung Jesu verdunkle. Das Konzil hält dagegen und betont, dass Christus der einzige Mittler zwischen Gott und den Menschen ist. Was Maria für die Menschen tut, kann sie nur gestützt auf ihren Sohn Jesus Christus tun.

60. Ein einziger ist unser Mittler nach dem Wort des Apostels: „Es gibt nämlich nur einen Gott und nur einen Mittler Gottes und der Menschen, den Menschen Christus Jesus, der sich selbst als Erlösung für alle gegeben hat" (1 Tim 2,5-6). Marias mütterliche Aufgabe gegenüber den Menschen aber verdunkelt oder mindert diese einzige Mittlerschaft Christi in keiner Weise, sondern zeigt ihre Wirkkraft. Jeglicher heilsame Einfluss der seligen Jungfrau auf die Menschen kommt nämlich nicht aus irgendeiner sachlichen Notwendigkeit, sondern aus dem Wohlgefallen Gottes und fließt aus dem Überfluss der Verdienste Christi, stützt sich auf seine Mittlerschaft, hängt von ihr vollständig ab und schöpft aus ihr seine ganze Wirkkraft. Die unmittelbare Vereinigung der Glaubenden mit Christus wird dadurch aber in keiner Weise gehindert, sondern vielmehr gefördert.

Für die Rolle Mariens wählt das Konzil den Begriff der „Mutterschaft". Diese wird Maria nicht nur im Blick auf Jesus, sondern auch im Blick

62. Diese Mutterschaft Marias in der Gnadenökonomie dauert unaufhörlich fort, von der Zustimmung an, die sie bei der Verkündigung gläubig gab und unter dem Kreuz ohne Zögern festhielt, bis zur ewigen Vollendung

aller Auserwählten. In den Himmel aufgenommen, hat sie diesen heilbringenden Auftrag nicht aufgegeben, sondern fährt durch ihre vielfältige Fürbitte fort, uns die Gaben des ewigen Heils zu erwirken[186]. In ihrer mütterlichen Liebe trägt sie Sorge für die Brüder ihres Sohnes, die noch auf der Pilgerschaft sind und in Gefahren und Bedrängnissen weilen, bis sie zur seligen Heimat gelangen. Deshalb wird die selige Jungfrau in der Kirche unter dem Titel der Fürsprecherin, der Helferin, des Beistandes und der Mittlerin angerufen[187]. Das aber ist so zu verstehen, dass es der Würde und Wirksamkeit Christi, des einzigen Mittlers, nichts abträgt und nichts hinzufügt[188]. [...]

Eine solche untergeordnete Aufgabe Marias zu bekennen, zögert die Kirche nicht, sie erfährt sie auch ständig und legt sie den Gläubigen ans Herz, damit sie unter diesem mütterlichen Schutz dem Mittler und Erlöser inniger anhangen.

> auf die Kirche zugeschrieben: In mütterlicher Sorge ist Maria der Kirche und den Glaubenden nahe. Noch einmal wird unterstrichen, dass ihre Aufgabe nicht auf gleicher Ebene mit der Aufgabe Jesu gesehen werden darf, sondern untergeordneter Natur ist.

66. Maria wird, durch Gottes Gnade nach Christus, aber vor allen Engeln und Menschen erhöht, mit Recht, da sie ja die heilige Mutter Gottes ist und in die Mysterien Christi einbezogen war, von der Kirche in einem Kult eigener Art geehrt. Schon seit ältester Zeit wird die selige Jungfrau unter dem Titel der „Gottesgebärerin" verehrt, unter deren Schutz die Gläubigen in allen Gefahren und Nöten bittend Zuflucht nehmen[192]. Vor allem

> Angesichts einer – vor allem vor dem Zweiten Vatikanischen Konzil – nicht selten überbordenden Marienfrömmigkeit wiederholt das Dokument, was es bereits zur Heiligenverehrung gesagt hat: Es tritt für die Verehrung der Gottesmutter ein, unterscheidet sie aber klar von der Anbetung, die nur ▷

dem drei-einen Gott gebührt. Und es mahnt sowohl vor Übertreibungen wie vor einer übergroßen Zurückhaltung gegenüber der Marienverehrung (vgl. Art. 67).

seit der Synode von Ephesus ist die Verehrung des Gottesvolkes gegenüber Maria wunderbar gewachsen in Verehrung und Liebe, in Anrufung und Nachahmung, gemäß ihren eigenen prophetischen Worten: „Selig werden mich preisen alle Geschlechter, da mir Großes getan hat, der da mächtig ist" (Lk 1,48). Dieser Kult, wie er immer in der Kirche bestand, ist zwar durchaus einzigartig, unterscheidet sich aber wesentlich vom Kult der Anbetung, der dem menschgewordenen Wort gleich wie dem Vater und dem Heiligen Geist dargebracht wird, und er fördert diesen gar sehr. Die verschiedenen Formen der Verehrung der Gottesmutter, die die Kirche im Rahmen der gesunden und rechtgläubigen Lehre je nach den Verhältnissen der Zeiten und Orte und je nach Eigenart und Veranlagung der Gläubigen anerkannt hat, bewirken, dass in der Ehrung der Mutter der Sohn, um dessentwillen alles ist (vgl. Kol 1,15-16) und in dem nach dem Wohlgefallen des ewigen Vaters die ganze Fülle wohnt (Kol 1,19), richtig erkannt, geliebt, verherrlicht wird und seine Gebote beobachtet werden.

68. Wie die Mutter Jesu, im Himmel schon mit Leib und Seele verherrlicht, Bild und Anfang der in der kommenden Weltzeit zu vollendenden Kirche ist, so leuchtet sie auch hier auf Erden in der Zwischenzeit bis zur Ankunft des Tages des Herrn (vgl. 2 Petr 3,10) als Zeichen der sicheren Hoffnung und des Trostes dem wandernden Gottesvolk voran. [...]

Anmerkungen:

1) Vgl. Cyprian, Epist. 64, 4: PL 3, 1017; CSEL (Hartel), III B, 720. Hilarius v. Poitiers, In Mt. 23,6: PL 9, 1047. Augustinus, passim. Cyrill v. Alex., Glaph. in Gen. 2,10: PG 69, 110 A.
2) Vgl. Gregor d. Gr., Hom. in Evang. 19, 1: PL 76, 1154 B. Augustinus, Serm. 341, 9, 11: PL 39, 1499f. Johannes v. Damaskus, Adv. Iconocl. 11: PG 96, 1357.
3) Vgl. Irenäus, Adv. Hær. III., 24, 1: PG 7, 966B; Harvey 2, 131; ed. Sagnard, Sources Chr., 398.
4) Cyprian, De Orat. Dom. 23: PL 4, 553; Hartel, IIIA, 285. Augustinus, serm. 71, 20, 33: PL 38, 463f. Johannes v. Damaskus, Adv. Iconocl. 12: PG 96, 1358D.
7) Vgl. Pius XII., Enz. Mystici Corporis, 29. Juni 1943: AAS 35 (1943) 208.
9) Leo XIII., Enz. Sapientiæ christianæ, 10. Jan. 1890: ASS 22 (1889-90) 392. Ders., Enz. Satis cognitum, 29. Juni 1896: ASS 28 (1895-96) 710 u. 724ff. Pius XII., Enz. Mystici Corporis, a. a. O. 199f.
10) Vgl. Pius XII., Enz. Mystici Corporis, a. a. O. 221ff. Ders., Enz. Humani generis, 12. Aug. 1950: AAS 42 (1950) 571.
11) Leo XIII., Enz. Satis cognitum, a. a. O. 713.
12) Vgl. Symbolum Apostolicum: Denz. 6-9 (10-13); Symbolum Nicæno-Constantinopolitanum: Denz. 86 (150); aufgenommen in Professio fidei Tridentina: Denz. 994 u. 999 (1862 u. 1868).
13) Die Formel „Sancta (catholica apostolica) Romana Ecclesia" findet sich in Professio fidei Tridentina, a. a. O. und in Conc. Vat. I, Sess. III., Const. dogm. de fide cath.: Denz. 1782 (3001).
14) Augustinus, Civ. Dei, XVIII, 51, 2: PL 41, 614.
16) Vgl. Pius XII., Anspr. Magnificate Dominum, 2. Nov. 1954: AAS 46 (1954) 669. Ders., Enz. Mediator Dei, 20. Nov. 1947: AAS 39 (1947) 555.
17) Vgl. Pius XI., Enz. Miserentissimus Redemptor, 8. Mai 1928: AAS 20 (1928) 171f. Pius XII., Anspr. Vous nous avez, 22. Sept. 1956: AAS 48 (1956) 714.
22) Vgl. Augustinus, De Præd. Sanct. 14, 27: PL 44, 980.
25) Vgl. Ignatius v. A., Ad Rom., Vorrede: ed. Funk I, 252.
26) Vgl. Augustinus, Bapt. c. Donat. V, 28, 39: PL 43, 197: „Ganz offenbar ist die Redeweise: ‚in der Kirche drinnen oder draußen' vom Herzen, nicht vom Leibe zu verstehen." Vgl. ebd. III., 19, 26: Sp. 152; V, 18, 24: Sp. 189; In Io. Tr. 61, 2: PL 35, 1800; und anderwärts oft.
27) Vgl. Lk 12,48: „Von dem aber, dem viel gegeben ist, wird viel verlangt werden." Vgl. auch Mt 5,19-20; 7,21-22; 25,41-46; Jak 2,14.
28) Vgl. Leo XIII., Apost. Schreiben Præclara gratulationis, 20. Juni 1894: ASS 26 (1893-94) 707.
29) Vgl. Leo XIII., Enz. Satis cognitum, 29. Juni 1896: ASS 28 (1895-96) 738. Ders., Enz. Caritatis studium, 25. Juli 1898: ASS 31 (1898-99) 11. Pius XII., Radiobotschaft Nell'alba, 24. Dez. 1941: AAS 34 (1942) 21.
30) Vgl. Pius XI., Enz. Rerum Orientalium, 8. Sept. 1928: AAS 20 (1928) 287. Pius XII., Enz. Orientalis Ecclesiæ, 9. April 1944: AAS 36 (1944) 137.
31) Vgl. Instruktion des Heiligen Offiziums vom 20. Dez. 1949: AAS 42 (1950) 142.
32) Vgl. Thomas v. Aquin, Summa Theol. III., q. 8, a. 3, ad 1.
33) Vgl. Brief des Heiligen Offiziums an den Erzbischof von Boston: Denz. 3869 bis 3872.
34) Vgl. Eusebius v. Cæs., Præparatio Evangelica 1, 1: PG 21, 28 AB.
37) Vgl. I. Vat. Konzil, Sess. IV, Const. Dogm. Pastor æternus: Denz. 1821 (3050f).
38) Vgl. Konzil v. Florenz, Decretum pro Græcis: Denz. 694 (1307) u. I. Vat. Konzil: ebd. Denz. 1826 (3059).

59) Vgl. Eusebius, Hist. Eccl. V, 24, 10: GCS II, 1, 495; ed. Bardy, Sources Chr. II, 69. Dionysius, bei Eusebius, ebd. VII., 5, 2: GCS II, 2, 638 f; Bardy II, 168f.
60) Vgl. über die alten Konzilien Eusebius, Hist. Eccl. V, 23-24: GCS II, 1, 488 ff; Bardy II, 66 ff, und oft. Konzil v. Nicæa, Can. 5: Conc. Œc. Decr. 7.
61) Tertullian, De Ieiunio, 13: PL 2, 972B; CSEL 20, 292 Z. 13-16.
62) Cyprian, Epist. 56, 3: Hartel IIIB, 650; Bayard 154.
63) Vgl. die amtliche Relation von Zinelli, in Conc. Vat. I: Mansi 52, 1109 C.
66) Vgl. I. Vat. Konzil, Const. Dogm. Pastor æternus: Denz. 1821 (3050f).
67) Vgl. Cyprian, Epist. 66, 8: Hartel III., 2, 733: „Der Bischof ist in der Kirche und die Kirche im Bischof."
68) Vgl. Cyprian, Epist. 55, 24: Hartel 642, Z. 13: „Die eine Kirche ist über die ganze Welt hin in vielen Gliedern verteilt", Ders., Epist. 36, 4: Hartel 575, Z. 20 bis 21.
69) Vgl. Pius XII., Enz. Fidei Donum, 21. April 1957: AAS 49 (1957) 237.
75) Vgl. Konzil v. Trient, Decr. de reform., sess. V, c. 2, n. 9, u. Sess. XXIV, can. 4: Conc. Œc. Decr. 645 u. 739.
76) Vgl. I. Vat. Konzil, Const. Dogm. Dei Filius, 3: Denz. 1712 (3011). Vgl. die dem Schema I über die Kirche beigefügte Anmerkung (entnommen aus Rob. Bellarmin): Mansi 51, 579 C; sowie das umgearbeitete Schema Const. II De Ecclesia Christi mit dem Kommentar von Kleutgen: Mansi 53, 313AB. Pius IX., Brief Tuas libenter: Denz. 1683 (2879).
77) Vgl. CIC, can. 1322-1323.
78) Vgl. I. Vat. Konzil, Const. Dogm. Pastor Æternus: Denz. 1839 (3074).
79) Vgl. die Erläuterungen von Gasser auf dem I. Vat. Konzil: Mansi 52, 1213 AC.
80) Gasser, ebd.: Mansi 1214 A.
81) Gasser, ebd.: Mansi 1215 CD, 1216-1217 A.
82) Gasser, ebd.: Mansi 1213.
83) I. Vat. Konzil, Const. dogm. Pastor Æternus, 4: Denz. 1836 (3070).
94) Benedikt XIV, Br. Romana Ecclesia, 5. Okt. 1755, § 1: Bullarium Benedicti XIV, t. IV (Rom 1758) 21: „Der Bischof stellt den Typus Christi dar und waltet Seines Amtes" Pius XII, Enz. Mystici Corporis, a. a. O. 211: „Die einzelnen (Bischöfe) weiden und leiten die jeweils ihnen zugewiesene Herde im Namen Christi"
98) Vgl. Ignatius v. A., Ad Ephes. 6, 1: ed. Funk I, 218.
99) Vgl. Konzil v. Trient, Sess. 23, De sacr. Ordinis, Kap. 2: Denz. 958 (1765), u. can. 6: Denz. 966 (1776).
100) Vgl. Innozenz I, Brief an Decentius: PL 20, 554 A; Mansi 3, 1029; Denz. 98 (215): „Die Presbyter haben als Priester zweiter Ordnung nicht die volle Höhe des geistlichen Amtes inne" Cyprian, Epist. 61, 3: ed. Hartel 696.
101) Vgl. Konzil v. Trient, a. a. O.: Denz. 956a-968 (1763-1778), u. bes. can. 7: Denz. 967 (1777). Pius XII., Apost. Konst. Sacramentum Ordinis: Denz. 2301 (3857-3861).
102) Vgl. Innozenz I, a. a. O. Gregor v. Naz., Apol. II, 22: PG 35, 432 B. Ps-Dionysius, Eccl. Hier., 1, 2: PG 3, 372D.
103) Vgl. Konzil v. Trient, sess. 22: Denz. 940 (1743). Pius XII., Enz. Mediator Dei, 20. Nov. 1947: AAS 39 (1947) 553; Denz. 2300 (3850).
104) Vgl. Konzil v. Trient, Sess. 22: Denz. 938 (1739-1740). II. Vat. Konzil, Konst. über die heilige Liturgie, n. 7 u. n. 47.
105) Vgl. Pius XII., Enz. Mediator Dei, a. a. O. unter Nr. 67.

Dogmatische Konstitution über die Kirche 137

106) Vgl. Cyprian, Epist. 11, 3: PL 4, 242 B; Hartel III., 2, 497.
107) Liturgie der Priesterweihe, beim Anlegen der Gewänder.
108) Liturgie der Priesterweihe, Präfation.
109) Vgl. Ignatius v. A., Philad. 4: ed. Funk I, 266. Cornelius I, bei Cyprian, Epist. 48, 2: Hartel III., 2, 610.
110) Constitutiones Ecclesiæ ægypticæ, III., 2: ed. Funk, Didascalia, II, 103. Statuta Eccl. Ant. 37-41: Mansi 3, 954.
111) Polykarp, Ad Phil. 5, 2: ed. Funk I, 300: Von Christus wird gesagt, er sei „aller Diener geworden". Vgl. Didache, 15, 1: ebd. 32. Ignatius v. A., Trall. 2, 3: ebd. 242. Constitutiones Apostolorum, 8, 28, 4: ed. Funk, Didascalia, I, 530.
113) Vgl. Pius XI., Enz. Quadragesimo anno, 15. Mai 1931: AAS 23 (1931) 221f. Pius XII., Anspr. De quelle consolation, 14. Okt. 1951: AAS 43 (1951) 790f.
114) Vgl. Pius XII., Anspr. Six ans se sont écoulés, 5. Okt. 1957: AAS 49 (1957) 927.
117) CIC, can. 682.
118) Vgl. Pius XII., Anspr. De quelle cunsolation, a. a. O. 789: „Dans les batailles décisives, c'est parfois du front que partent les plus heureuses initiatives ..." Ders., Anspr. L'importance de la presse catholique, 17. Febr. 1950: AAS 42 (1950) 256.
119) Vgl. 1 Thess 5,19 und 1 Joh 4,1.
121) Römisches Messbuch, Gloria in excelsis Deo. Vgl. Lk 1,35; Mk 1,24; Lk 4,34; Joh 6,69 (ho hagios tou Theou); Apg 3,14; 4,27 u. 30; Hebr 7,26; 1 Joh 2,20; Offb 3,7.
122) Vgl. Origenes, Comm.Rom.7, 7: PG14, 1122B. Ps.-Makarios, De Oratione, 11: PG 34, 861 AB. Thomas v. Aquin, Summa Theol. II-II., q. 184, a.3.
124) Vgl. Pius XI., Enz. Rerum omnium, 26. Jan. 1923: AAS 15 (1923) 50 u. 59-60. Ders., Enz. Casti Connubii, 31. Dez. 1930: AAS 22 (1930) 548. Pius XII., Apost. Konst. Provida Mater, 2. Febr. 1947: AAS 39 (1947) 117. Ders., Anspr. Annus sacer, 8. Dez. 1950: AAS 43 (1951) 27-28. Ders., Anspr. Nel darvi, 1. Juli 1956: AAS 48 (1956) 574f.
126) Vgl. Ignatius v. A., Magn. 13, 1: ed. Funk I, 241.
127) Vgl. Pius X., Exhort. Hærent animo, 4. Aug. 1908: ASS 41 (1908) 560f. CIC, can. 124. Pius XI., Enz. Ad catholici sacerdotii, 20. Dez. 1935: AAS 28 (1936) 22f.
128) Liturgie der Priesterweihe, in der Eingangsermahnung.
131) Pius XI., Enz. Casti Cunnubii, 31. Dez. 1930: AAS 22 (1930) 548f. Vgl. Johannes Chrysostomus, In Ephes. Hom. 20, 2: PG 62, 136ff.
132) Vgl. Augustinus, Enchir. 121, 32: PL 40, 288. Thomas v. Aquin, Summa Theol. II-II., q. 184, a. 1. Pius XII., Adhort. Apost. Menti nostræ, 23. Sept. 1950: AAS 42 (1950) 660.
133) Zu den Räten im allgemeinen vgl. Origenes, Comm. Rom. X, 14: PG 14, 1275 B. Augustinus, De S. Virginitate 15, 15: PL 40, 403. Thomas v. Aquin, Summa Theol. I-II., q. 100, a. 2C (am Schluss); II-II., q. 44, a. 4, ad 3.
134) Über die Erhabenheit der heiligen Jungfräulichkeit vgl. Tertullian, Exhort. Cast. 10: PL 2, 925 C. Cyprian, Hab. Virg. 3 u. 22: PL 4, 443B und 461 AB. Athanasius (?.), De Virg.: PG 28, 252ff. Johannes Chrysostomus, De Virg.: PG 48, 533ff.
137) Vgl. Rosweydus, Vitæ Patrum (Antwerpen 1628). Apophthegmata Patrum: PG 65. Palladius, Historia Lausiaca: PG 34, 995 ff; ed. C. Butler (Cambridge 1898) (1904). Pius XI., Apost. Konst. Umbratilem, 8. Juli 1924: AAS 16 (1924) 386-387. Pius XII., Anspr. Nous sommes heureux, 11. April 1958: AAS 50 (1958) 283.
138) Paul VI., Anspr. Magno gaudio, 23. Mai 1964: AAS 56 (1964) 566.

139) Vgl. CIC, can. 487 u. 488, 40. Pius XII., Anspr. Annus sacer, 8. Dez. 1950: AAS 43 (1951) 27f. Ders., Apost. Konst. Provida Mater, 2. Febr. 1947: AAS 39 (1947) 120ff.
140) Paul VI., a. a. O. 567.
141) Vgl. Thomas v. Aquin, Summa Theol. II-II., q. 184, a. 3 u. q. 188, a. 2. Bonaventura, Opusc. XI., Apologia Pauperum, 3. Kap., 3: Ausg. der Werke, Quaracchi, Bd. 8 (1898) 245a.
145) Vgl. Pius XII., Enz. Mystici Corporis, 29. Juni 1943: AAS 35 (1943) 214f.
146) Vgl. Pius XII., Anspr. Annus sacer, a. a. O. 30. Ders., Anspr. Sousla maternelle protection, 9. Dez. 1957: AAS 50 (1958) 39f.
147) Konzil v. Florenz, Dekret für die Griechen: Denz. 693 (1305).
148) Neben den älteren Dokumenten gegen jegliche Form der Geisterbeschwörung seit Alexander IV. (27. sept. 1258) vgl. Enz. des Heiligen Offiziums, De magnetismi abusu, 4. Aug. 1856: ASS (1865) 177-178; Denz. 1653-1654 (2823 bis 2825); Antwort des Heiligen Offiziums, 24. April 1917: AAS 9 (1917) 268; Denz. 2182 (3642).
149) Siehe die zusammenfassende Darlegung dieser paulinischen Lehre in: Pius XII., Enz. Mystici Corporis: AAS 35 (1943) 200 und passim.
150) Vgl. u. a. Augustinus, Enarr. in Ps. 85,24: PL 37, 1099. Hieronymus, Liber contra Vigilantium, 6: PL 23, 344. Thomas v. Aquin, In 4m sent., d. 45, q. 3, a. 2. Bonaventura, In 4m Sent., d. 45, a. 3, q. 2; u. a.
151) Vgl. Pius XII., Enz. Mystici Corporis: AAS 35 (1943) 245.
152) Vgl. zahlreiche Inschriften in den römischen Katakomben.
153) Vgl. Gelasius I, Decretale Delibris recipiendis, 3: PL59, 160; Denz. 165 (353).
164) II. Vatikan. Konzil, Konst. über die heilige Liturgie, Kap. 5, Nr. 104.
165) Der Kanon der Römischen Messe.
166) II. Konzil von Nicæa, Act. VII: Denz. 302 (600).
167) Konzil von Florenz, Dekret für die Griechen: Denz. 693 (1304).
168) Konzil von Trient, Sess. 25, De invocatione, veneratione et reliquiis sanctorum et sacris imaginibus: Denz. 984-988 (1821-1824); sess. 25, Decretum de Purgatorio: Denz. 983 (1820); sess. 6, Decretum de iustificatione, can. 30: Denz. 840 (1580).
172) Das Credo in der Römischen Messe: das Konstantinopolitanische Glaubensbekenntnis: Mansi 3, 566. Vgl. das Konzil v. Ephesus: ebd. 4, 1138 (ferner ebd. 2, 665 und 4, 1071); das Konzil v. Chalcedon: ebd. 7, 111-116; das II. Konzil v. Konstantinopel: ebd. 9, 375-396.
173) Der Kanon der Römischen Messe.
174) Augustinus, De S. Virginitate, 6: PL 40, 399.
186) Vgl. Kleutgen, neugefasster Text De Mysterio Verbi incarnati, Kap. IV: Mansi 53, 290. Vgl. Andreas v. Kreta, In nat. Mariæ, sermo 4: PG 97, 865 A. Germanus v. Konstantinopel, In annunt. Deiparæ: PG 98, 321 BC. Ders., In dorm. Deiparæ, III: PG 98, 361 D. Johannes v. Damaskus, In dorm. B. V. Mariæ, Hom. 1, 8: PG 96, 712 BC - 713 A.
187) Vgl. Leo XIII., Enz. Adiutricem populi, 5. Sept. 1895: ASS 15 (1895-96) 303. Pius X., Enz. Ad diem illum, 2 Febr. 1904: Acta, I, 154; Denz. 1978 a (3370). Pius XI., Enz. Miserentissimus, 8. Mai 1928: AAS 20 (1928) 178. Pius XII., Radiobotschaft, 13. Mai 1946: AAS 38 (1946) 266.
188) Ambrosius, Epist. 63: PL 16, 1218.
192) „Unter deinen Schutz und Schirm".

Dekret über den Ökumenismus
Unitatis redintegratio

Hinführung zum Konzilstext von Roman Siebenrock

Mit diesem Dekret tritt die katholische Kirche in die ökumenische Bewegung des 20. Jahrhunderts ein, die bis zum Konzil mit Vorbehalt, ja mit höchstamtlicher Ablehnung von Seiten der katholischen Kirchenleitung betrachtet worden war. Die moderne Ökumene begann auf der Weltmissionskonferenz der reformatorischen Kirchen 1920 in Edinburgh und hatte das Ziel, Zeugnis und Dienst der Kirche zusammenzuführen, weil der Streit unter den Christgläubigen ihre Glaubwürdigkeit nicht nur in den Missionsländern untergrub. Schon 1907 hatte Paul Wattson eine Gebetswoche für die Einheit der Christen vorgeschlagen. Sie fand vom 18. bis zum 25. Januar statt, also zwischen den Festen „Cathedra Petri" und „Bekehrung Pauli". Dieser Initiative schloss sich die katholische Kirche unter Papst Benedikt XV. an. Paul Couturier gab ihr später den bis heute gültigen Sinn: Gebet um eine Einheit, wie Gott sie will. Am Ende dieser Gebetswoche kündigte ja Papst Johannes XXIII. das Konzil an.

Zum Gesinnungswandel in der katholischen Kirche trugen neben charismatischen Persönlichkeiten die Entwicklungen des 20. Jahrhunderts bei. Die Erfahrung, dass die Trennung der Christenheit der Glaubwürdigkeit der Sendung der Kirchen erheblich schadet, Erfahrungen tiefer Gemeinsamkeit bis zum Martyrium in den Zeiten der totalitären Verfolgung sowie das Bewusstsein, einer entchristlichten Welt auch in Europa entgegenzugehen, stärkten den Wunsch, der Bitte des Herrn um Einheit (vgl. Joh 17, 11.21) zu entsprechen. Mit diesem Konzilsdokument wird daher das Zeitalter des Konfessionalismus auch theologisch beendet. Seit der Reformation entwickelten sich nicht nur die Kirchen in Antistellung zueinander („Gegenreformation"; „Protestantismus"). Ebenso entwickelten sich nach den Reichsentscheidungen von Augsburg (1555: „Augsburger Religionsfrieden") und dem Frieden von Münster und Osnabrück (1648: nach dem Dreißigjährigen Krieg) die neuen europäischen Nationalstaaten in konfessionalistischer Prägung („katholisches Österreich"; „protestantisches Preußen" oder England als „protestantische Nation").

Die Ankündigung eines ökumenischen Konzils und entsprechende Signale von Papst Johannes XXIII., vor allem die Gründung des Sekretariats für die Einheit der Christen, führten zu einer ökumenischen Aufmerksamkeit für dieses Konzil, das sich vor allem auch darin äußerte, dass im Verlauf des Konzils sehr viele nicht-katholische Kirchen und Gemeinschaften Beobachter nach Rom sandten, die aufgefordert wurden, ihre Meinung zu den Texten des Konzils einzubringen. Dies war in besonderer Weise auch das Verdienst von Papst Paul VI., der im September 1963 das erste Schuldbekenntnis eines Papstes seit Hadrian VI. († 1527) im Blick auf die Verantwortung für die Spaltung der Christenheit aussprach. Er war es auch, der im Januar 1964 im Heiligen Land zum ersten Mal seit der wechselseitigen Exkommunikation (1054) den ökumenischen Patriarchen von Konstantinopel getroffen hatte. Am Ende des Konzils, am 7. Dezember 1965, wurde in Rom und Konstantinopel (Istanbul) dieser Bann feierlich zurückgenommen.

Die Basis der vorgegebenen Einheit aller Christgläubigen, und damit auch der ökumenischen Bewegung, ist die Anerkennung kirchenbildender Elemente in allen Traditionen. Dazu gehören einzelne Sakramente (vor allem Taufe und Eucharistie bzw. Abendmahl), die Ausrichtung an der Heiligen Schrift, die Anerkennung des altkirchlichen Glaubensbekenntnisses (das „Credo" von Nizäa und Konstantinopel) sowie das Zeugnis heiligmäßiger Personen in den verschiedensten christlichen Traditionen. Wachsende Sorgen um die Identität der Römisch-katholischen Kirche und die erklärte Bereitschaft Paul VI. auch den Kritikern eine Zustimmung zum Text zu ermöglichen, um eine höchstmögliche Einmütigkeit zu erzielen, führten jedoch nach der Annahme des Gesamttextes durch die Konzilsväter zu 19 Textänderungen auf ausdrücklichen Wunsch des Papstes hin (November 1964). Die substantielle Neuorientierung der katholischen Kirche in Beziehung zur ökumenischen Bewegung wurde dadurch nicht verwässert. Das Eintreten für die Einheit aller Christgläubigen ist daher eine unverzichtbare Aufgabe der katholischen Kirche. Katholisch heißt ökumenisch. Dass *Unitas redintegratio* ein neues Kapitel der Kirchengeschichte eröffnet, ist nicht zuletzt daran zu erkennen, dass von den Kritikern des Konzils gerade dieses Dokument vehement abgelehnt wird.

Das Dekret umfasst neben dem Vorwort drei Kapitel, in denen zunächst die katholischen Prinzipien des Ökumenismus entfaltet werden. Kapitel zwei entwickelt Überlegungen zur praktischen Verwirklichung des Ökumenismus innerhalb der katholischen Kirche. Das Schlusskapitel befasst sich mit der katholischen Sicht der vom Apostolischen Stuhl getrennten Kirchen und Kirchlichen Gemeinschaften. Dabei wird eine Differenz zwischen der Spaltung von 1054 mit den Kirchen des Ostens und den Kirchen der Reformation festgestellt.

Dekret über den Ökumenismus
Unitatis redintegratio

Vorwort

Das Konzil anerkennt die ökumenische Bewegung, die außerhalb ihrer selbst entstanden ist, als vom Heiligen Geist getragen. Die Basisformel des Ökumenischen Rates der Kirchen wird zitiert, aber nicht als solche ausgewiesen. (Der Ökumenische Rat der Kirchen, der 1948 gegründet wurde und bis heute seinen Sitz in Genf hat, vernetzt Kirchen und Gemeinschaften miteinander, die sich zum dreieinen Gott und zu Jesus Christus als Erlöser und Heiland bekennen.) Es kann keine eigene katholische Ökumene geben, sondern nur katholische Prinzipien, mit der die katholische Kirche in diese Bewegung eintritt.

1. Die Einheit aller Christen wiederherstellen zu helfen ist eine der Hauptaufgaben des Heiligen Ökumenischen Zweiten Vatikanischen Konzils. Denn Christus der Herr hat eine einige und einzige Kirche gegründet, und doch erheben mehrere christliche Gemeinschaften vor den Menschen den Anspruch, das wahre Erbe Jesu Christi darzustellen; sie alle bekennen sich als Jünger des Herrn, aber sie weichen in ihrem Denken voneinander ab und gehen verschiedene Wege, als ob Christus selber geteilt wäre[1]. Eine solche Spaltung widerspricht aber ganz offenbar dem Willen Christi, sie ist ein Ärgernis für die Welt und ein Schaden für die heilige Sache der Verkündigung des Evangeliums vor allen Geschöpfen.

Der Herr der Geschichte aber, der seinen Gnadenplan mit uns Sündern in Weisheit und Langmut verfolgt, hat in jüngster Zeit begonnen, über die gespaltene Christenheit ernste Reue und Sehnsucht nach Einheit reichlicher auszugießen. Von dieser Gnade sind heute überall sehr viele Menschen ergriffen, und auch unter unsern getrennten Brüdern ist unter der Einwirkung der Gnade des Heiligen Geistes eine sich von Tag zu Tag ausbreitende Bewegung zur Wiederherstellung der Einheit aller Christen entstanden.

Diese Einheitsbewegung, die man als ökumenische Bewegung bezeichnet, wird von Menschen getragen, die den dreieinigen Gott anrufen und Jesus als Herrn und Erlöser bekennen, und zwar nicht nur einzeln für sich, sondern auch in ihren Gemeinschaften, in denen sie die frohe Botschaft vernommen haben und die sie ihre Kirche und Gottes Kirche nennen. Fast alle streben, wenn auch auf verschiedene Weise, zu einer einen, sichtbaren Kirche Gottes hin, die in Wahrheit allumfassend und zur ganzen Welt gesandt ist, damit sich die Welt zum Evangelium bekehre und so ihr Heil finde zur Ehre Gottes.

Dies alles erwägt die Heilige Synode freudigen Herzens und, nachdem sie die Lehre von der Kirche dargestellt hat, möchte sie, bewegt von dem Wunsch nach der Wiederherstellung der Einheit unter allen Jüngern Christi, allen Katholiken die Mittel und Wege nennen und die Weise aufzeigen, wie sie selber diesem göttlichen Ruf und dieser Gnade Gottes entsprechen können.

Erstes Kapitel: Die katholischen Prinzipien des Ökumenismus

Nach einer zusammenfassenden Erzählung des heilsgeschichtlichen Handelns Gottes (vgl. Art. 2) gibt der Text eine kurze Charakteristik der katholischen Kirche, die ihren Anspruch, Kirche in Einheit mit Christus zu sein, nicht aufgibt, sondern in den ökumenischen Prozess einbringt.

3. [...] Den Menschen jedoch, die jetzt in solchen Gemeinschaften geboren sind und in

> Wichtige Prinzipien sind: Anerkennung der Heilsbedeutung der Taufe bei den getrennten Brüdern, Eingeständnis von Schuld und keine Schuldzuschreibung an die getrennten Christinnen und Christen. Diese Prinzipien prägen heute die Sicht auf die getrennten Kirchen.

ihnen den Glauben an Christus erlangen, darf die Schuld der Trennung nicht zur Last gelegt werden - die katholische Kirche betrachtet sie als Brüder, in Verehrung und Liebe. Denn wer an Christus glaubt und in der rechten Weise die Taufe empfangen hat, steht dadurch in einer gewissen, wenn auch nicht vollkommenen Gemeinschaft mit der katholischen Kirche. Da es zwischen ihnen und der katholischen Kirche sowohl in der Lehre und bisweilen auch in der Disziplin wie auch bezüglich der Struktur der Kirche Diskrepanzen verschiedener Art gibt, so stehen sicherlich nicht wenige Hindernisse der vollen kirchlichen Gemeinschaft entgegen, bisweilen recht schwerwiegende, um deren Überwindung die ökumenische Bewegung bemüht ist. Nichtsdestoweniger sind sie durch den Glauben in der Taufe gerechtfertigt und Christus eingegliedert[17], darum gebührt ihnen der Ehrenname des Christen, und mit Recht werden sie von den Söhnen der katholischen Kirche als Brüder im Herrn anerkannt[18].

Hinzu kommt, dass einige, ja sogar viele und bedeutende Elemente oder Güter, aus denen insgesamt die Kirche erbaut wird und ihr Leben gewinnt, auch außerhalb der sichtbaren Grenzen der katholischen Kirche existieren können: das geschriebene Wort Gottes, das Leben der Gnade, Glaube, Hoffnung und Liebe und andere innere Gaben des Heiligen Geistes und sichtbare Elemente: All dieses, das von Christus ausgeht und zu ihm hinführt, gehört rechtens zu der einzigen Kirche Christi. [...]

Ebenso sind diese getrennten Kirchen[19] und Gemeinschaften trotz der Mängel, die ihnen nach unserem Glauben anhaften, nicht ohne Bedeutung und Gewicht im Geheimnis des Heiles. [...]

Dennoch erfreuen sich die von uns getrennten Brüder, sowohl als einzelne wie auch als Gemeinschaften und Kirchen betrachtet, nicht jener Einheit, die Jesus Christus all denen schenken wollte, die er zu einem Leibe und zur Neuheit des Lebens wiedergeboren und lebendig gemacht hat, jener Einheit, die die Heilige Schrift und die verehrungswürdige Tradition der Kirche bekennt. Denn nur durch die katholische Kirche Christi, die das allgemeine Hilfsmittel des Heiles ist, kann man Zutritt zu der ganzen Fülle der Heilsmittel haben. Denn einzig dem Apostelkollegium, an dessen Spitze Petrus steht, hat der Herr, so glauben wir, alle Güter des Neuen Bundes anvertraut, um den einen Leib Christi auf Erden zu konstituieren, welchem alle völlig eingegliedert werden müssen, die schon auf irgendeine Weise zum Volke Gottes gehören. [...]

> Die Anerkennung von Heilsmitteln in ihrer Tradition hebt die Rede von der Fülle der Heilsmittel in der katholischen Kirche nicht auf. Die bischöfliche Hierarchie in der Einheit mit dem Bischof von Rom soll als „Gabe der Einheit" für die ganze Christenheit fruchtbar werden.

4. [...] Unter der „Ökumenischen Bewegung" versteht man Tätigkeiten und Unternehmungen, die je nach den verschiedenartigen Bedürfnissen der Kirche und nach Möglichkeit der Zeitverhältnisse zur Förderung der Ein-

> Die umfassende Beschreibung der Ökumenischen Bewegung zielt auf die Teilnahme aller Mitglieder der katholischen Kirche an den ▷

Bemühungen, um zur vollen eucharistischen Gemeinschaft zu gelangen. Konversionen sind deshalb nicht ausgeschlossen. Das glaubwürdige christliche Zeugnis in allen Bereichen ist Voraussetzung für Gelingen und Ernsthaftigkeit der Bewegung. Eine Haltung der Anerkennung in allen Differenzen soll Konkurrenzvorstellungen und Abwertungen überwinden. Einheit im Notwendigen, Freiheit in den Formen und in allem die Liebe werden als Orientierung hervorgehoben.

heit der Christen ins Leben gerufen und auf dieses Ziel ausgerichtet sind. Dazu gehört: zunächst alles Bemühen zur Ausmerzung aller Worte, Urteile und Taten, die der Lage der getrennten Brüder nach Gerechtigkeit und Wahrheit nicht entsprechen und dadurch die gegenseitigen Beziehungen mit ihnen erschweren; ferner der „Dialog", der bei Zusammenkünften der Christen aus verschiedenen Kirchen oder Gemeinschaften, die vom Geist der Frömmigkeit bestimmt sind, von wohlunterrichteten Sachverständigen geführt wird, wobei ein jeder die Lehre seiner Gemeinschaft tiefer und genauer erklärt, so dass das Charakteristische daran deutlich hervortritt. [...] Schließlich prüfen hierbei alle ihre Treue gegenüber dem Willen Christi hinsichtlich der Kirche und gehen tatkräftig ans Werk der notwendigen Erneuerung und Reform. [...]

Ohne Zweifel müssen die katholischen Gläubigen bei ihrer ökumenischen Aktion um die getrennten Christen besorgt sein, indem sie für sie beten, sich über kirchliche Angelegenheiten mit ihnen austauschen, den ersten Schritt zu ihnen tun. Aber in erster Linie sollen sie doch ehrlich und eifrig ihr Nachdenken darauf richten, was in der eigenen katholischen Familie zu erneuern und was zu tun ist, damit ihr Leben mit mehr Treue und Klarheit für die Lehre und die Einrichtungen Zeugnis gebe, die ihnen von Christus her durch die Apostel überkommen sind. [...]

Alle in der Kirche sollen unter Wahrung der Einheit im Notwendigen je nach der Aufgabe eines jeden in den verschiedenen Formen des geistlichen Lebens und der äußeren Lebensgestaltung, in der Verschiedenheit der liturgischen Riten sowie der theologischen Ausarbeitung der Offenbarungswahrheit die gebührende Freiheit walten lassen, in allem aber die Liebe üben. Auf diese Weise werden sie die wahre Katholizität und Apostolizität der Kirche immer vollständiger zum Ausdruck bringen.

Auf der anderen Seite ist es notwendig, dass die Katholiken die wahrhaft christlichen Güter aus dem gemeinsamen Erbe mit Freude anerkennen und hochschätzen, die sich bei den von uns getrennten Brüdern finden. [...]

Zweites Kapitel: Die praktische Verwirklichung des Ökumenismus

5. Die Sorge um die Wiederherstellung der Einheit ist Sache der ganzen Kirche, sowohl der Gläubigen wie auch der Hirten, und geht einen jeden an, je nach seiner Fähigkeit, sowohl in seinem täglichen christlichen Leben wie auch bei theologischen und historischen Untersuchungen. [...]

Die Sorge um die Einheit soll Anliegen aller werden. Die Kirche ist ständig, hier wird zum ersten Mal das lang vermiedene Wort gehört, was ihre menschlichen und irdischen Einrichtungen anbelangt, zu reformieren.

6. Jede Erneuerung der Kirche[23] besteht wesentlich im Wachstum der Treue gegenüber ihrer eigenen Berufung, und so ist ohne Zweifel hierin der Sinn der Bewegung in

Ohne anhaltendes Gebet um die Einheit blieben die Anstrengungen seelenlos. Gemeinsame Gottesdienstformen ▷

werden möglich. Tiefes Verstehen des Anderen und Verzicht auf unnötige Polemik sind wesentlich.

Richtung auf die Einheit zu sehen. Die Kirche wird auf dem Wege ihrer Pilgerschaft von Christus zu dieser dauernden Reform gerufen, deren sie allzeit bedarf, soweit sie menschliche und irdische Einrichtung ist; was also etwa je nach den Umständen und Zeitverhältnissen im sittlichen Leben, in der Kirchenzucht oder auch in der Art der Lehrverkündigung – die von dem Glaubensschatz selbst genau unterschieden werden muss – nicht genau genug bewahrt worden ist, muss deshalb zu gegebener Zeit sachgerecht und pflichtgemäß erneuert werden. Dieser Erneuerung kommt also eine besondere ökumenische Bedeutung zu. [...]

7. Es gibt keinen echten Ökumenismus ohne innere Bekehrung. [...] In Demut bitten wir also Gott und die getrennten Brüder um Verzeihung, wie auch wir unseren Schuldigern vergeben. [...]

8. Diese Bekehrung des Herzens und die Heiligkeit des Lebens ist in Verbindung mit dem privaten und öffentlichen Gebet für die Einheit der Christen als die Seele der ganzen ökumenischen Bewegung anzusehen; sie kann mit Recht geistlicher Ökumenismus genannt werden. [...]

Man darf jedoch die Gemeinschaft beim Gottesdienst (communicatio in sacris) nicht als ein allgemein und ohne Unterscheidung gültiges Mittel zur Wiederherstellung der

Einheit der Christen ansehen. Hier sind hauptsächlich zwei Prinzipien maßgebend: die Bezeugung der Einheit der Kirche und die Teilnahme an den Mitteln der Gnade. Die Bezeugung der Einheit verbietet in den meisten Fällen die Gottesdienstgemeinschaft, die Sorge um die Gnade empfiehlt sie indessen in manchen Fällen. [...]

9. Man muss den Geist und die Sinnesart der getrennten Brüder kennen. Dazu bedarf es notwendig des Studiums, das der Wahrheit gemäß und in wohlwollender Gesinnung durchzuführen ist. [...]

10. Die Unterweisung in der heiligen Theologie und in anderen, besonders den historischen Fächern muss auch unter ökumenischem Gesichtspunkt geschehen, damit sie umso genauer der Wahrheit und Wirklichkeit entspricht. [...]

11. Die Art und Weise der Formulierung des katholischen Glaubens darf keinerlei Hindernis bilden für den Dialog mit den Brüdern. Die gesamte Lehre muss klar vorgelegt werden. Nichts ist dem ökumenischen Geist so fern wie jener falsche Irenismus, durch den die Reinheit der katholischen Lehre Schaden leidet und ihr ursprünglicher und sicherer Sinn verdunkelt wird. [...]

Beim Vergleich der Lehren miteinander soll man nicht vergessen, dass es eine Rang-

> Art. 11 spricht von einer „Hierarchie der Wahrheiten", die die Lehre und die Verkündigung so prägen soll, dass die Mitte des Glaubens immer erkennbar bleibt, und nicht Sondermeinungen und Schieflagen erzeugt werden.

ordnung oder „Hierarchie" der Wahrheiten innerhalb der katholischen Lehre gibt, je nach der verschiedenen Art ihres Zusammenhangs mit dem Fundament des christlichen Glaubens. So wird der Weg bereitet werden, auf dem alle in diesem brüderlichen Wettbewerb zur tieferen Erkenntnis und deutlicheren Darstellung der unerforschlichen Reichtümer Christi angeregt werden[25].

Art. 12 formuliert eine Aufgabenliste.

12. Vor der ganzen Welt sollen alle Christen ihren Glauben an den einen, dreifaltigen Gott, an den menschgewordenen Sohn Gottes, unsern Erlöser und Herrn, bekennen und in gemeinsamem Bemühen in gegenseitiger Achtung Zeugnis geben für unsere Hoffnung, die nicht zuschanden wird. [...]

Drittes Kapitel: Die vom römischen Apostolischen Stuhl getrennten Kirchen und Kirchlichen Gemeinschaften

Die Analyse der verschiedenen Spaltungen hebt zwei Gruppen hervor: die orthodoxen Kirchen und die aus der Reformation hervorgegangenen Gemeinschaften.

13. Zwei besondere Kategorien von Spaltungen, durch die der nahtlose Leibrock Christi getroffen wurde, wollen wir nun näher ins Auge fassen.

Die erste dieser Spaltungen geschah im Orient, und zwar entweder aufgrund einer dogmatischen Bestreitung von Glaubensformeln der Konzilien von Ephesus und Chalcedon oder, in späterer Zeit, durch die Aufhebung der kirchlichen Gemeinschaft zwischen den Patriarchaten des Orients und dem Römischen Stuhl.

Andere Spaltungen entstanden sodann mehr als vier Jahrhunderte später im Abendland aufgrund von Ereignissen, die man die Reformation nennt. Seither sind mehrere nationale oder konfessionelle Gemeinschaften vom Römischen Stuhl getrennt. Unter denjenigen von ihnen, bei denen katholische Traditionen und Strukturen zum Teil fortbestehen, nimmt die Anglikanische Gemeinschaft einen besonderen Platz ein. [...]

I. Die besondere Betrachtung der orientalischen Kirchen

14. Die Kirchen des Orients und des Abendlandes sind Jahrhunderte hindurch je ihren besonderen Weg gegangen, jedoch miteinander verbunden in brüderlicher Gemeinschaft des Glaubens und des sakramentalen Lebens, wobei dem Römischen Stuhl mit allgemeiner Zustimmung eine Führungsrolle zukam, wenn Streitigkeiten über Glaube oder Disziplin unter ihnen entstanden. [...]

Im Blick auf die orthodoxen Kirchen blieb die bischöfliche Grundstruktur erhalten. Sie werden daher auch „Schwesterkirchen" genannt.

Es darf ebenfalls nicht unerwähnt bleiben, dass die Kirchen des Orients von Anfang an einen Schatz besitzen, aus dem die Kirche des Abendlandes in den Dingen der Liturgie, in ihrer geistlichen Tradition und in der rechtlichen Ordnung vielfach geschöpft hat. Auch das darf in seiner Bedeutung nicht unterschätzt werden, dass die Grunddogmen des christlichen Glaubens von der Dreifaltigkeit und von dem Wort Gottes, das aus der

Jungfrau Maria Fleisch angenommen hat, auf ökumenischen Konzilien definiert worden sind, die im Orient stattgefunden haben. Jene Kirchen haben für die Bewahrung dieses Glaubens viel gelitten und leiden noch heute. [...]

15. [...] Da nun diese Kirchen trotz ihrer Trennung wahre Sakramente besitzen, vor allem aber in der Kraft der apostolischen Sukzession das Priestertum und die Eucharistie, wodurch sie in ganz enger Verwandtschaft bis heute mit uns verbunden sind, so ist eine gewisse Gottesdienstgemeinschaft unter gegebenen geeigneten Umständen mit Billigung der kirchlichen Autorität nicht nur möglich, sondern auch ratsam. [...]

17. [...] Dieses Heilige Konzil erklärt, dass dies ganze geistliche und liturgische, disziplinäre und theologische Erbe mit seinen verschiedenen Traditionen zur vollen Katholizität und Apostolizität der Kirche gehört; und sie sagt Gott dafür Dank, dass viele orientalische Söhne der katholischen Kirche, die dieses Erbe bewahren und den Wunsch haben, es reiner und vollständiger zu leben, schon jetzt mit den Brüdern, die die abendländische Tradition pflegen, in voller Gemeinschaft leben.

18. Im Hinblick auf all dies erneuert das Heilige Konzil feierlich, was in der Vergangenheit von Heiligen Konzilien und von römischen Päpsten erklärt wurde, dass es nämlich zur

Wiederherstellung oder Erhaltung der Gemeinschaft und Einheit notwendig sei, „keine Lasten aufzuerlegen, die über das Notwendige hinausgehen" (Apg 15,28). [...]

II. Die getrennten Kirchen und Kirchlichen Gemeinschaften im Abendland

19. [...] Dabei muss jedoch anerkannt werden, dass es zwischen diesen Kirchen und Gemeinschaften und der katholischen Kirche Unterschiede von großem Gewicht gibt, nicht nur in historischer, soziologischer, psychologischer und kultureller Beziehung, sondern vor allem in der Interpretation der offenbarten Wahrheit. [...]

20. Unser Geist wendet sich zuerst den Christen zu, die Jesus Christus als Gott und Herrn und einzigen Mittler zwischen Gott und den Menschen offen bekennen zur Ehre des einen Gottes, des Vaters und des Sohnes und des Heiligen Geistes. Wir wissen zwar, dass nicht geringe Unterschiede gegenüber der Lehre der katholischen Kirche bestehen, insbesondere über Christus als das fleischgewordene Wort Gottes und über das Werk der Erlösung, sodann über das Geheimnis und den Dienst der Kirche und über die Aufgabe Mariens im Heilswerk. Dennoch freuen wir uns, wenn wir sehen, wie die getrennten Brüder zu Christus als Quelle und Mittelpunkt der kirchlichen Gemeinschaft streben. [...]

Die Wahrnehmung der Differenzen will dem Dialog dienen, der auf der Gemeinsamkeit in der Taufe und der Hochschätzung der Schrift aufbaut, auch wenn das Verhältnis von Schrift und Kirche unterschiedlich ist. Die Unterschiede und die Gemeinsamkeiten im Verständnis der Eucharistie werden genannt, das christliche Leben der getrennten Getauften gewürdigt. Die Zukunft der Ökumene wird in der wechselseitigen Ehrlichkeit im Blick auf die Differenzen, in der Hoffnung auf anhaltende Bekehrung, sowie in der Macht der Bitte Jesu liegen: „Dass alle eins seien" (Joh 17,21).

21. Die Liebe und Hochschätzung, ja fast kultische Verehrung der Heiligen Schrift führen unsere Brüder zu einem unablässigen und beharrlichen Studium dieses heiligen Buches [...].

Während die von uns getrennten Christen die göttliche Autorität der Heiligen Schrift bejahen, haben sie jedoch, jeder wieder auf andere Art, eine von uns verschiedene Auffassung von dem Verhältnis zwischen der Schrift und der Kirche [...].

Nichtsdestoweniger ist die Heilige Schrift gerade beim Dialog ein ausgezeichnetes Werkzeug in der mächtigen Hand Gottes, um jene Einheit zu erreichen, die der Erlöser allen Menschen anbietet.

Im Blick auf die aus der Reformation hervorgegangen Gemeinschaft wird ein „Amtsdefekt" festgestellt. Deshalb spricht das Konzil hier von „kirchlichen Gemeinschaften". Die Analyse nimmt die innere Pluralität dieser Traditionen ausdrücklich wahr. Zur Gottesdienstgemeinschaft wird geraten.

22. [...] Die Taufe begründet also ein sakramentales Band der Einheit zwischen allen, die durch sie wiedergeboren sind. Dennoch ist die Taufe nur ein Anfang und Ausgangspunkt, da sie ihrem ganzen Wesen nach hinzielt auf die Erlangung der Fülle des Lebens in Christus. [...]

Obgleich bei den von uns getrennten Kirchlichen Gemeinschaften die aus der Taufe hervorgehende volle Einheit mit uns fehlt und obgleich sie nach unserem Glauben vor allem wegen des Fehlens des Weihesakramentes die ursprüngliche und vollständige Wirklichkeit (substantia) des eucharistischen Mysteriums nicht bewahrt haben, bekennen sie doch bei der Gedächtnisfeier des Todes und der Auferstehung des Herrn im Heiligen Abendmahl, dass hier die lebendige Gemeinschaft mit Christus bezeichnet werde, und sie erwarten seine glorreiche Wiederkunft. Deshalb sind die Lehre vom Abendmahl des Herrn, von den übrigen Sakramenten, von der Liturgie und von den Dienstämtern der Kirche notwendig Gegenstand des Dialogs.

23. Das christliche Leben dieser Brüder wird genährt durch den Glauben an Christus, gefördert durch die Gnade der Taufe und das Hören des Wortes Gottes. [...]

Wenn auch viele Christen das Evangelium auf dem Gebiet der Moral weder stets in der gleichen Weise auslegen wie die Katholiken noch in den sehr schwierigen Fragen der heutigen Gesellschaft zu denselben Lösungen wie sie gelangen, so wollen sie doch ebenso wie wir an dem Worte Christi als der Quelle christlicher Tugend festhalten und dem Gebot des Apostels folgen, der da sagt: „Alles, was immer ihr tut in Wort oder Werk, tut alles im Namen unseres Herrn Jesus Christus, und danket durch ihn Gott dem Vater" (Kol 3,17). [...]

24. [...] Das Heilige Konzil mahnt die Gläubigen, jede Leichtfertigkeit wie auch jeden unklugen Eifer zu meiden, die dem wahren Fortschritt der Einheit nur schaden können. Ihre ökumenische Betätigung muss ganz und echt katholisch sein, das heißt in Treue zur Wahrheit, die wir von den Aposteln und den Vätern empfangen haben, und in Überein-

stimmung mit dem Glauben, den die katholische Kirche immer bekannt hat, zugleich aber auch im Streben nach jener Fülle, die sein Leib nach dem Willen des Herrn im Ablauf der Zeit gewinnen soll. [...]

Anmerkungen:

1) Vgl. 1 Kor 1,13.
17) Vgl. Konzil v. Florenz, Sess. VIII (1439), Dekret Exsultate Deo: Mansi 31, 1055 A.
18) Vgl. Augustinus, In Ps. 32, Enarratio II, 29: PL 36, 299.
19) Vgl. IV. Laterankonzil (1215), Constitutio IV: Mansi 22, 990; II. Konzil v. Lyon (1274), Professio Fidei Michælis Palæologi: Mansi 24, 71 E; Konzil v. Florenz, Sessio VI (1439), Definitio Lætentur cæli: Mansi 31, 1026 E.
23) Vgl. V. Laterankonzil, Sessio XII (1517), Constitutio Constituti: Mansi 32,988 B-C.
25) Vgl. Eph 3,8.

Erklärung über das Verhältnis der Kirche zu den nichtchristlichen Religionen
Nostra aetate

Hinführung zum Konzilstext von Roman Siebenrock

Die dramatische Geschichte seiner Entstehung ist dem Endtext kaum noch anzumerken; und dennoch ist die Motivation in der Entstehung für sein Verständnis, ja für das Verständnis des ganzen Konzils nicht hoch genug einzuschätzen. Der Wunsch, das Verhältnis zu Israel neu zu bestimmen, erweiterte sich dahingehend, die Haltung der Kirche auch zu allen nichtchristlichen Religionen zu klären. Als der Text im Oktober 1965 feierlich verkündet wurde, war allen Dankbarkeit, Freude und Erleichterung anzumerken. Paul VI. rief aus: Die Kirche ist jung, sie lebt. So schwer war bisweilen der Weg, dass Kardinal Bea am Ende bekannte, er wisse nicht, ob er den Mut gehabt hätte, den Weg zu beginnen, wenn er alle Schwierigkeiten hätte voraussehen können. Das Sekretatiat für die Einheit der Christen (Einheitssekretariat) hat aber hier wie bei anderen Texten alle Angriffe und Stolpersteine mit einer vorbildlichen Haltung beantwortet: mit dem Ringen um den besseren Text. Der Beginn in *Nostra aetate* wird für den interreligiösen Dialog ein „mitlaufender Anfang" (Karl Rahner) bleiben. Die Kirche hat einen Weg begonnen, den sie nicht allein bestimmen kann und von dem sie nicht wissen kann, was ihr dabei noch alles begegnen wird.

Der Ursprung des Dokuments liegt in jener Audienz, die Papst Johannes XXIII. dem französischen Historiker Jules Isaak im Jahr 1962 gewährte. Der französische Historiker, der im Untergrund während des Krieges im Angesicht von Auschwitz den christlichen Antisemitismus mit dem Verhältnis von Jesus und Israel verglich, hatte mit seinen Thesen seit Seelisberg (1947) wachsende Zustimmung in der christlichen Ökumene gefunden. Dem Papst war die

Reinigung der Sprache und der Einstellungen als Überwindung des christlichen Antijudaismus ein Herzensanliegen. Die Karfreitagsbitte („perfidei Judaei") änderte er entschieden. Die Frage nach einem Text „pro Judaeis" wurde alsbald von verschiedenen Initiativgruppen innerhalb der Kirche zum Thema gemacht. Kardinal Bea und das Einheitssekretariat wussten den ausdrücklichen Wunsch des Papstes, den er handschriftlich dem Kardinal noch im Dezember 1962 anvertraute, mit Mut und Ausdauer zu wahren.

Doch mit dieser religiösen Absicht geriet das Konzil mitten in den Nahostkonflikt. Theologie der Religionen ist immer politisch. Der erste Textentwurf konnte in der ersten Sessio (1962) nicht eingebracht werden. Arabische Staaten rochen eine Verschwörung des Zionismus gegen sie. Staatsmänner aus dieser Gegend wurden zu Exegeten und warfen später dem Konzil Glaubensabfall vor, weil die Kirche nicht mehr von „Gottesmördern" reden wollte. Die christlichen Minderheiten im Vorderen Orient gerieten unter Druck.

Diese Opposition verband sich mit der entschiedenen Ablehnung des Textes durch die Vertreter des traditionellen christlichen Antisemitismus, die an der Substitutionstheorie festhielten, nach der alle Verheißungen Israels wegen der Nichtanerkennung Jesu an das „neue Israel", die Kirche, übergegangen seien. Nur mit einer kurzen Einleitung zum Islam konnte der Text erstmals dem Konzil vorgelegt werden (1963). Papst Paul VI. stützte diesen Text auch durch seine Reise als Pilger ins Heilige Land (Januar 1964) und seinen Besuch in Mumbai/Indien anlässlich des eucharistischen Weltkongresses (Dezember 1964), da er in den jeweiligen Ländern positiv zu der religiösen Tradition Stellung bezog und mit einzelnen Vertretern zusammentraf. Entsprechende Neupositionierungen im Lutherischen Weltbund und im Weltrat der Kirchen waren ebenso förderlich.

In den großen Debatten geriet *Nostra aetate*, Gott sei's gedankt für diese List des Geistes, in die Logik einer Weltkirche, die in sehr unterschiedlichen Lebenswelten und religiösen Kontexten beheimatet ist. Wäre nicht, so sagten z. B. indische Bischöfe, ein Wort zu den großen Traditionen Asiens angebracht? Können die Traditionen Afrikas übergangen werden? Ist die Frage der Shoah nicht vornehmlich ein Problem der europäischen Christen? Wann hätten denn indische, chinesische, afrikanische oder auch amerikanische Christen systematisch und geplant Juden verfolgt?

Der Text musste, um die Erklärung zum Judentum konzilsfähig zu machen, also versuchen zu allen Religionen zu sprechen – und zwar mit der Vorgabe: so kurz und so wenig kontrovers wie möglich. Kardinal Bea verwendete für diese Ausweitung des Textes ein schönes Bild: Die Erklärung gleiche einem Senfkorn, das ungeplant gewachsen war und nun allen Vögeln des Himmels einen Platz gewähren könne.

Niemand hat das Dokument vorab entworfen. Es entstand im Prozess des Konzils: von außen angestoßen und ebenso vehement gefordert wie abgelehnt, immer umstritten und dennoch durch den Dialog von innen und außen getragen. Wie aber war dies möglich? Die kleine Gruppe, die den Text schrieb, nahm Anliegen, Sorgen und Einwürfe auf und gestaltete den Text unermüdlich um. Dabei konnten sie auf vorkonziliare Freundschaften und Dialogbeziehungen zurückgreifen. In verschiedenen Untergruppen saßen Glaubende anderer Religionen mit Periti und Bischöfen am Tisch. Schon zuvor gingen die Autoren des Textes in die Schule der anderen, in fast allen Erdteilen und in vielen religiösen Traditionen. Das Konzil hat zur Sprache gebracht und für die Gesamtkirche verbindlich gemacht, was schon Jahrzehnte zuvor, und sei es noch so gering und unter erheblichen Schwierigkeiten, gelebt worden war. Deshalb seien stellvertretend für alle genannt: Johann Oesterreicher, George Anawati O.P., Josef Neuner SJ, Hugo Makibi Enomiya-Lassalle SJ, Bede Griffith OSB, Luis Massingnon, Gertrud Luckner und nicht zuletzt die christlichen Gerechten aus allen Völkern und Märtyrer für Israel während der dunklen Zeit der NS-Herrschaft.

Immer wieder mussten aber die Motive geprüft werden. Ging es bei der Entstehung von *Nostra aetate* wirklich nur und ausschließlich um den Dienst am Evangelium in der Nachfolge Christi? Wie in der Natur sind auch in der „Muschel des Konzils" aus den Verletzungen die wertvollsten Perlen entstanden.

Bis heute ist der Streit um dieses Dokument nicht zur Ruhe gekommen. Aber an der Anerkennung dieses Textes durch die Glaubenden wird sich das Schicksal des Konzils wesentlich mitentscheiden.

Inhalt des Textes

Das Dokument besteht aus nur fünf Artikeln. Nach einer Charakteristik der Gegenwartssituation wird im ersten Artikel der Religionsbegriff eingeführt. Der zweite Artikel umschreibt das Verhältnis von Religion und Kultur und nennt ausdrücklich die Traditionen des Hinduismus und Buddhismus. Im zweiten Abschnitt dieses Artikels erläutert das Konzil die Haltung der Kirche zu den nichtchristlichen Religionen im Verhältnis zu ihrer maßgeblichen Beziehung zu Jesus Christus. Artikel drei widmet sich dem Islam. Artikel vier, der bis zum Schluss am stärksten umstritten war, stiftet ein neues Verhältnis zum Judentum. Der Schlussartikel positioniert die Kirche im Ringen um die Würde des Menschen auf dem Boden des Liebesgebotes des Evangeliums.

Zur theologischen Grammatik des Textes

Der Text nimmt weder die Rede von der Gotteserkenntnis aus der Schöpfung kraft des Lichtes der natürlichen Vernunft auf, noch verwendet er das traditionelle Schema von Natur und Gnade. Er geht, hier der Offenbarungskonstitution folgend, von der einen Vorsehung Gottes aus, die alle Menschen durch eine Vielzahl von Heilsratschlüssen berührt, und würdigt grundsätzlich die religiösen Traditionen als bedeutsam. Diese heilsgeschichtliche Orientierung wird an entscheidenden Achsen des Textes christologisch ausgerichtet.

Der Inhalt der Erklärung ist die Explikation der Haltung („habitudo") der Kirche zu den nichtchristlichen Religionen. Der erste Adressat des Konzils sind immer die Mitglieder der eigenen Kirche. Diese sollen die Haltung der Kirche in der Begegnung mit Menschen anderen Glaubens verwirklichen, die von der Liebe Gottes in Jesus Christus, vor allem in seinem Kreuz, den Menschen eröffnet worden ist. Der Text eröffnet einen Weg des Dialogs und des Einsatzes für Friede und Gerechtigkeit – einen Weg, den z. B. Johannes Paul II. und Benedikt XVI. in Assisi (1986, 2002, 2011) weitergeführt haben.

ERKLÄRUNG ÜBER DAS VERHÄLTNIS DER KIRCHE ZU DEN NICHTCHRISTLICHEN RELIGIONEN NOSTRA AETATE

In der Wahrnehmung der Globalisierung als Verdichtung der menschlichen Beziehungen wird die tiefere Einheit des Menschengeschlechtes schöpfungstheologisch, heilsgeschichtlich und eschatologisch theologisch begründet. Der Religionsbegriff wird von der Erwartung der Menschen aus eingeführt und umfasst in einer Klimax unterschiedliche Erfahrungen und Fragen, die sich mit der menschlichen Grundverfassung als Geschöpf einstellen.

1. In unserer Zeit, da sich das Menschengeschlecht von Tag zu Tag enger zusammenschließt und die Beziehungen unter den verschiedenen Völkern sich mehren, erwägt die Kirche mit umso größerer Aufmerksamkeit, in welchem Verhältnis sie zu den nichtchristlichen Religionen steht. Gemäß ihrer Aufgabe, Einheit und Liebe unter den Menschen und damit auch unter den Völkern zu fördern, fasst sie vor allem das ins Auge, was den Menschen gemeinsam ist und sie zur Gemeinschaft untereinander führt.

Alle Völker sind ja eine einzige Gemeinschaft, sie haben denselben Ursprung, da Gott das ganze Menschengeschlecht auf dem gesamten Erdkreis wohnen ließ[1]; auch haben sie Gott als ein und dasselbe letzte Ziel. Seine Vorsehung, die Bezeugung seiner Güte und seine Heilsratschlüsse erstrecken sich auf alle Menschen[2], bis die Erwählten vereint sein werden in der Heiligen Stadt, deren Licht die Herrlichkeit Gottes sein wird; werden doch alle Völker in seinem Lichte wandeln[3].

Die Menschen erwarten von den verschiedenen Religionen Antwort auf die ungelösten Rätsel des menschlichen Daseins, die heute wie von je die Herzen der Menschen

Erklärung über das Verhältnis zu nichtchristlichen Religionen

im Tiefsten bewegen: Was ist der Mensch? Was ist Sinn und Ziel unseres Lebens? Was ist das Gute, was die Sünde? Woher kommt das Leid, und welchen Sinn hat es? Was ist der Weg zum wahren Glück? Was ist der Tod, das Gericht und die Vergeltung nach dem Tode? Und schließlich: Was ist jenes letzte und unsagbare Geheimnis unserer Existenz, aus dem wir kommen und wohin wir gehen?

2. Von den ältesten Zeiten bis zu unseren Tagen findet sich bei den verschiedenen Völkern eine gewisse Wahrnehmung jener verborgenen Macht, die dem Lauf der Welt und den Ereignissen des menschlichen Lebens gegenwärtig ist, und nicht selten findet sich auch die Anerkenntnis einer höchsten Gottheit oder sogar eines Vaters. Diese Wahrnehmung und Anerkenntnis durchtränkt ihr Leben mit einem tiefen religiösen Sinn. Im Zusammenhang mit dem Fortschreiten der Kultur suchen die Religionen mit genaueren Begriffen und in einer mehr durchgebildeten Sprache Antwort auf die gleichen Fragen. So erforschen im Hinduismus die Menschen das göttliche Geheimnis und bringen es in einem unerschöpflichen Reichtum von Mythen und in tiefdringenden philosophischen Versuchen zum Ausdruck und suchen durch aszetische Lebensformen oder tiefe Meditation oder liebend-vertrauende Zuflucht zu Gott Befreiung von der Enge und Beschränktheit unserer Lage. In den verschiedenen Formen

Die verschiedenen Religionen: Phänomenologisch beschreibend werden die verschiedenen Kulturen gewürdigt als Wahrnehmung und Anerkennung des letzten Geheimnisses der Welt. Zwei asiatische Traditionen werden in ausgewählten Aspekten genannt, ohne anderen Traditionen die Anerkennung zu verweigern.

des Buddhismus wird das radikale Ungenügen der veränderlichen Welt anerkannt und ein Weg gelehrt, auf dem die Menschen mit frommem und vertrauendem Sinn entweder den Zustand vollkommener Befreiung zu erreichen oder – sei es durch eigene Bemühung, sei es vermittels höherer Hilfe – zur höchsten Erleuchtung zu gelangen vermögen. So sind auch die übrigen in der ganzen Welt verbreiteten Religionen bemüht, der Unruhe des menschlichen Herzens auf verschiedene Weise zu begegnen, indem sie Wege weisen: Lehren und Lebensregeln sowie auch heilige Riten.

Die katholische Kirche lehnt nichts von alledem ab, was in diesen Religionen wahr und heilig ist. Mit aufrichtigem Ernst betrachtet sie jene Handlungs- und Lebensweisen, jene Vorschriften und Lehren, die zwar in manchem von dem abweichen, was sie selber für wahr hält und lehrt, doch nicht selten einen Strahl jener Wahrheit erkennen lassen, die alle Menschen erleuchtet. Unablässig aber verkündet sie und muss sie verkündigen Christus, der ist „der Weg, die Wahrheit und das Leben" (Joh 14,6), in dem die Menschen die Fülle des religiösen Lebens finden, in dem Gott alles mit sich versöhnt hat[4].

Deshalb mahnt sie ihre Söhne, dass sie mit Klugheit und Liebe, durch Gespräch und Zusammenarbeit mit den Bekennern anderer Religionen sowie durch ihr Zeugnis des christlichen Glaubens und Lebens jene geistlichen und sittlichen Güter und auch die sozial-kulturellen Werte, die sich bei ihnen finden, anerkennen, wahren und fördern.

3. Mit Hochachtung betrachtet die Kirche auch die Muslim, die den alleinigen Gott anbeten, den lebendigen und in sich seienden, barmherzigen und allmächtigen, den Schöpfer Himmels und der Erde[5], der zu den Menschen gesprochen hat. Sie mühen sich, auch seinen verborgenen Ratschlüssen sich mit ganzer Seele zu unterwerfen, so wie Abraham sich Gott unterworfen hat, auf den der islamische Glaube sich gerne beruft. Jesus, den sie allerdings nicht als Gott anerkennen, verehren sie doch als Propheten, und sie ehren seine jungfräuliche Mutter Maria, die sie bisweilen auch in Frömmigkeit anrufen. Überdies erwarten sie den Tag des Gerichtes, an dem Gott alle Menschen auferweckt und ihnen vergilt. Deshalb legen sie Wert auf sittliche Lebenshaltung und verehren Gott besonders durch Gebet, Almosen und Fasten.

Da es jedoch im Lauf der Jahrhunderte zu manchen Zwistigkeiten und Feindschaften zwischen Christen und Muslim kam, ermahnt die Heilige Synode alle, das Vergangene beiseite zu lassen, sich aufrichtig um gegenseitiges Verstehen zu bemühen und gemeinsam einzutreten für Schutz und Förderung der sozialen Gerechtigkeit, der sittlichen Güter und nicht zuletzt des Friedens und der Freiheit für alle Menschen.

Die muslimische Religion: Ausdrücklich werden Muslime, die anbeten, mit Hochachtung genannt. Eine elementare Gotteslehre des Korans, das Bemühen um Sittlichkeit sowie die gemeinsame Erwartung des Gerichts und der Auferstehung umrahmen das Herz des muslimischen Glaubens: die Hingabe an den Willen Gottes. Die Offenbarungsqualität der muslimischen Tradition ist anerkannt, auch wenn der Prophet und der Koran im Konzilstext nicht genannt werden. Der Gemeinsamkeit in der Verehrung Mariens steht die Differenz im Bekenntnis zu Jesus als dem Sohne Gottes gegenüber. Die Erinnerung an die gemeinsame Geschichte von Missverständnissen und Gewalt soll mit einem neuen Beginn, der allen Menschen dienen soll, auf sich beruhen bleiben.

Die jüdische Religion: Das besondere Verhältnis zu Israel wird im ersten Satz offensichtlich: Die Kirche begegnet in der Frage nach ihrer eigenen Herkunft Israel, in dem alle Verheißungen, Anfänge – auch aller Personen der apostolischen Kirche – verwurzelt sind und bleiben. Deshalb ist im ganzen Dokument nur hier von spiritueller Bindung und geistlichem Erbe die Rede. Die Israeltheologie aus dem Römerbrief des Heiligen Paulus wird zur Grundlage des Textes. Deshalb werden zwei traditionelle Elemente der christlichen Theologie der Verachtung Israels verworfen: Die Substitutionstheorie wird durch die Erinnerung an die Treue Gottes überwunden. Die Rede von den Gottesmördern, die die Schuld Jesu kollektiv den Juden zuschob, wird historisch-kritisch korrigiert.

4. Bei ihrer Besinnung auf das Geheimnis der Kirche gedenkt die Heilige Synode des Bandes, wodurch das Volk des Neuen Bundes mit dem Stamme Abrahams geistlich verbunden ist.

So anerkennt die Kirche Christi, dass nach dem Heilsgeheimnis Gottes die Anfänge ihres Glaubens und ihrer Erwählung sich schon bei den Patriarchen, bei Moses und den Propheten finden. Sie bekennt, dass alle Christgläubigen als Söhne Abrahams dem Glauben nach[6] in der Berufung dieses Patriarchen eingeschlossen sind und dass in dem Auszug des erwählten Volkes aus dem Lande der Knechtschaft das Heil der Kirche geheimnisvoll vorgebildet ist. Deshalb kann die Kirche auch nicht vergessen, dass sie durch jenes Volk, mit dem Gott aus unsagbarem Erbarmen den Alten Bund geschlossen hat, die Offenbarung des Alten Testamentes empfing und genährt wird von der Wurzel des guten Ölbaums, in den die Heiden als wilde Schößlinge eingepfropft sind[7]. Denn die Kirche glaubt, dass Christus, unser Friede, Juden und Heiden durch das Kreuz versöhnt und beide in sich vereinigt hat[8].

Die Kirche hat auch stets die Worte des Apostels Paulus vor Augen, der von seinen Stammverwandten sagt, dass „ihnen die Annahme an Sohnes Statt und die Herrlichkeit, der Bund und das Gesetz, der Gottesdienst und die Verheißungen gehören wie auch die Väter und dass aus ihnen Christus dem Fleische nach stammt" (Röm 9,4-5), der Sohn der Jungfrau Maria. Auch hält sie sich gegenwärtig, dass aus dem jüdischen Volk die Apostel stammen, die Grundfesten und Säulen der Kirche, sowie die meisten jener ersten Jünger, die das Evangelium Christi der Welt verkündet haben.

Wie die Schrift bezeugt, hat Jerusalem die Zeit seiner Heimsuchung nicht erkannt[9], und ein großer Teil der Juden hat das Evangelium nicht angenommen, ja nicht wenige haben sich seiner Ausbreitung widersetzt[10]. Nichtsdestoweniger sind die Juden nach dem Zeugnis der Apostel immer noch von Gott geliebt um der Väter willen; sind doch seine Gnadengaben und seine Berufung unwiderruflich[11]. Mit den Propheten und mit demselben Apostel erwartet die Kirche den Tag, der nur Gott bekannt ist, an dem alle Völker mit einer Stimme den Herrn anrufen und ihm „Schulter an Schulter dienen" (Soph 3,9)[12].

Da also das Christen und Juden gemeinsame geistliche Erbe so reich ist, will die Heilige Synode die gegenseitige Kenntnis und Achtung fördern, die vor allem die Frucht biblischer und theologischer Studien sowie des brüderlichen Gespräches ist.

Obgleich die jüdischen Obrigkeiten mit ihren Anhängern auf den Tod Christi gedrungen haben[13], kann man dennoch die Ereignisse seines Leidens weder allen damals lebenden Juden ohne Unterschied noch den heutigen Juden zur Last legen. Gewiss ist die Kirche das neue Volk Gottes, trotzdem darf man die Juden nicht als von Gott verworfen oder verflucht darstellen, als wäre dies aus der Heiligen Schrift zu folgern. Darum sollen alle dafür Sorge tragen, dass niemand in der Katechese oder bei der Predigt des Gotteswortes etwas lehre, das mit der evangelischen Wahrheit und dem Geiste Christi nicht im Einklang steht.

Im Bewusstsein des Erbes, das sie mit den Juden gemeinsam hat, beklagt die Kirche, die alle Verfolgungen gegen irgendwelche Menschen verwirft, nicht aus politischen Gründen, sondern auf Antrieb der religiösen Liebe des Evangeliums alle Hassausbrüche, Verfolgungen und Manifestationen des Antisemitismus, die sich zu irgendeiner Zeit und von irgendjemandem gegen die Juden gerichtet haben.

Auch hat ja Christus, wie die Kirche immer gelehrt hat und lehrt, in Freiheit, um der Sünden aller Menschen willen, sein Leiden und seinen Tod aus unendlicher Liebe auf sich genommen, damit alle das Heil erlangen. So ist es die Aufgabe der Predigt der Kirche, das Kreuz Christi als Zeichen der universalen Liebe Gottes und als Quelle aller Gnaden zu verkünden.

Universale Brüderlichkeit: Die Einheit von Gottes- und Nächstenliebe führt zu einer Ablehnung jeglicher Diskriminierung von Menschen und dem Einsatz für Menschenrechte. Glaubende sollen sich gegenüber

5. Wir können aber Gott, den Vater aller, nicht anrufen, wenn wir irgendwelchen Menschen, die ja nach dem Ebenbild Gottes geschaffen sind, die brüderliche Haltung verweigern. Das Verhalten des Menschen zu Gott dem Vater und sein Verhalten zu den Menschenbrüdern stehen in so engem Zu-

sammenhang, dass die Schrift sagt: „Wer nicht liebt, kennt Gott nicht" (1 Joh 4,8).

So wird also jeder Theorie oder Praxis das Fundament entzogen, die zwischen Mensch und Mensch, zwischen Volk und Volk bezüglich der Menschenwürde und der daraus fließenden Rechte einen Unterschied macht.

Deshalb verwirft die Kirche jede Diskriminierung eines Menschen oder jeden Gewaltakt gegen ihn um seiner Rasse oder Farbe, seines Standes oder seiner Religion willen, weil dies dem Geist Christi widerspricht. Und dementsprechend ruft die Heilige Synode, den Spuren der heiligen Apostel Petrus und Paulus folgend, die Gläubigen mit leidenschaftlichem Ernst dazu auf, dass sie „einen guten Wandel unter den Völkern führen" (1 Petr 2,12) und womöglich, soviel an ihnen liegt, mit allen Menschen Frieden halten[14], so dass sie in Wahrheit Söhne des Vaters sind, der im Himmel ist[15].

Menschen anderen Glaubens so verhalten, dass an ihnen die Liebe und Wahrheit Gottes abgelesen werden kann.

Anmerkungen:

1) Vgl. Apg 17,26.
2) Vgl. Weish 8,1; Apg 14,17; Röm 2,6-7; 1 Tim 2,4.
3) Vgl. Apg 21,23f.
4) Vgl. 2 Kor 5,18-19.
5) Vgl. Gregor VII., Ep. III.,21 ad Anazir (Al-Nasir), regem Mauritaniæ, ed. E. Caspar in MGH, Ep. sel. II, 1920, I, 288, 11-15; PL 148, 451 A.
6) Vgl. Gal 3,7.
7) Vgl. Röm 11,17-24.
8) Vgl. Eph 2,14-16.
9) Vgl. Lk 19,44.
10) Vgl. Röm 11,28
11) Vgl. Röm 11,28-29; vgl. II. Vat. Konzil, Dogm. Konst. über die Kirche Lumen Gentium: AAS 57 (1965) 20.
12) Vgl. Jes 66,23; Ps 65,4; Röm 11,11-32.
13) Vgl. Joh 19,6.
14) Vgl. Röm 12,18.
15) Vgl. Mt 5,45.

Dogmatische Konstitution über die göttliche Offenbarung Dei Verbum

Hinführung zum Konzilstext von Hubert Philipp Weber

Thema dieses Textes ist die Offenbarung. Gott kann nur erkannt werden, wenn er sich selbst erkennen lässt und die Menschen erfahren lässt, was er mit ihnen vorhat. Diesen Vorgang bezeichnet man als Offenbarung. Sie findet ihren deutlichsten Ausdruck in der Bibel, in der Heiligen Schrift, in der Menschen über ihre Erfahrungen mit Gott, der sich ihnen gezeigt hat, erzählen. Neben der Heiligen Schrift spielt in *Dei Verbum* auch die Überlieferung, die Tradition, eine große Rolle. Was von Gott erfahren wurde, wird bis heute weitergegeben („Tradition" stammt von lat. „tradere" - weitergeben), durch Texte, die den Glauben ins Wort bringen (Lehrtradition), aber auch durch Frömmigkeit, christliche Bräuche und Gewohnheiten (Lebenstradition).

Die Offenbarungskonstitution hat eine bewegte Geschichte. Die Vorbereitungskommission hatte mit dem Text „Die Quellen der Offenbarung" (*De fontibus revelationis*) eine Abhandlung vorbereitet, die ganz aus der römischen Schultheologie kam. Schrift und Tradition stellen demnach jeweils eigene „Quellen" für das Glaubenswissen dar. Dieser Text wurde aber von der Mehrheit der Konzilsväter abgelehnt, weil er zu eng erschien. Papst Johannes XXIII. zog ihn zurück und ließ von einer gemischten Kommission einen neuen Text erarbeiten. Die Arbeit dauerte bis zur letzten Sitzungsperiode. Am 18. November 1965 konnten die Väter über die Konstitution abstimmen, am selben Tag wurde sie vom Papst veröffentlicht.

Die Spannungen in der Diskussion sind auch im Text mitunter noch spürbar: Wie ist Überlieferung (Tradition) zu verstehen? Wie verhält sie sich zur Heiligen Schrift? Was bedeutet, dass die Schrift als irrtumslos angesehen wird? Wie ist die Bibel entstanden? Was bedeutet Offenbarung überhaupt?

Das Konzil orientiert sich mit der Offenbarungskonstitution an den beiden vorigen Konzilien (Konzil von Trient und Erstes Vatikanisches Konzil), setzt aber einige eigene Akzente. So wird Offenbarung immer als Selbstoffenbarung Gottes verstanden. Offenbarung besteht also nicht zuerst in Aussagen. Vielmehr zeigt sich Gott selbst in Jesus Christus. Die Christen sind gerufen, auf Gott zu hören und im Glauben zu antworten.

Das Verhältnis von Schrift und Überlieferung bestimmt das Konzil nur vorsichtig. Beide sind nur in enger Verbindung miteinander denkbar. Die Schrift kommt dadurch zustande, dass der Heilige Geist auf die Schreiber wirkt (Inspiration). Sie haben die Texte der Schrift als selbständige Schriftsteller geschrieben.

Die Konstitution hat sechs Kapitel, das erste handelt grundsätzlich davon, was Offenbarung ist. Das zweite fragt nach der Weitergabe der Offenbarung, also nach Heiliger Schrift und Heiliger Tradition. Im dritten Kapitel wird die Inspiration thematisiert, das Wirken des Heiligen Geistes, durch das die Schrift entstanden ist. Das vierte Kapitel ist dem Alten, das fünfte dem Neuen Testament gewidmet, das sechste handelt von der Bedeutung der Heiligen Schrift für die Kirche.

Für diesen Beitrag wurden besonders die Kommentare von Joseph Ratzinger, Aloys Grillmeier und Béda Rigaux im Lexikon für Theologie und Kirche. Ergänzungsband 2, Freiburg/Br. 1967, 497-583; von Henri de Lubac, Die göttliche Offenbarung, Freiburg/Br. 2001 und von Helmut Hoping in Herders Theologischem Kommentar zum Zweiten Vatikanischen Konzil. Band 3, Freiburg/Br. 2005, 695-831, herangezogen.

Dogmatische Konstitution über die göttliche Offenbarung
Dei Verbum

Vorwort

1. Gottes Wort voll Ehrfurcht hörend und voll Zuversicht verkündigend, folgt die Heilige Synode den Worten des heiligen Johannes: „Wir künden euch das ewige Leben, das beim Vater war und uns erschien. Was wir gesehen und gehört haben, künden wir euch, damit auch ihr Gemeinschaft habt mit uns und unsere Gemeinschaft Gemeinschaft sei mit dem Vater und mit seinem Sohn Jesus Christus" (1 Joh 1,2-3). Darum will die Synode in Nachfolge des Trienter und des Ersten Vatikanischen Konzils die echte Lehre über die göttliche Offenbarung und deren Weitergabe vorlegen, damit die ganze Welt im Hören auf die Botschaft des Heiles glaubt, im Glauben hofft und in der Hoffnung liebt.[1]

Der erste Artikel steht unter dem Stichwort „hören". Das Konzil verpflichtet sich selbst auf eine hörende Haltung. Zuerst soll auf Gottes Wort gehört werden, auf Christus, der das Wort ist. Zweitens hört es auch auf das Erste Vatikanische und das Trienter Konzil. Auch wenn neue Akzente gesetzt werden, setzt der Text bei deren Lehre fort.

Erstes Kapitel: Die Offenbarung

2. Gott hat in seiner Güte und Weisheit beschlossen, sich selbst zu offenbaren und das Geheimnis seines Willens kundzutun (vgl. Eph 1,9): dass die Menschen durch Christus, das fleischgewordene Wort, im Heiligen Geist Zugang zum Vater haben und teilhaftig werden der göttlichen Natur (vgl. Eph 2,18; 2 Petr 1,4). In dieser Offenbarung redet der

Inhalt der Offenbarung sind nicht zuerst Informationen oder Anordnungen, sondern Gott selbst. Gott spricht zu seinem Volk, zu den Menschen. Offenbarung bedeutet zuerst eine Begegnung mit dem ewigen Gott selbst, erst dann ▷

etwas Bestimmtes, das Gott zu den Menschen sagt. Die Bibel erzählt von Gott und seinem Volk. Die Offenbarung ereignet sich in Tat und Wort und gehört selbst zur Erlösung. Sie ist nicht einfach nur Information darüber. Deshalb ist sie auch ein Mysterium, das Menschen kennenlernen, aber nicht bis ins Letzte ausloten können.

unsichtbare Gott (vgl. Kol 1,15; 1 Tim 1,17) aus überströmender Liebe die Menschen an wie Freunde (vgl. Ex 33,11; Joh 15,14-15) und verkehrt mit ihnen (vgl. Bar 3,38), um sie in seine Gemeinschaft einzuladen und aufzunehmen. Das Offenbarungsgeschehen ereignet sich in Tat und Wort, die innerlich miteinander verknüpft sind: Die Werke nämlich, die Gott im Verlauf der Heilsgeschichte wirkt, offenbaren und bekräftigen die Lehre und die durch die Worte bezeichneten Wirklichkeiten; die Worte verkündigen die Werke und lassen das Geheimnis, das sie enthalten, ans Licht treten. Die Tiefe der durch diese Offenbarung über Gott und über das Heil des Menschen erschlossenen Wahrheit leuchtet uns auf in Christus, der zugleich der Mittler und die Fülle der ganzen Offenbarung ist[2].

Von Anfang an zeigt sich Gott. Die Offenbarung kommt nicht erst durch Worte in die Welt. Vielmehr zeigt sich Gott etwa in den geschaffenen Dingen, durch die Schöpfungstat selbst. Er lässt sich von Menschen erfahren, die er rettet und ruft. Beispiele dafür sind Abraham und Mose. Das ganze Alte oder Erste Testament ist eine lange Erzählung über Menschen, die Gottes Taten und Worte erfahren haben.

3. Gott, der durch das Wort alles erschafft (vgl. Joh 1,3) und erhält, gibt den Menschen jederzeit in den geschaffenen Dingen Zeugnis von sich (vgl. Röm 1,19-20). Da er aber den Weg übernatürlichen Heiles eröffnen wollte, hat er darüber hinaus sich selbst schon am Anfang den Stammeltern kundgetan. Nach ihrem Fall hat er sie wiederaufgerichtet in Hoffnung auf das Heil, indem er die Erlösung versprach (vgl. Gen 3,15). Ohne Unterlass hat er für das Menschengeschlecht gesorgt, um allen das ewige Leben zu geben, die das Heil suchen durch Ausdauer im guten Handeln (vgl. Röm 2,6-7). Später berief er Abraham,

um ihn zu einem großen Volk zu machen (vgl. Gen 12,2), das er dann nach den Patriarchen durch Moses und die Propheten erzog, ihn allein als lebendigen und wahren Gott, als fürsorgenden Vater und gerechten Richter anzuerkennen und auf den versprochenen Erlöser zu harren. So hat er dem Evangelium den Weg durch die Zeiten bereitet.

4. Nachdem Gott viele Male und auf viele Weisen durch die Propheten gesprochen hatte, „hat er zuletzt in diesen Tagen zu uns gesprochen im Sohn" (Hebr 1,1-2). Er hat seinen Sohn, das ewige Wort, das Licht aller Menschen, gesandt, damit er unter den Menschen wohne und ihnen vom Innern Gottes Kunde bringe (vgl. Joh 1,1-18). Jesus Christus, das fleischgewordene Wort, als „Mensch zu den Menschen" gesandt[3], „redet die Worte Gottes" (Joh 3,34) und vollendet das Heilswerk, dessen Durchführung der Vater ihm aufgetragen hat (vgl. Joh 5,36; 17,4). Wer ihn sieht, sieht auch den Vater (vgl. Joh 14,9). Er ist es, der durch sein ganzes Dasein und seine ganze Erscheinung, durch Worte und Werke, durch Zeichen und Wunder, vor allem aber durch seinen Tod und seine herrliche Auferstehung von den Toten, schließlich durch die Sendung des Geistes der Wahrheit die Offenbarung erfüllt und abschließt und durch göttliches Zeugnis bekräftigt, dass Gott mit uns ist, um uns aus der Finsternis von Sünde und Tod zu befreien und zu ewigem Leben zu erwecken.

> Gott kann sich nicht deutlicher in der Welt zeigen als durch die Menschwerdung. Deshalb kann es nach Tod und Auferstehung Jesu Christi keine neue Offenbarung mehr geben, bis er wiederkommt.

Daher ist die christliche Heilsordnung, nämlich der neue und endgültige Bund, unüberholbar, und es ist keine neue öffentliche Offenbarung mehr zu erwarten vor der Erscheinung unseres Herrn Jesus Christus in Herrlichkeit (vgl. 1 Tim 6,14 und Tit 2,13).

<small>Die Antwort der Menschen auf den Ruf Gottes, der an jeden Einzelnen und jede Einzelne ergeht, ist der Glaube. „Gehorsam des Glaubens" kommt vom Hören auf den, dem ich glauben darf. Glaube ist die vernünftige und freiwillige Antwort des Menschen, die kein anderer für ihn geben kann. Aber niemand kann den Glauben selbst machen. Er ist immer ein Geschenk von Gottes Geist, er ist immer Gnade.</small>

5. Dem offenbarenden Gott ist der „Gehorsam des Glaubens" (Röm 16,26; vgl. Röm 1,5; 2 Kor 10,5-6) zu leisten. Darin überantwortet sich der Mensch Gott als ganzer in Freiheit, indem er sich „dem offenbarenden Gott mit Verstand und Willen voll unterwirft"[4] und seiner Offenbarung willig zustimmt. Dieser Glaube kann nicht vollzogen werden ohne die zuvorkommende und helfende Gnade Gottes und ohne den inneren Beistand des Heiligen Geistes, der das Herz bewegen und Gott zuwenden, die Augen des Verstandes öffnen und „es jedem leicht machen muss, der Wahrheit zuzustimmen und zu glauben"[5]. Dieser Geist vervollkommnet den Glauben ständig durch seine Gaben, um das Verständnis der Offenbarung mehr und mehr zu vertiefen.

<small>Gott kann mit der Vernunft aus der Schöpfung erkannt werden. Das Konzil zitiert wörtlich einen Text des Ersten Vatikanischen Konzils über die sogenannte natürliche Gotteserkenntnis, verschiebt es aber</small>

6. Durch seine Offenbarung wollte Gott sich selbst und die ewigen Entscheidungen seines Willens über das Heil der Menschen kundtun und mitteilen, „um Anteil zu geben am göttlichen Reichtum, der die Fassungskraft des menschlichen Geistes schlechthin übersteigt"[6]. Die Heilige Synode bekennt, „dass

Gott, aller Dinge Ursprung und Ziel, mit dem natürlichen Licht der menschlichen Vernunft aus den geschaffenen Dingen sicher erkannt werden kann" (vgl. Röm 1,20); doch lehrt sie, seiner Offenbarung sei es zuzuschreiben, „dass, was im Bereich des Göttlichen der menschlichen Vernunft an sich nicht unzugänglich ist, auch in der gegenwärtigen Lage des Menschengeschlechtes von allen leicht, mit sicherer Gewissheit und ohne Beimischung von Irrtum erkannt werden kann"[7].

ans Ende des Kapitels. Gott kann erkannt werden, weil er sich in der Schöpfung zu erkennen gibt.

Zweites Kapitel:
Die Weitergabe der göttlichen Offenbarung

9. Die Heilige Überlieferung und die Heilige Schrift sind eng miteinander verbunden und haben aneinander Anteil. Demselben göttlichen Quell entspringend, fließen beide gewissermaßen in eins zusammen und streben demselben Ziel zu. Denn die Heilige Schrift ist Gottes Rede, insofern sie unter dem Anhauch des Heiligen Geistes schriftlich aufgezeichnet wurde. Die Heilige Überlieferung aber gibt das Wort Gottes, das von Christus dem Herrn und vom Heiligen Geist den Aposteln anvertraut wurde, unversehrt an deren Nachfolger weiter, damit sie es unter der erleuchtenden Führung des Geistes der Wahrheit in ihrer Verkündigung treu bewahren, erklären und ausbreiten. So ergibt sich, dass die Kirche ihre Gewissheit über alles Geoffenbarte nicht aus der Heiligen Schrift allein

Wie verhalten sich die Heilige Schrift und die Überlieferung (Tradition) zueinander? Beide lassen sich zwar unterscheiden, haben aber dieselbe Quelle und dasselbe Ziel. Sie gehören eng zusammen und sollen beide hoch geschätzt werden, weil sie jeweils ihre Berechtigung haben. Die Spannungen aus den Diskussionen sind noch zu spüren.

schöpft. Daher sollen beide mit gleicher Liebe und Achtung angenommen und verehrt werden[6].

Überlieferung und Schrift werden beide in der Einzahl als Heilige Überlieferung und Heilige Schrift genannt und sind der ganzen Kirche anvertraut. Der gemeinsame Glaube hält die Kirche zusammen, die Gläubigen und die Hirten heute sowie die Kirche durch alle Zeiten bis hin zur Urkirche und den Aposteln.

10. Die Heilige Überlieferung und die Heilige Schrift bilden den einen der Kirche überlassenen heiligen Schatz des Wortes Gottes. Voller Anhänglichkeit an ihn verharrt das ganze heilige Volk, mit seinen Hirten vereint, ständig in der Lehre und Gemeinschaft der Apostel, bei Brotbrechen und Gebet (vgl. Apg 8,42 griech.), so dass im Festhalten am überlieferten Glauben, in seiner Verwirklichung und seinem Bekenntnis ein einzigartiger Einklang herrscht zwischen Vorstehern und Gläubigen[7].

Das Lehramt der Kirche, das der Papst und die Bischöfe ausüben, hat die Aufgabe, verbindliche Aussagen zu machen, nach denen sich Theologen und Gläubige orientieren sollen. Das Konzil betont, dass das Lehramt unter dem Wort Gottes steht, sich ausschließlich daran messen muss. Es soll in derselben hörenden Haltung handeln, die das Konzil insgesamt eingenommen hat (vgl. Art. I).

Die Aufgabe aber, das geschriebene oder überlieferte[8] Wort Gottes verbindlich zu erklären, ist nur dem lebendigen Lehramt der Kirche anvertraut[9], dessen Vollmacht im Namen Jesu Christi ausgeübt wird. Das Lehramt ist nicht über dem Wort Gottes, sondern dient ihm, indem es nichts lehrt, als was überliefert ist, weil es das Wort Gottes aus göttlichem Auftrag und mit dem Beistand des Heiligen Geistes voll Ehrfurcht hört, heilig bewahrt und treu auslegt und weil es alles, was es als von Gott geoffenbart zu glauben vorlegt, aus diesem einen Schatz des Glaubens schöpft.

Es zeigt sich also, dass die Heilige Überlieferung, die Heilige Schrift und das Lehramt der Kirche gemäß dem weisen Ratschluss

Gottes so miteinander verknüpft und einander zugesellt sind, dass keines ohne die anderen besteht und dass alle zusammen, jedes auf seine Art, durch das Tun des einen Heiligen Geistes wirksam dem Heil der Seelen dienen.

Drittes Kapitel: Die göttliche Inspiration und die Auslegung der Heiligen Schrift

11. Das von Gott Geoffenbarte, das in der Heiligen Schrift enthalten ist und vorliegt, ist unter dem Anhauch des Heiligen Geistes aufgezeichnet worden; denn aufgrund apostolischen Glaubens gelten unserer heiligen Mutter, der Kirche, die Bücher des Alten wie des Neuen Testamentes in ihrer Ganzheit mit allen ihren Teilen als heilig und kanonisch, weil sie, unter der Einwirkung des Heiligen Geistes geschrieben (vgl. Joh 20,31; 2 Tim 3,16; 2 Petr 1,19-21; 3,15-16), Gott zum Urheber haben und als solche der Kirche übergeben sind[1]. Zur Abfassung der Heiligen Bücher hat Gott Menschen erwählt, die ihm durch den Gebrauch ihrer eigenen Fähigkeiten und Kräfte dazu dienen sollten[2], all das und nur das, was er - in ihnen und durch sie wirksam[3] - geschrieben haben wollte, als echte Verfasser schriftlich zu überliefern[4].

Da also alles, was die inspirierten Verfasser oder Hagiographen aussagen, als vom Heiligen Geist ausgesagt zu gelten hat, ist von den Büchern der Schrift zu bekennen,

Inspiration bedeutet, die Heilige Schrift ist nicht einfach nur eine menschliche Erzählung, sondern Gotteswort. Genauer ist sie Gotteswort in Menschenworten, denn sie ist nicht von Gott diktiert, sondern von Menschen (Hagiographen – wörtlich: den Schreibern eines heiligen Textes) geschrieben, die ihre besondere Erfahrung vom Geist Gottes in menschliche Worte gebracht haben.

Die Heilige Schrift spricht die Wahrheit. Was das hier bedeutet, sagt der Nebensatz klar: Die Wahrheit ist um ▷

unseres Heiles Willen aufgezeichnet. Das ist kein „Superwissen", sondern das Wort, das ich für mein Leben wirklich brauche: das entscheidende Wort für ein geglücktes Menschsein.

dass sie sicher, getreu und ohne Irrtum die Wahrheit lehren, die Gott um unseres Heiles willen in heiligen Schriften aufgezeichnet haben wollte[5]. Daher „ist jede Schrift, von Gott eingegeben, auch nützlich zur Belehrung, zur Beweisführung, zur Zurechtweisung, zur Erziehung in der Gerechtigkeit, damit der Gott gehörige Mensch bereit sei, wohlgerüstet zu jedem guten Werk" (2 Tim 3,16-17 griech.).

Die Auslegung soll in zwei Schritten passieren: Zunächst muss verstanden werden, was der menschliche Verfasser sagen wollte. Dann soll gefragt werden, wie Gott darin zu uns Menschen spricht. Das Konzil gibt dazu nur einige Richtlinien.

12. Da Gott in der Heiligen Schrift durch Menschen nach Menschenart gesprochen hat[6], muss der Schrifterklärer, um zu erfassen, was Gott uns mitteilen wollte, sorgfältig erforschen, was die heiligen Schriftsteller wirklich zu sagen beabsichtigten und was Gott mit ihren Worten kundtun wollte.

Um die Aussageabsicht der Hagiographen zu ermitteln, ist neben anderem auf die literarischen Gattungen zu achten.

Nicht der Text selbst ist die Wahrheit, sondern diese wird durch ihn auf verschiedene Weise ausgedrückt. Ein Brief ist anders zu verstehen als die Erzählungen der Evangelien, Gleichnisse anders als geschichtliche Darstellungen oder Prophetenworte. Zeit und Kultur der Entstehung haben die Schrift geprägt. All das müssen Exegeten (Bibelwissenschaftler) bei ihrer Arbeit berück-

Denn die Wahrheit wird je anders dargelegt und ausgedrückt in Texten von in verschiedenem Sinn geschichtlicher, prophetischer oder dichterischer Art, oder in anderen Redegattungen. Weiterhin hat der Erklärer nach dem Sinn zu forschen, wie ihn aus einer gegebenen Situation heraus der Hagiograph den Bedingungen seiner Zeit und Kultur entsprechend - mit Hilfe der damals üblichen literarischen Gattungen - hat ausdrücken wollen und wirklich zum Ausdruck gebracht hat[7]. Will man richtig verstehen, was der heilige Verfasser in seiner Schrift aussagen wollte, so muss man schließlich genau auf die vorgegebenen umweltbedingten Denk-, Sprach- und Erzählformen achten, die zur Zeit des Verfassers herrschten, wie auf die Formen, die damals im menschlichen Alltagsverkehr üblich waren[8].

sichtigen. Eine naiv wörtliche Auslegung greift immer zu kurz.

Da die Heilige Schrift in dem Geist gelesen und ausgelegt werden muss, in dem sie geschrieben wurde[9], erfordert die rechte Ermittlung des Sinnes der heiligen Texte, dass man mit nicht geringerer Sorgfalt auf den Inhalt und die Einheit der ganzen Schrift achtet, unter Berücksichtigung der lebendigen Überlieferung der Gesamtkirche und der Analogie des Glaubens. Aufgabe der Exegeten ist es, nach diesen Regeln auf eine tiefere Erfassung und Auslegung des Sinnes der Heiligen Schrift hinzuarbeiten, damit so gleichsam auf Grund wissenschaftlicher Vorarbeit das Urteil der Kirche reift. Alles, was die Art der Schrifterklärung betrifft, untersteht letztlich dem Urteil der Kirche, deren gottgegebener Auftrag und Dienst es ist, das Wort Gottes zu bewahren und auszulegen[10].

Derselbe Heilige Geist, der die Schreiber bei der Verfassung der biblischen Texte geführt hat, führt auch all jene, die bis heute die Schrift lesen und auslegen. Die Exegeten sollen ihre Aufgabe im Sinn des Glaubens in der Gemeinschaft der Kirche ausüben.

Das vierte Kapitel gibt einen sehr kurzen Abriss über das Alte Testament und deutet es als Vorbereitung auf die Ankunft Christi. Das fünfte Kapitel beschreibt das Neue Testament. Christus selbst ist der Höhepunkt der Offenbarung in Person.

Sechstes Kapitel: Die Heilige Schrift im Leben der Kirche

Die Verehrung der Schrift wird mit der Eucharistie parallelisiert. Sie ist die Richtschnur des Glaubens. Auf das technische Wort „Norm" wurde verzichtet. Um Schrift und Überlieferung richtig (in Einklang mit Art. 9) zu verbinden, muss Tradition als lebendiges und bleibendes Schriftverständnis verstanden werden.

21. Die Kirche hat die Heiligen Schriften immer verehrt wie den Herrenleib selbst, weil sie, vor allem in der heiligen Liturgie, vom Tisch des Wortes Gottes wie des Leibes Christi ohne Unterlass das Brot des Lebens nimmt und den Gläubigen reicht. In ihnen zusammen mit der Heiligen Überlieferung sah sie immer und sieht sie die höchste Richtschnur ihres Glaubens, weil sie, von Gott eingegeben und ein für alle Male niedergeschrieben, das Wort Gottes selbst unwandelbar vermitteln und in den Worten der Propheten und der Apostel die Stimme des Heiligen Geistes vernehmen lassen. Wie die christliche Religion selbst, so muss auch jede kirchliche Verkündigung sich von der Heiligen Schrift nähren und sich an ihr orientieren. In den Heiligen Büchern kommt ja der Vater, der im Himmel ist, seinen Kindern in Liebe entgegen und nimmt mit ihnen das Gespräch auf. Und solche Gewalt und Kraft west im Worte Gottes, dass es für die Kirche Halt und Leben, für die Kinder der Kirche Glaubensstärke, Seelenspeise und reiner, unversieglicher Quell des geistlichen Lebens ist. Darum gelten von der Heiligen Schrift in besonderer Weise die Worte: „Lebendig ist Gottes Rede und wirksam" (Hebr 4,12), „mächtig aufzubauen und das Erbe auszuteilen unter allen Geheiligten" (Apg 20,32; vgl. 1 Thess 2,13).

Dogmatische Konstitution über die göttliche Offenbarung 183

22. Der Zugang zur Heiligen Schrift muss für die an Christus Glaubenden weit offenstehen. Darum hat die Kirche schon in ihren Anfängen die älteste Übersetzung des Alten Testamentes, die griechische, die nach den Siebzig (Septuaginta) benannt wird, als die ihre übernommen. Die anderen orientalischen und die lateinischen Übersetzungen, besonders die sogenannte Vulgata, hält sie immer in Ehren. Da aber das Wort Gottes allen Zeiten zur Verfügung stehen muss, bemüht sich die Kirche in mütterlicher Sorge, dass brauchbare und genaue Übersetzungen in die verschiedenen Sprachen erarbeitet werden, mit Vorrang aus dem Urtext der Heiligen Bücher. Wenn die Übersetzungen bei sich bietender Gelegenheit und mit Zustimmung der kirchlichen Autorität in Zusammenarbeit auch mit den getrennten Brüdern zustande kommen, dann können sie von allen Christen benutzt werden.

Ähnlich wie in der Liturgiekonstitution wird betont, dass alle Gläubigen Zugang zur Heiligen Schrift haben sollen. Dazu sind Übersetzungen notwendig, die in ökumenischer Verbundenheit mit anderen Christen erarbeitet werden sollen.

24. Die heilige Theologie ruht auf dem geschriebenen Wort Gottes, zusammen mit der Heiligen Überlieferung, wie auf einem bleibenden Fundament. In ihm gewinnt sie sichere Kraft und verjüngt sich ständig, wenn sie alle im Geheimnis Christi beschlossene Wahrheit im Lichte des Glaubens durchforscht. Die Heiligen Schriften enthalten das Wort Gottes und, weil inspiriert, sind sie wahrhaft Wort Gottes: Deshalb sei das Studium des heiligen Buches gleichsam die Seele der heiligen Theologie[3]. Auch der Dienst des Wortes,

Der Theologie wird die Heilige Schrift ans Herz gelegt. Jede theologische Arbeit muss immer auf das biblische Fundament gegründet sein. Die Bibel ist gleichzeitig die kritische Instanz zur Überprüfung theologischer Ansätze. Die Schrift enthält das Wort Gottes – in Menschenworten – und ist zugleich Wort Gottes, weil sie durch den Antrieb des Heiligen Geistes entstanden ist.

nämlich die seelsorgliche Verkündigung, die Katechese und alle christliche Unterweisung - in welcher die liturgische Homilie einen hervorragenden Platz haben muss - holt aus dem Wort der Schrift gesunde Nahrung und heilige Kraft.

Dogmatische Konstitution über die göttliche Offenbarung

Anmerkungen:

Vorwort/Erstes Kapitel:
1) Vgl. Augustinus, Büchlein vom ersten katechetischen Unterricht, 4: PL 40,316.
2) Vgl. Mt 11,27; Joh 1,14.17; 14,6; 17,1-3; 2 Kor 3,16; 4,6; Eph 1,3-14.
3) Brief an Diognet VII., 4: F. X. Funk, Patres Apostolici I (Tübingen 1901) 403.
4) I. Vat. Konzil, Dogm. Konst. über den katholischen Glauben Dei Filius, Kap. 3: Denz. 1789 (3008).
5) II. Konzil von Orange, can. 7: Denz. 180 (377); I. Vat. Konzil, a. a. O.: Denz. 1791 (3010).
6) I. Vat. Konzil, Dogm. Konst. über den katholischen Glauben Dei Filius, Kap. 2: Denz. 1786 (3005).
7) Ebd.: Denz. 1785 und 1786 (3004 und 3005).

Zweites Kapitel:
6) Vgl. Konzil von Trient, Dekret über die kanonischen Schriften: Denz. 783 (1501).
7) Vgl. Pius XII., Apost. Konst. Munificentissimus Deus, 1. Nov. 1950: AAS 42 (1950) 756.
Vgl. die Worte Cyprians: „die Kirche, das mit dem Priester vereinte Volk und die ihrem Hirten anhängende Herde", Ep. 66, 8: CSEL 3, 2, 733.
8) Vgl. I. Vat. Konzil., Dogm. Konst. über den katholischen Glauben Dei Filius, Kap. 3: Denz. 1792 (3011).
9) Vgl. Pius XII., Enz. Humani generis, 12. Aug. 1950: AAS 42 (1950) 568-569; Denz. 2314 (3886).

Drittes Kapitel:
1) Vgl. I. Vat. Konzil, Dogm. Konst. über den katholischen Glauben Dei Filius, Kap. 2: Denz. 1787 (3006); Bibelkommission, Dekret, 18. Juni 1915: Denz. 2180 (3629) und Ench. Bibl. 420; Hl. Officium, Brief, 22. Dez. 1923: Ench. Bibl. 499.
2) Vgl. Pius XII., Enz. Divino afflante, 30. Sept. 1943: AAS 35 (1943) 314; Ench. Bibl. 556.
3) In und durch den Menschen: vgl. Hebr 1,1; 4,7 (in); 2 Sam 23,2; Mt 1,22 und passim (durch); I. Vat. Konzil, Schema über die katholische Lehre, Note 9: Coll. Lac. VII., 522.
4) Leo XIII., Enz. Providentissimus Deus, 18. Nov. 1893: Denz. 1952 (3293); Ench. Bibl. 125.
5) Vgl. Augustinus, De Gen. ad litt. 2, 9, 20: PL 34, 270-271; CSEL 28, 1, 46-47 und Brief 82,3: PL 33,277; CSEL 34, 2, 354; Thomas v. Aquin, De ver. q. 12, a. 2, C; Konzil von Trient, Dekret über die kanonischen Schriften: Denz. 783 (1501); Leo XIII., Enz. Providentissimus Deus: Ench. Bibl. 121.124.126-127; Pius XII., Enz. Divino afflante: Ench. Bibl. 539.
6) Augustinus, De Civ. Dei XVII., 6, 2: PL 41, 537; CSEL 40, 2, 228.
7) Augustinus, De Doctr. Christ. III., 18, 26: I, L 34, 75-76; CSEL 80, 95.
8) Pius XII., a. a. O.: Denz. 2294 (3829-3830); Ench. Bibl. 557-562.
9) Vgl. Benedikt XV., Enz. Spiritus Paraclitus, 15. Sept. 1920: Ench. Bibl. 469; Hieronymus, In Gal. 19-21: PL 26, 417 A.
10) Vgl. I. Vat. Konzil, Dogm. Konst. über den katholischen Glauben Dei Filius, Kap. 2: Denz. 1788 (3007).

Sechstes Kapitel:
3) Vgl. Leo XIII., Enz. Providentissimus Deus: Ench. Bibl. 114; Benedikt. XV., Enz. Spiritus Paraclitus: Ench. Bibl. 483.

Dekret über das Laienapostolat
Apostolicam actuositatem

Hinführung zum Konzilstext von Hubert Philipp Weber

Bereits vor dem Konzil gab es eine Kommission, die einen Text über das Laienapostolat erarbeitete. Laien waren daran allerdings nicht beteiligt. Der dabei entstandene Entwurf wurde zweimal gekürzt und dann wieder erweitert. Die vierte Fassung wurde dem Konzil vorgelegt, diskutiert und nach vielen Änderungen am 18. November 1965 angenommen.

Beide Teile des Titelbegriffs müssen näher hinterfragt werden. Das Wort „Laie" stammt vom griechischen „Laos" (Volk) und meint alle, die zum Volk Gottes gehören. In diesem Text sind damit aber nur all jene Christen angesprochen, die weder zur Hierarchie gehören, also nicht geweihte Bischöfe, Priester oder Diakone sind, noch im Ordensstand leben. Sie leben „in der Welt" und haben daher den „Weltdienst" als ihre besondere Aufgabe. Apostolat, von griechisch „apostellein" (verkünden), meint wörtlich den Verkündigungsdienst in der Welt. Doch hier bedeutet Apostolat noch viel mehr, nämlich die Erlösung, die Christus erwirkt hat, in die Welt zu bringen. Die Aufgabe der Kirche, Christus in die Welt zu tragen, wird hier insgesamt als Apostolat verstanden. Das Laienapostolat wird ausgehend vom vierten Kapitel der Kirchenkonstitution *Lumen Gentium*, das den Laien in der Kirche gewidmet ist, beschrieben. An ihm haben alle Gläubigen durch Taufe und Firmung Anteil. Das Laienapostolat ist dabei nicht nur Ehre und Amt, sondern Berufung.

Die Diskussionen betrafen besonders die Frage des Verhältnisses von Laien und Klerus. Die grundsätzliche Richtung ist durch die Bestimmung von Taufe und Firmung her vorgegeben: Das Laien-Apostolat ist für die Kirche unverzichtbar. Es kann nicht durch ein Klerus-Apostolat ersetzt werden, sondern die Kirche braucht unbedingt beide. Auch wenn Laien bestimmte Aufgaben von Priestern übernehmen können und müssen, wo diese fehlen, steht doch das spezifische eigene Apostolat der Laien im Vordergrund. Das Verhältnis von Laien und Klerus soll idealerweise als ein Dialog verstanden werden, als Gegenseitigkeit des Lehrens und Lernens.

Daneben wurde über die Bedeutung von Sünde und Schuld debattiert. Auch wenn die Gesellschaft von der Erbschuld geprägt ist, versteht das Konzil die Welt prinzipiell positiv. Denn diese kann durch die Gnade Christi überwunden werden. Das Apostolat soll dazu beitragen, durch Christi Wirken die Gesellschaft zum Guten zu wandeln.

Das Dekret ist übersichtlich aufgebaut. Nach der Einleitung fragt das erste Kapitel nach der Berufung zum Apostolat, das zweite nach dessen Zielen. Die übrigen Kapitel geben mehr und mehr praktische Orientierungen vor, das dritte über Orte, das vierte über Formen des Apostolats. Im fünften werden Hinweise für konkrete Regelungen gegeben und das sechste Kapitel thematisiert die Notwendigkeit der Bildung zum Apostolat.

Die vorliegende Auswahl beschränkt sich auf die grundsätzlichen Bemerkungen in den ersten beiden Kapiteln und bringt exemplarisch Hinweise zur Familie als Ort des Apostolats und zur internationalen Ordnung zum Apostolat in der Gesellschaft. Naturgemäß sind die praktischen Hinweise, die das Konzil gibt, stark von der Entstehungszeit geprägt und bedürfen der Aktualisierung.

Dekret über das Laienapostolat
Apostolicam actuositatem

Einleitung

1. Um dem apostolischen Wirken des Gottesvolkes mehr Gewicht zu verleihen[1], wendet sich die Heilige Synode nunmehr eindringlich an die Laienchristen, von deren spezifischem und in jeder Hinsicht notwendigem Anteil an der Sendung der Kirche sie schon andernorts gesprochen hat[2]. Denn das Apostolat der Laien, das in deren christlicher Berufung selbst seinen Ursprung hat, kann in der Kirche niemals fehlen. Wie spontan und fruchtbar dieses Wirken in der Frühzeit der Kirche war, zeigt klar die Heilige Schrift selbst (vgl. Apg 11,19-21; 18,26; Röm 16,1-16; Phil 4,3).

Unsere Zeit aber erfordert keinen geringeren Einsatz der Laien, im Gegenteil: Die gegenwärtigen Verhältnisse verlangen von ihnen ein durchaus intensiveres und weiteres Apostolat. Das dauernde Anwachsen der Menschheit, der Fortschritt von Wissenschaft und Technik, das engere Netz der gegenseitigen menschlichen Beziehungen haben nicht nur die Räume des Apostolats der Laien, die großenteils nur ihnen offenstehen, ins Unermessliche erweitert; sie haben darüber hinaus auch neue Probleme hervorgerufen, die das eifrige Bemühen sachkundiger Laien erfordern. Dieses Apostolat wird umso dringlicher,

> Der Einsatz der sogenannten Laienchristen ist für die Kirche notwendig. Das hat praktische Gründe: Priester können nicht alles tun. Wichtiger aber ist ein anderer Grund: Der Heilige Geist wirkt das Laienapostolat. Es ist also ein Geschenk Gottes, das unbedingt zu respektieren ist. Dass Laien an der Sendung der Kirche mitwirken, ist selbst eine Berufung, die Gott schenkt.

> Autonomie bedeutet, dass es eigenständige Bereiche des menschlichen Lebens gibt, die nicht von der Kirche geleitet werden (vgl. GS 36). Christinnen und Christen sind gerufen in solchen Bereichen selbst Verantwortung für ihr Handeln zu übernehmen. Außerdem übernehmen Laien manchmal auch spezifische Aufgaben von Priestern oder unterstützen sie darin.

als die Autonomie vieler Bereiche des menschlichen Lebens – und zwar mit vollem Recht – sehr gewachsen ist, wenngleich dieses Wachstum bisweilen mit einer gewissen Entfremdung von der ethischen und religiösen Ordnung und mit einer schweren Krise des christlichen Lebens verbunden ist. Zudem könnte die Kirche in vielen Gebieten, in denen es nur ganz wenige Priester gibt oder diese, wie es öfters der Fall ist, der für ihren Dienst notwendigen Freiheit beraubt sind, ohne die Arbeit der Laien kaum präsent und wirksam sein. Ein Hinweis auf diese vielfältige und dringende Notwendigkeit des Laienapostolats liegt auch in dem unverkennbaren Wirken des Heiligen Geistes, der den Laien heute mehr und mehr das Bewusstsein der ihnen eigentümlichen Verantwortung schenkt und sie allenthalben zum Dienst für Christus und seine Kirche aufruft[3].

In diesem Dekret möchte nun das Konzil Natur, Eigenart und Vielgestaltigkeit des Laienapostolates erläutern, zugleich aber auch grundlegende Prinzipien vorlegen und pastorale Weisungen geben, die zu seiner wirksameren Betätigung helfen sollen. Dies alles soll dann auch bei der Revision des kanonischen Rechts, soweit es das Laienapostolat betrifft, als Norm gelten.

Erstes Kapitel: Die Berufung der Laien zum Apostolat

2. Dazu ist die Kirche ins Leben getreten: Sie soll zur Ehre Gottes des Vaters die Herrschaft Christi über die ganze Erde ausbreiten und so alle Menschen der heilbringenden Erlösung teilhaftig machen[1], und durch diese Menschen soll die gesamte Welt in Wahrheit auf Christus hingeordnet werden. Jede Tätigkeit des mystischen Leibes, die auf dieses Ziel gerichtet ist, wird Apostolat genannt; die Kirche verwirklicht es, wenn auch auf verschiedene Weise, durch alle ihre Glieder; denn die christliche Berufung ist ihrer Natur nach auch Berufung zum Apostolat. Wie sich im Gefüge eines lebendigen Leibes ein Glied nicht nur passiv verhält, sondern zugleich mit dem Leben des Leibes auch an seinem Tun teilnimmt, so bewirkt auch im Leib Christi, der die Kirche ist, der ganze Leib „gemäß der jedem einzelnen Glied zugemessenen Wirkkraft das Wachstum des Leibes" (Eph 4,16). Ja so stark ist in diesem Leib die Verbindung und der Zusammenhalt der Glieder (vgl. Eph 4,16), dass man von einem Glied, das nicht nach seinem Maß zum Wachstum des Leibes beiträgt, sagen muss, es nütze weder der Kirche noch sich selber.

Die Beteiligung der Laien am Sendungsauftrag der Kirche: Die Kirche wird hier als mystischer Leib beschrieben, in dem verschiedene Glieder ihre je eigenen Aufgaben übernehmen. Die Aufgabe der Kirche ist, die Erlösung in Christus zu allen Menschen zu bringen. Apostolat ist jede Tätigkeit, die dazu beiträgt. Alle Christinnen und Christen sind berufen, aktiv am Apostolat mitzuwirken.

Es besteht in der Kirche eine Verschiedenheit des Dienstes, aber eine Einheit der Sendung. Den Aposteln und ihren Nachfolgern wurde von Christus das Amt übertragen,

Bischöfe und Laien haben zwar auf verschiedene Weise aber doch beide Anteil am dreifachen Amt Christi: ▷

Er ist Priester, Prophet und König. Das verwirklicht sich dreifach – in der Feier des Gottesdienstes (Priesteramt), in der Verkündigung der Erlösung (Prophetenamt) und im Dienst an der Gemeinde (Königsamt). Das Apostolat besteht darin, diese dreifache Aufgabe „in der Welt" auszuführen.	in seinem Namen und in seiner Vollmacht zu lehren, zu heiligen und zu leiten. Die Laien hingegen, die auch am priesterlichen, prophetischen und königlichen Amt Christi teilhaben, verwirklichen in Kirche und Welt ihren eigenen Anteil an der Sendung des ganzen Volkes Gottes[2]. Durch ihr Bemühen um die Evangelisierung und Heiligung der Menschen und um die Durchdringung und Vervollkommnung der zeitlichen Ordnung mit dem Geist des Evangeliums üben sie tatsächlich ein Apostolat aus. So legt ihr Tun in dieser Ordnung offen für Christus Zeugnis ab und dient dem Heil der Menschen. Da es aber dem Stand der Laien eigen ist, inmitten der Welt und der weltlichen Aufgaben zu leben, sind sie von Gott berufen, vom Geist Christi beseelt nach Art des Sauerteigs ihr Apostolat in der Welt auszuüben.
Die Fundamente des Laienapostolats: Der Auftrag zum Apostolat kommt immer von Christus selbst, nicht von den Bischöfen oder Priestern. Das Apostolat folgt aus dem gemeinsamen Priestertum aller Gläubigen (vgl. LG 10). Durch Taufe und Firmung sind die Gläubigen befähigt und bestimmt, Zeugnis für ihren Glauben abzulegen. In erster Linie verwirklicht sich das Zeugnis im christlichen Leben.	3. Pflicht und Recht zum Apostolat haben die Laien kraft ihrer Vereinigung mit Christus, dem Haupt. Denn durch die Taufe dem mystischen Leib Christi eingegliedert und durch die Firmung mit der Kraft des Heiligen Geistes gestärkt, werden sie vom Herrn selbst mit dem Apostolat betraut. Sie werden zu einer königlichen Priesterschaft und zu einem heiligen Volk (vgl. 1 Petr 2,4-10) geweiht, damit sie durch alle ihre Werke geistliche Opfergaben darbringen und überall auf Erden Zeugnis für Christus ablegen. Durch die Sakramente, vor allem die heilige Eucharistie,

wird jene Liebe mitgeteilt und genährt, die sozusagen die Seele des gesamten Apostolates ist[3].

Das Apostolat verwirklicht sich in Glaube, Hoffnung und Liebe, die der Heilige Geist in den Herzen aller Glieder der Kirche ausgießt. Ja das Gebot der Liebe, das der große Auftrag des Herrn ist, drängt alle Christen, für die Ehre Gottes, die durch das Kommen seines Reiches offenbar wird, und für das ewige Leben aller Menschen zu wirken, damit sie den einzigen wahren Gott erkennen und den, den er gesandt hat, Jesus Christus (vgl. Joh 17,3).

Allen Christen ist also die ehrenvolle Last auferlegt, mitzuwirken, dass die göttliche Heilsbotschaft überall auf Erden von allen Menschen erkannt und angenommen wird.

Zum Vollzug dieses Apostolates schenkt der Heilige Geist, der ja durch den Dienst des Amtes und durch die Sakramente die Heiligung des Volkes Gottes wirkt, den Gläubigen auch noch besondere Gaben (vgl. 1 Kor 12,7); „einem jeden teilt er sie zu, wie er will" (1 Kor 12,11), damit „alle, wie ein jeder die Gnadengabe empfangen hat, mit dieser einander helfen" und so auch selbst „wie gute Verwalter der mannigfachen Gnade Gottes" seien (1 Petr 4,10) zum Aufbau des ganzen Leibes in der Liebe (vgl. Eph 4,16). Aus dem Empfang dieser Charismen, auch der schlichteren, erwächst jedem Glaubenden das Recht und die Pflicht, sie in Kirche und Welt zum Wohl der Menschen und zum Aufbau der Kirche zu gebrauchen.

> Alle Christinnen und Christen sind zum Apostolat berufen, dabei gibt es aber mehrere Formen, die von verschiedenen Berufungen stammen. Die einzelnen Charismen, von denen Paulus spricht, sollen in den Dienst der Kirche gestellt werden. Wie aber kann man unterscheiden, ob ein Wirken vom Heiligen Geist stammt oder nicht? Diese Aufgabe ist hier den Hirten zugeschrieben.

Das soll gewiss mit der Freiheit des Heiligen Geistes geschehen, der „weht, wo er will" (Joh 3,8), aber auch in Gemeinschaft mit den Brüdern in Christus, besonders mit ihren Hirten. Ihnen steht es zu, über Echtheit und geordneten Gebrauch der Charismen zu urteilen, natürlich nicht, um den Geist auszulöschen, sondern um alles zu prüfen und, was gut ist, zu behalten (vgl. 1 Thess 5,12.19.21)[4].

<small>Die Spiritualität der Laien gemäß des Apostolates:
Die Spiritualität wird ganz von der Vereinigung mit und der Angleichung an Christus gefasst. Sie stellt ein Ideal dar, das sicher nicht leicht zu erreichen ist. Als konkreter Weg dahin wird als Beispiel nur die „tätige Teilnahme" an der Liturgie genannt. Das wird hier aus der Liturgiekonstitution übernommen (vgl. SC 11). Die Hilfen sollen dazu beitragen, dass das Apostolat in der Welt Frucht bringt.</small>

4. Da Christus, vom Vater gesandt, Quell und Ursprung des gesamten Apostolates der Kirche ist, kann es nicht anders sein, als dass die Fruchtbarkeit des Apostolates der Laien von ihrer lebendigen Vereinigung mit Christus abhängt; sagt doch der Herr: „Wer in mir bleibt und in wem ich bleibe, der bringt viele Frucht; denn ohne mich könnt ihr nichts tun" (Joh 15,5). Dieses Leben innigster Vereinigung mit Christus in der Kirche nähren die gleichen geistlichen Hilfen, die allen Gläubigen zu Gebote stehen, vor allem die tätige Teilnahme an der heiligen Liturgie[5]. Dieser Hilfen müssen sich die Laien so bedienen, dass sie bei der rechten Erfüllung ihrer weltlichen Pflichten in den gewöhnlichen Lebensverhältnissen die Vereinigung mit Christus nicht von ihrem Leben abspalten, vielmehr in dieser Vereinigung dadurch noch wachsen, dass sie ihre Arbeit gemäß dem Willen Gottes leisten. Das ist der Weg, auf dem die Laien mit freudigbereitem Herzen zu immer höherer Heiligkeit fortschreiten müssen; Schwierigkeiten

sollen sie mit Klugheit und Geduld zu überwinden versuchen[6]. Weder die häuslichen Sorgen noch die anderen Aufgaben, die das Leben in der Welt stellt, dürfen außerhalb des Bereiches ihres geistlichen Lebens stehen gemäß dem Wort des Apostels: „Was ihr auch tut in Wort und Werk, tut alles im Namen des Herrn Jesus Christus, und sagt Dank Gott und dem Vater durch ihn" (Kol 3,17).

Ein solches Leben fordert einen ständigen Vollzug von Glaube, Hoffnung und Liebe.

Nur im Licht des Glaubens und in der betenden Versenkung in Gottes Wort wird es möglich, immer und überall Gott zu erkennen, in dem „wir leben, uns bewegen und sind" (Apg 17,28), in allem Geschehen seinen Willen zu suchen, in allen Menschen, ob sie uns nun nahe- oder fernstehen, Christus zu sehen und richtig zu beurteilen, welche Bedeutung und welchen Wert die zeitlichen Dinge in sich selbst und in Hinordnung auf das Ziel des Menschen haben.

Die diesen Glauben haben, leben in der Hoffnung auf das Offenbarwerden der Söhne und Töchter Gottes, da sie des Kreuzes und der Auferstehung des Herrn eingedenk bleiben.

Mit Christus noch in Gott verborgen, frei von der Sklaverei des Reichtums und auf jene Güter bedacht, die ewig währen, weihen sie sich während der Pilgerschaft dieses Lebens großmütig der Aufgabe, die Herrschaft Gottes auszubreiten und die zeitliche Ordnung mit dem Geist Christi zu durchdringen und

> Eine solche Spiritualität umfasst das ganze Leben. Kein Bereich kann und darf vom Glauben getrennt sein. Die Gläubigen sind aufgerufen, in allen Dingen Gott zu finden. Auf diese Weise kann durch das Apostolat die Welt zum Besseren verändert werden.

> Hier wird noch einmal konkretisiert, dass Angleichung an Christus bedeutet, die Seligpreisungen Jesu im eigenen Leben anzuwenden. Besonders wird eine Haltung der Armut betont. Und doch muss sich das Ideal auf verschiedene Weise in den konkreten Lebenssituationen verwirklichen, einige sind als Beispiele aufgezählt. Das konkrete Leben und das Apostolat sollen einander durchdringen.

zu vervollkommnen. Inmitten der Widrigkeiten dieses Lebens finden sie Kraft in der Hoffnung, sind sie doch überzeugt, dass „die Leiden dieser Zeit in keinem Verhältnis zu der kommenden Herrlichkeit stehen, die in uns offenbar werden wird" (Röm 8,18).

Angetrieben durch die Liebe, die aus Gott stammt, tun sie allen Gutes, zumal denen, die uns im Glauben verbunden sind (vgl. Gal 6,10); „alle Bosheit und Tücke, alle Heuchelei und Missgunst und alle üble Nachrede legen sie ab" (1 Petr 2,1) und ziehen so die Menschen zu Christus. Die Liebe Gottes aber, die „in unseren Herzen ausgegossen ist durch den Heiligen Geist, der uns gegeben ist" (Röm 5,5), befähigt die Laien, den Geist der Seligpreisungen in ihrem Leben wirklich zum Ausdruck zu bringen. Da sie Jesus auch in seiner Armut nachfolgen wollen, werden sie weder durch den Mangel an zeitlichen Gütern niedergedrückt noch durch deren Fülle aufgebläht. In Nachahmung des erniedrigten Christus sind sie nicht auf eitle Ehre aus (vgl. Gal 5,26), sondern suchen mehr Gott zu gefallen als den Menschen, immer bereit, um Christi willen alles zu verlassen (vgl. Lk 14,26) und Verfolgung zu leiden um der Gerechtigkeit willen (vgl. Mt 5,10), eingedenk des Herrenwortes: „Wenn einer mir nachfolgen will, gebe er sich selbst auf, nehme sein Kreuz auf sich und folge mir" (Mt 16,24). Sie pflegen untereinander die Freundschaft der Christen und helfen einander in jeglicher Not.

Dieses geistliche Leben der Laien muss vom Stand der Ehe und der Familie, der Ehelosigkeit oder Witwenschaft, aus der Situation einer Krankheit, vom beruflichen oder gesellschaftlichen Wirken her ein besonderes Gepräge annehmen. Die Laien mögen darum nicht aufhören, jene ihnen verliehenen Eigenschaften und Gaben mit Bedacht auszubilden, die diesen Lebenslagen entsprechen, und auch die ihnen je eigenen Gnadengaben zu gebrauchen, die sie vom Heiligen Geist empfangen haben.

Außerdem sollen sich die Laien, die ihrer Berufung gemäß einer der von der Kirche approbierten Vereinigungen oder Institute beigetreten sind, die diesen eigentümliche, besondere Ausprägung des geistlichen Lebens getreu anzueignen suchen.

Hochschätzen mögen sie auch berufliche Sachkenntnis, familiären und mitbürgerlichen Sinn und alle jene Tugendhaltungen, die sich auf den mitmenschlichen Umgang beziehen, wie Rechtschaffenheit, Sinn für Gerechtigkeit, Aufrichtigkeit, Menschlichkeit, Starkmut, ohne die auch ein wahrhaft christliches Leben nicht bestehen kann.

Ein vollendetes Vorbild eines solchen geistlichen und apostolischen Lebens ist die seligste Jungfrau Maria, die Königin der Apostel. Während sie auf Erden ein Leben wie jeder andere verbrachte, voll von Sorge um die Familie und von Arbeit, war sie doch immer innigst mit ihrem Sohn verbunden und arbeitete auf ganz einzigartige Weise am Werk des Erlösers mit; jetzt aber, in den Himmel aufgenommen, „sorgt sie in ihrer mütterlichen Liebe für die Brüder ihres Sohnes, die noch auf der Pilgerschaft sind und in Gefahren und Bedrängnissen weilen, bis sie zur seligen Heimat gelangen"[7]. Alle sollen sie innig verehren und ihr Leben und ihr Apostolat ihrer mütterlichen Sorge empfehlen.

Zweites Kapitel: Die Ziele

> Christen sollen ihren Dienst in der Welt verrichten und dadurch die Welt insgesamt zum Besseren verändern. Die Arbeit für die Gesellschaft wird vom Konzil hier ausdrücklich begrüßt. Durch die Erlösung will Gott die ganze Welt erneuern. Dazu trägt das Apostolat bei.

5. Das Erlösungswerk Christi zielt an sich auf das Heil der Menschen, es umfasst aber auch den Aufbau der gesamten zeitlichen Ordnung. Darum besteht die Sendung der Kirche nicht nur darin, die Botschaft und Gnade Christi den Menschen nahezubringen, sondern auch darin, die zeitliche Ordnung mit dem Geist des Evangeliums zu durchdringen und zu vervollkommnen. Die Laien, die diese Sendung der Kirche vollziehen, üben also ihr Apostolat in der Kirche wie in der Welt, in der geistlichen wie in der weltlichen Ordnung aus. Beide Ordnungen, die man gewiss unterscheiden muss, sind in dem einzigen Plan Gottes so verbunden, dass Gott selbst in Christus die ganze Welt als neue Schöpfung wieder aufnehmen will, im Keim hier auf Erden, vollendet am Ende der Tage. In beiden Ordnungen muss sich der Laie, der zugleich Christ ist und Bürger dieser Welt, unablässig von dem einen christlichen Gewissen leiten lassen.

6. Die Sendung der Kirche geht auf das Heil der Menschen, das im Glauben an Christus und in seiner Gnade erlangt wird. Das Apostolat der Kirche und aller ihrer Glieder ist darum vor allem darauf gerichtet, die Botschaft Christi der Welt durch Wort und Tat bekanntzumachen und ihr seine Gnade zu vermitteln. Das geschieht vorzüglich durch den Dienst des Wortes und der Sakramente. Dieser ist zwar in besonderer Weise dem Klerus anvertraut, an ihm haben aber auch die Laien ihren bedeutsamen Anteil zu erfüllen, damit sie „Mitarbeiter der Wahrheit" (3 Joh 8) seien. Vornehmlich in dieser Ordnung ergänzen einander das Apostolat der Laien und der Dienst der Hirten.

> Das Apostolat der Evangelisierung und der Heiligung:
> Das erste Ziel des Apostolats ist, das Evangelium zu verkünden. Damit wird die Aufgabe der Laien mit jenen der Bischöfe und Priester verbunden. Auch wenn sie verschiedene Ausprägungen haben, sollen sie einander im Dienst sowohl am Wort als auch am Sakrament ergänzen.

Unzählige Gelegenheiten zur Ausübung des Apostolates der Evangelisierung und Heiligung stehen den Laien offen. Das Zeugnis des christlichen Lebens selbst und die guten in übernatürlichem Geist vollbrachten Werke haben die Kraft, Menschen zum Glauben und zu Gott zu führen; sagt doch der Herr: „So leuchte euer Licht vor den Menschen, damit sie eure guten Werke sehen und euren Vater preisen, der im Himmel ist" (Mt 5,16).

Dennoch besteht dieses Apostolat nicht nur im Zeugnis des Lebens. Ein wahrer Apostel sucht nach Gelegenheiten, Christus auch mit seinem Wort zu verkünden, sei es den Nichtgläubigen, um sie zum Glauben zu führen, sei es den Gläubigen, um sie zu unterweisen, zu stärken und sie zu einem einsatz-

> Vor allem anderen ist das Zeugnis des eigenen Lebens gefordert. Gott wirkt durch Vorbilder eines geglückten christlichen Lebens. Aber auch direkte Verkündigung ist notwendig. Viele Wege können und sollen begangen werden, um mit Menschen über Gott und den Glauben ins Gespräch zu kommen. Dazu ist es notwendig, so wäre heute zu ergänzen, Begabung und Bildung unter allen Gläubigen zu fördern.

freudigen Leben zu erwecken; „denn die Liebe Christi drängt uns" (2 Kor 5,14), und im Herzen aller sollten jene Worte des Apostels ein Echo finden: „Weh mir, wenn ich die gute Botschaft nicht verkünden wollte" (1 Kor 9,16)[1].

Da sich aber in dieser unserer Zeit neue Fragen erheben und schwerste Irrtümer verbreitet werden, die die Religion, die sittliche Ordnung, ja die menschliche Gesellschaft selbst von Grund aus zu verkehren trachten, ist es dieser Heiligen Synode ein ernstes Anliegen, die Laien, jeden nach seiner Begabung und Bildung, zu ermutigen, im Geist der Kirche noch eifriger bei der Herausarbeitung, Verteidigung und entsprechenden Anwendung der christlichen Grundsätze auf die Probleme unserer Zeit ihren Beitrag zu leisten.

Die christliche Aufbauung der zeitlichen und irdischen Ordnung: Das Laienapostolat hat Weltcharakter, es geschieht in der Welt und für die Welt. Die zeitliche Ordnung, d.h. die Eigengesetze der Gesellschaft, werden zuerst positiv gefasst. Gott hat die Welt gut geschaffen. Die Aufgabe der Menschen ist, das Gute erfahrbar zu machen. Die Perspektive ist hier auf den Menschen gerichtet. Alles ist auf den Menschen hingeordnet, im Letzten auf Jesus Christus,

7. Das ist der Plan Gottes hinsichtlich der Welt, dass die Menschen die zeitliche Ordnung einträchtig miteinander aufbauen und immer mehr vervollkommnen.

Alles, was die zeitliche Ordnung ausmacht, die Güter des Lebens und der Familie, Kultur, Wirtschaft, Kunst, berufliches Schaffen, die Einrichtungen der politischen Gemeinschaft, die internationalen Beziehungen und ähnliches mehr, sowie die Entwicklung und der Fortschritt von alldem sind nicht nur Hilfsmittel zur Erreichung des letzten Zieles des Menschen, sondern haben ihren Eigenwert, den Gott in sie gelegt hat, ob man sie nun einzeln in sich selbst betrachtet oder als

Teile der gesamten zeitlichen Ordnung: „Und Gott sah alles, was er geschaffen hatte, und es war sehr gut" (Gen 1,31). Diese natürliche Gutheit von alldem erhält eine spezifische Würde durch die Beziehung dieser Dinge zur menschlichen Person, zu deren Dienst sie geschaffen sind. Endlich hat es Gott gefallen, alles, das Natürliche und das Übernatürliche, in Christus Jesus zu einer Einheit zusammenzufassen, „so dass er selbst in allem den ersten Rang hat" (Kol 1,18). Dennoch nimmt diese Bestimmung der zeitlichen Ordnung in keiner Weise ihre Autonomie, ihre eigenen Ziele, Gesetze, Methoden und ihre eigene Bedeutung für das Wohl der Menschen. Sie vollendet sie vielmehr in ihrer Bedeutsamkeit und ihrem Eigenwert. Zugleich richtet sie sie auf die volle Berufung des Menschen auf Erden aus.

Im Lauf der Geschichte wurden die zeitlichen Dinge durch schwere Missbräuche entstellt. Die Menschen, von der Erbschuld belastet, erlagen oft mannigfachen Irrtümern über das wahre Wesen Gottes, die Natur des Menschen und die Grundforderungen des Sittengesetzes. Das führte zu einem Verfall der Sitten und der menschlichen Einrichtungen, ja die menschliche Person selbst wurde nicht selten mit Füßen getreten. Auch in unseren Tagen setzen nicht wenige ein allzu großes Vertrauen auf den Fortschritt der Naturwissenschaften und der Technik und neigen zu einer gewissen Vergötzung der zeitlichen Dinge, mehr deren Sklaven als deren Herren.

der Mensch und Gott ist. Die ganze Kirche muss sich mit der Ordnung der Welt beschäftigen. Sie ist nicht für sich selbst, sondern für die Welt da. Dabei sollen negative Erfahrungen nicht entmutigen. Missbräuche und Irrtümer zeigen, dass die Sünde in der Welt wirkt. Der Fortschritt hat positive und negative Seiten. Ziel ist, die ganze Welt von Gott her zu sehen und auf Gott hin auszurichten.

> Hier wird das Ideal einer Gesellschaft gezeichnet, die von christlichen Werten geprägt ist. Apostolat bedeutet dann, die Welt durch das Evangelium zum Besseren zu führen.

Aufgabe der ganzen Kirche ist es, daran zu arbeiten, dass die Menschen fähig werden, die gesamte zeitliche Ordnung richtig aufzubauen und durch Christus auf Gott hinzuordnen. Den Hirten obliegt es, die Grundsätze über das Ziel der Schöpfung und über den Gebrauch der Welt klar zu verkünden, sittliche und geistliche Hilfen zu gewähren, damit die zeitliche Ordnung auf Christus ausgerichtet werde.

Die Laien aber müssen den Aufbau der zeitlichen Ordnung als die gerade ihnen zukommende Aufgabe auf sich nehmen und dabei, vom Licht des Evangeliums und vom Geist der Kirche geleitet sowie von christlicher Liebe gedrängt, unmittelbar und entschieden handeln. Sie sollen aus ihrer spezifischen Sachkenntnis heraus und in eigener Verantwortung als Bürger mit ihren Mitbürgern zusammenarbeiten und überall und in allem die Gerechtigkeit des Reiches Gottes suchen. Die zeitliche Ordnung ist so auszurichten, dass sie, unter völliger Wahrung der ihr eigentümlichen Gesetze, den höheren Grundsätzen des christlichen Lebens entsprechend gestaltet, dabei jedoch den verschiedenen Situationen der Orte, Zeiten und Völker angepasst wird. Unter den Werken dieses Apostolates ist die soziale Tätigkeit der Christen von besonderer Bedeutung, und zwar wünscht die Heilige Synode, dass sie sich heute auf den ganzen zeitlichen Bereich, auch auf den kulturellen, erstrecke[2].

Dekret über das Laienapostolat

8. Alles apostolische Wirken muss seinen Ursprung und seine Kraft von der Liebe herleiten. Einige Werke sind jedoch schon ihrer Natur nach geeignet, die Liebe lebendig zum Ausdruck zu bringen. Sie sollten, so wollte es Christus der Herr, Zeichen seiner messianischen Sendung sein (vgl. Mt 11,4-5).

> Das caritative Wirken: Christus selbst hat sich mit den Armen und Leidenden identifiziert. Ihnen zu dienen heißt immer, Christus zu dienen. An dieser Liebe sollen die Jünger und Jüngerinnen Christi erkannt werden.

Das größte Gebot im Gesetz ist, Gott aus ganzem Herzen zu lieben und seinen Nächsten wie sich selbst (vgl. Mt 22,37-40). Dieses Gebot der Nächstenliebe machte Christus zu seinem charakteristischen Gebot und gab ihm eine neue, reichere Bedeutung: Er selbst wollte gleichsam derselbe Gegenstand der Liebe sein wie die Brüder, als er sagte: „Wann ihr etwas auch nur einem von diesen meinen geringsten Brüdern getan habt, habt ihr es mir getan" (Mt 25,40). Er selbst hat ja, als er die menschliche Natur annahm, die ganze Menschheit in einer übernatürlichen Solidarität zu einer Familie zusammengefasst und an sich gebunden, und er hat die Liebe zum Zeichen seiner Jünger bestimmt mit den Worten: „Daran werden alle erkennen, dass ihr meine Jünger seid, wenn ihr Liebe zueinander habt" (Joh 13,35).

Wie darum die heilige Kirche schon in ihrer Frühzeit die Feier der Agape mit dem eucharistischen Mahl verband und so, als ganze durch das Band der Liebe um Christus geeint, in Erscheinung trat, wird sie zu allen Zeiten an diesem Zeichen der Liebe erkannt. Wenn sie sich auch über alles freut, was andere in dieser Hinsicht tun, nimmt sie doch

> Das Apostolat hat Ursprung und Kraft aus der Liebe. Die Nächstenliebe zeichnet seit jeher Christen aus. Die Rede Jesu vom Weltgericht stellt die konkrete Fürsorge für die Armen als das wichtigste Kriterium des Christseins dar. ▷

Daher ist die Caritas für die Kirche die zentrale Aufgabe. Das Konzil stellt positiv dar, wie viel Liebesdienst (Caritas) es in der Kirche schon gibt.	die Werke der Liebe als ihre eigene Pflicht und ihr unveräußerliches Recht in Anspruch. Der barmherzige Sinn für die Armen und Kranken und die sogenannten caritativen Werke, die gegenseitige Hilfe zur Erleichterung aller menschlichen Nöte, stehen deshalb in der Kirche besonders in Ehren[3].

Heute, da die Kommunikationsmittel immer vollkommener arbeiten, die Entfernungen unter den Menschen sozusagen überwunden sind und die Bewohner der ganzen Erde gleichsam zu Gliedern einer einzigen Familie wurden, sind jene Tätigkeiten und Werke viel dringlicher und umfassender geworden. Das caritative Tun kann und muss heute alle Menschen und Nöte umfassen. Wo immer Menschen leben, denen es an Speise und Trank, an Kleidung, Wohnung, Medikamenten, Arbeit, Unterweisung, notwendigen Mitteln zu einem menschenwürdigen Leben fehlt, wo Menschen von Drangsal und Krankheit gequält werden, Verbannung und Haft erdulden müssen, muss die christliche Hilfe sie suchen und finden, alle Sorgen für sie aufwenden, um sie zu trösten und mit tätiger Hilfe ihr Los zu erleichtern. Diese Verpflichtung obliegt in erster Linie den einzelnen Menschen wie den Völkern, die in Wohlstand leben[4].

Bei caritativer Tätigkeit können sich edle und unredliche Motive mischen. Deshalb stellt das Konzil ein Ideal vor: im Nächsten Christus zu	Damit die Übung dieser Liebe über jeden Verdacht erhaben sei und als solche auch in Erscheinung trete, muss man im Nächsten das Bild Gottes sehen, nach dem er geschaffen ist, und Christus den Herrn, dem in Wahr-

heit all das dargeboten wird, was einem Bedürftigen gegeben wird. Man muss auch in tiefer Menschlichkeit auf die personale Freiheit und Würde dessen Rücksicht nehmen, der die Hilfe empfängt. Weder das Suchen des eigenen Vorteils noch Herrschsucht dürfen die Reinheit der Absicht beflecken[5]. Zuerst muss man den Forderungen der Gerechtigkeit Genüge tun, und man darf nicht als Liebesgabe anbieten, was schon aus Gerechtigkeit geschuldet ist. Man muss die Ursachen der Übel beseitigen, nicht nur die Wirkungen. Die Hilfeleistung sollte so geordnet sein, dass sich die Empfänger, allmählich von äußerer Abhängigkeit befreit, auf die Dauer selbst helfen können.

Die Laien mögen also die Werke der Liebe und die Unternehmungen der sozialen Hilfe, private oder öffentliche, auch die internationalen Hilfswerke hochschätzen und nach Kräften fördern. Durch sie wird einzelnen Menschen und ganzen Völkern in ihrer Not wirklich geholfen. Dabei sollen die christlichen Laien mit allen Menschen guten Willens zusammenarbeiten[6].

> sehen. Hilfe darf nicht abhängig machen, die Würde dessen, der die Hilfe empfängt, muss immer bewahrt bleiben. Hilfe muss immer auch darauf zielen, die Ursachen des Übels zu beseitigen und Gerechtigkeit herzustellen.

Drittes Kapitel: Verschiedene Bereiche des Apostolates

11. Der Schöpfer aller Dinge hat die eheliche Gemeinschaft zum Ursprung und Fundament der menschlichen Gesellschaft bestimmt und durch seine Gnade zu einem großen Geheimnis in Christus und seiner Kirche (vgl.

> Die Familie: Besonders hervorgehoben nennt das Konzil Ehe und Familie. Eheleute haben nicht nur füreinander und für ihre Kinder ▷

eine wichtige apostolische Aufgabe, sondern auch für die Kirche und für die ganze Welt. Füreinander sind sie die ersten und wichtigsten Seelsorger. Die Erziehung der Kinder ist Recht und Pflicht der Eltern, auch und besonders die Erziehung im Glauben.

Eph 5,32) gemacht. Darum hat das Apostolat der Eheleute und Familien eine einzigartige Bedeutung für die Kirche wie für die menschliche Gesellschaft. Die christlichen Eheleute sind füreinander, für ihre Kinder und die übrigen Familienangehörigen Mitarbeiter der Gnade und Zeugen des Glaubens. Ihren Kindern sind sie die ersten Künder und Erzieher des Glaubens. Durch Wort und Beispiel bilden sie diese zu einem christlichen und apostolischen Leben heran, helfen ihnen klug in der Wahl ihres Berufes und pflegen mit aller Sorgfalt eine vielleicht in ihnen sich zeigende Berufung zum Priester- und Ordensstand.

Diese kurze Aufzählung nennt die wichtigsten Aufgaben der Eheleute (Gatten): Vorbild christlichen Lebens für die Welt zu sein, Kinder zu erziehen und in der Welt an einer guten Gesellschaft zu arbeiten.

Schon immer war es Pflicht der Gatten, heute aber ist es ein hochbedeutsamer Teil ihres Apostolates geworden: die Unauflöslichkeit und Heiligkeit des ehelichen Bandes durch ihr Leben sichtbar zu machen und zu erweisen, Recht und Pflicht der Eltern und Vormünder zur christlichen Erziehung ihrer Kinder entschlossen zu vertreten sowie die Würde und das rechtmäßige Eigenleben der Familie zu verteidigen. Sie, wie auch alle übrigen Christen, mögen mit allen Menschen guten Willens daraufhin zusammenarbeiten, dass diese Rechte in der bürgerlichen Gesetzgebung gesichert bleiben. Die Führung des Gemeinwesens soll den Bedürfnissen der Familien hinsichtlich Wohnung, Kindererziehung, Arbeitsbedingungen, sozialer Sicherheit und Steuern Rechnung tragen. In der Organisation des Aus- und Einwanderungswesens soll das Zusammenleben der Familie in jeder Weise sichergestellt sein[4].

Die Familie selbst empfing von Gott die Sendung, Grund und Lebenszelle der Gesellschaft zu sein. Diese Sendung wird sie erfüllen, wenn sie sich in der gegenseitigen Liebe ihrer Glieder und im gemeinsamen Gebet vor Gott als häusliches Heiligtum der Kirche erweist; wenn sich die ganze Familie in den liturgischen Gottesdienst der Kirche eingliedert; wenn schließlich die Familie zu echter Gastfreundschaft bereit ist, Gerechtigkeit und andere gute Werke zum Dienst aller notleidenden Brüder fördert [...].

Die Familie ist selbst Kirche im Kleinen. Hier finden sich nochmals die drei Ämter Christi: Verkündigung durch das Vorbild, Heiligung durch Gottesdienst und Leitung der Welt durch Liebesdienst.

14. Ein unermessliches Feld des Apostolates tut sich im nationalen und internationalen Bereich auf, wo vor allem die Laien Mitarbeiter der christlichen Weisheit sind. In Liebe gegenüber ihrer Nation und in treuer Erfüllung ihrer bürgerlichen Aufgaben sollen die Katholiken sich verpflichtet wissen, das wahre Gemeinwohl zu fördern und das Gewicht ihrer Meinung stark zu machen, damit die staatliche Gewalt gerecht ausgeübt wird und die Gesetze der sittlichen Ordnung und dem Gemeinwohl entsprechen. Katholiken, die in öffentlichen Fragen sachverständig und in Glauben und christlicher Lehre entsprechend gefestigt sind, mögen sich der Übernahme öffentlicher Aufgaben nicht versagen. Durch deren gute Erfüllung dienen sie dem Gemeinwohl und können zugleich dem Evangelium einen Weg bahnen.

Die nationale und internationale Ordnung: Ein konkretes Apostolat besteht darin, in der Welt mitzuarbeiten und dabei christliche Werte und Maßstäbe anzusetzen. Katholiken sollen in Politik und Gesellschaft mitarbeiten und aus ihrem Glauben heraus an der Gestaltung der Gesellschaft mitwirken.

Die Katholiken seien bestrebt, mit allen Menschen guten Willens zusammenzuarbeiten zur Förderung alles dessen, was wahr, gerecht, heilig und liebenswert ist (vgl. Phil 4,8). Sie mögen mit ihnen im Gespräch bleiben, sie an Kenntnis und Menschlichkeit übertreffen und nachforschen, wie man die gesellschaftlichen und öffentlichen Einrichtungen im Geist des Evangeliums vervollkommnen kann.

Unter den charakteristischen Zeichen unserer Zeit verdient der wachsende und unwiderstehliche Sinn für die Solidarität aller Völker besondere Beachtung; ihn sorgsam zu fördern und in eine reine und wahre Leidenschaft der Brüderlichkeit zu läutern ist eine Aufgabe des Laienapostolates. Zudem müssen die Laien den internationalen Bereich mit all den theoretischen und praktischen Fragen und Lösungen im Auge behalten, die darin anstehen, vor allem im Hinblick auf die Völker in den Entwicklungsländern[10].

Alle, die in fremden Nationen arbeiten oder helfen, sollen bedenken, dass die Beziehungen zwischen den Völkern ein wirklich brüderlicher Austausch sein müssen, bei dem beide Teile zugleich geben und empfangen. Wer aber auf Reisen ist – mögen internationale Angelegenheiten, wirtschaftliche Interessen oder Freizeit der Anlass dazu sein – soll bedenken, dass er überall auch wandernder Bote Christi ist; er soll sich als solcher auch in der Tat verhalten.

> Ein Zeichen der Zeit ist für das Konzil der wachsende Sinn für die Zusammenarbeit der Völker. Die damals noch nicht erkennbare Globalisierung zeigt, wie wichtig dieses Einsatzfeld ist. Friede in der Welt ist nur möglich, wenn alle Nationen sich gemeinsam um diesen Frieden bemühen.

Als weitere Bereiche des Apostolats werden kirchliche Gemeinschaften, die Jugend (die selbst aktiv angesprochen ist) sowie das soziale Umfeld als Ort für das Apostolat genannt.
Das vierte Kapitel zählt verschiedene Formen des Apostolats auf, geteilt nach persönlichen und gemeinschaftlichen Aspekten. Ein kurzer Absatz widmet sich auch Laien, die in kirchlichen Diensten stehen.
Im fünften Kapitel werden konkrete Hinweise für Regelungen, vor allem zum Verhältnis von Laien und Hierarchie gegeben.
Das sechste Kapitel enthält schließlich wichtige Hinweise zur Bildung für das Apostolat. Das Dekret endet mit einem Aufruf an alle Gläubigen, dem Ruf Christi zu folgen.

Anmerkungen

Einleitung:
1) Vgl. Johannes XXIII., Apost. Konst. Humanæ salutis, 25. Dez. 1961: AAS 54 (1962) 7-10.
2) Vgl. II. Vat. Konzil, Dogm. Konst. über die Kirche Lumen Gentium, Art. 33ff.: AAS 57 (1965) 39f.; vgl. auch Konst. über die heilige Liturgie Sacrosanctum Concilium, Art. 26-40: AAS 56 (1964) 107-111; vgl. Dekret über die sozialen Kommunikationsmittel Inter mirifica: AAS 56 (1964) 145-153; vgl. Dekret über den Ökumenismus Unitatis redintegratio: AAS 57 (1965) 90-107; vgl. Dekret über das Hirtenamt der Bischöfe ein der Kirche Christus Dominus, Art. 16.17.18; Erklärung über die christliche Erziehung Gravissimum educationis, Art. 3.5.7.
3) Vgl. Pius XII., Ansprache an die Kardinäle, 20. Febr. 1946: AAS 38 (1946) 149f.; ders., Ansprache an die Teilnehmer des ersten Weltkongresses der christlichen Arbeiterjugend (J.O.C.), 25. Aug. 1957: AAS 49 (1957) 843.

Erstes Kapitel:
1) Vgl. Pius XI., Enz. Rerum Ecclesiæ: AAS 18 (1926) 65.
2) Vgl. II. Vat. Konzil, Dogm. Konst. über die Kirche Lumen Gentium, Art. 31: AAS 57 (1965) 37.
3) Vgl. ebd. Art. 33: AAS 57 (1965) 39; vgl. auch Art. 10, a. a. O. 14.
4) Vgl. ebd. Art. 12: AAS 57 (1965) 16.
5) Vgl. II. Vat. Konzil, Konst. über die heilige Liturgie Sacrosanctum Concilium, Art. 11: AAS 56 (1964) 102-103.
6) Vgl. II. Vat. Konzil, Dogm. Konst. über die Kirche Lumen Gentium, Art. 32: AAS 57 (1965) 38; vgl. auch 40-41, a. a. O. 45-47.
7) Vgl. ebd. Art. 62, a. a. O. 63; vgl. auch Art. 65, a. a. O. 64-65.

Zweites Kapitel:
1) Vgl. Pius XI., Enz. Ubi arcano, 23. Dez. 1922: AAS 14 (1922) 695; Pius XII., Enz. Summi Pontificatus, 20. Okt. 1939: AAS 31 (1939) 442-443.
2) Vgl. Leo XIII., Enz. Rerum novarum: ASS 23 (1890-91) 647; Pius XI., Enz. Quadragesimo anno: AAS 23 (1931) 190; Pius XII., Rundfunkansprache, 1. Juni 1941: AAS 33 (1941) 207.
3) Vgl. Johannes XXIII., Enz. Mater et Magistra: AAS 53 (1961) 402.
4) Vgl. ebd. 440-441.
5) Vgl. ebd. 442-443.
6) Vgl. Pius XII., Ansprache an die „Pax Romana" (M.I.I.C.), 25. März 1957: AAS 49 (1957) 298-299; und vor allem Johannes XXIII., Ansprache an den Kongress des Rates der Food and Agriculture Organization (FAO), 10. Nov. 1959: AAS 51 (1959) 865-866.

Drittes Kapitel:
4) Vgl. Pius XI., Enz. Casti connubii: AAS 22 (1930) 554; Pius XII., Rundfunkbotschaft, 1. Juni 1941: AAS 33 (1941) 203; ders., Ansprache an die Delegierten zum Kongress der Internationalen Union der Vereinigungen zum Schutz der Familienrechte, 20. Sept. 1949: AAS 41 (1949) 552; ders., Ansprache an französische Familienväter anlässlich ihrer Pilgerfahrt nach Rom, 18. Sept. 1951: AAS 43 (1951) 731; ders., Rundfunkbotschaft zum Weihnachtstag 1952: AAS 45 (1953) 41; Johannes XXIII., Enz. Mater et Magistra, 15. Mai 1961: AAS 53 (1961) 429-439.
10) Vgl. Johannes XXIII., Enz. Mater et Magistra, 15. Mai 1961: AAS 53 (1961) 448-450.

PASTORALE KONSTITUTION
ÜBER DIE KIRCHE IN DER WELT VON HEUTE
GAUDIUM ET SPES

Hinführung zum Konzilstext von Erhard Lesacher

Ein Dokument über das Verhältnis zwischen Kirche und Welt war ursprünglich nicht geplant. Es geht auf thematische Akzentsetzungen und den ausdrücklichen Wunsch Johannes XIII. zurück und ist zugleich Frucht der Dynamik des Konzils selbst.

Die Entstehung der Pastoralkonstitution

In *Gaudium et spes* hat die katholische Kirche die Öfnung zur Moderne vollzogen. Die Pastoralkonstitution ist das letzte vom Konzil beschlossene Dokument (7. Dezember 1965) und das bisher umfangreichste der Konziliengeschichte. Seine Entstehung hängt eng mit dem Verlauf des Konzils zusammen.

In der Radioansprache vom 11. September 1962 unterscheidet Johannes XXIII. zwischen der Vitalität der Kirche nach innen und jener nach außen – und unterstreicht die Bedeutung von Themen wie Menschenrechten, Frieden, Unterentwicklung und sozialer Verantwortung.

Am Konzil selbst taucht die Frage des Verhältnisses von Kirche und Welt bereits in den ersten Wochen auf. Denn dass es beim Konzil nicht nur um Binnenthemen gehen wird, das verdeutlicht bereits die Botschaft der Konzilsväter an die Welt (20. Oktober 1962). Dieser Text war – nach der Verschiebung der Wahl der Konzilskommissionen – der erste Diskussionspunkt am Konzil überhaupt: „Aus allen Völkern unter der Sonne vereint, tragen wir in unseren Herzen die Nöte der uns anvertrauten Völker, die Ängste des Leibes und der Seele, die Schmerzen, die Sehnsüchte und Hoffnungen. Alle Lebensangst, die die Menschen quält, brennt uns auf der Seele [...]. Deswegen legen wir bei unseren Arbeiten besonderes Gewicht auf jene Probleme, die mit der Würde des Menschen und mit einer wahren Völkergemeinschaft zusammenhängen. ‚Christi Liebe drängt uns' (2 Kor 5,14): Denn ‚wer seinen Bruder Not leiden sieht und sein Herz dennoch vor ihm verschließt, wie kann die Liebe Gottes in ihm bleiben?' (1 Joh 3,17)."

Erstmals konnten sich Bischöfe aus der sogenannten Dritten Welt Gehör verschaffen und ihre Perspektive wirksam einbringen, so z. B. Weihbischof Helder Camara (Rio de Janeiro) in der ersten Sitzungsperiode: „Sollen wir unsere ganze Zeit darauf verwenden, interne Probleme der Kirche zu diskutieren, während zwei Drittel der Menschheit Hungers sterben? [...] Wird das Konzil seiner Sorge um die großen Probleme der Menschheit Ausdruck geben? Soll Papst Johannes in diesem Kampf alleine bleiben?"

Die Erarbeitung der Pastoralkonstitution war eine unglaublich komplexe Angelegenheit. Einmal wegen der Fülle der – in sich wiederum höchst komplexen – zu behandelnden Themen und Probleme. Außerdem gab es kein Modell für ein solches Konzilsdokument.

Das Projekt wurde immer wieder auch grundsätzlich infrage gestellt: Darf/Soll ein Konzil über gesellschaftliche, politische und kulturelle Fragen (wie Fortschritt, Wirtschaft usw.) sprechen, die sich im Fluss befinden?

Bis zum endgültigen Dokument gab es sieben verschiedene Textfassungen. Die meisten davon kamen gar nicht in die Konzilsaula. Im ersten Dokument, das den Konzilsvätern vorgelegt wurde, war die Grundsatzdebatte über die Methode bereits entschieden: Bisher hatte man über soziale Probleme theologisch gesprochen – ausgehend von der biblischen Offenbarung wurden deduktiv konkrete Schlussfolgerungen gezogen. Das ist im Grunde nur für Glaubende nachvollziehbar. *Gaudium et spes* hingegen schloss sich der Methode der Enzyklika *Pacem in terris* von Johannes XXIII. an: Ausgehend von der Analyse der Probleme der Welt wendet man sich in einer Sprache und mit Argumenten, die auch Nichtglaubende verstehen, an alle Menschen guten Willens.

Noch in der letzten Sitzungsperiode wurde der Text sehr kontrovers diskutiert: Die Welt werde zu optimistisch gesehen, man müsse auf die Ambivalenz der modernen Welt hinweisen. Die Gebrochenheit und Sündigkeit des Menschen komme ungenügend zum Ausdruck. Gefordert wurden eine ausdrückliche Verurteilung des Kommunismus sowie Korrekturen in Fragen der Ehe und des Krieges. Schließlich müsse der Text seine eigene Vorläufigkeit thematisieren: Was legt die Kirche als verbindliche Aussage vor, was ist im Sinne einer Weisung zu verstehen?

Klugerweise lud man die schärfsten Kritiker zur Mitarbeit ein. 500 Seiten Änderungsvorschläge wurden eingearbeitet. Bei der feierlichen Schlussabstimmung stimmten 2309 Väter für den Text, 75 dagegen. Das waren die meisten Gegenstimmen bei den Konstitutionen. Die Ablehnung bezog sich primär auf die Tatsache einer Pastoralkonstitution als solcher.

Der Aufbau des Dokumentes und der einzelnen Kapitel

Die Pastoralkonstitution über die Kirche in der Welt von heute besteht aus zwei Hauptteilen, die eng miteinander verbunden sind.

Der erste Hauptteil „Die Kirche und die Berufung des Menschen" beschäftigt sich mit der Würde der menschlichen Person (erstes Kapitel), mit der menschlichen Gemeinschaft (zweites Kapitel) sowie mit dem menschlichen Schaffen in der Welt (drittes Kapitel). Das vierte Kapitel „Die Aufgabe der Kirche in der Welt von heute" kann als das Grundsatzkapitel angesehen werden und ist somit von besonderer Bedeutung. Zudem fungiert es als Bindeglied zwischen den beiden Hauptteilen.

Der zweite Hauptteil widmet sich „Wichtigere[n] Einzelfragen", die sich auf die Förderung der Würde der Ehe und der Familie (erstes Kapitel), die richtige Förderung des kulturellen Fortschritts (zweites

Kapitel), das Wirtschaftsleben (drittes Kapitel), das Leben der politischen Gemeinschaft (viertes Kapitel) sowie auf die Förderung des Friedens und der Aufbau der Völkergemeinschaft (fünftes Kapitel) beziehen.

Vorwort und Schlusswort formulieren Absicht und Stellenwert der Konstitution. Auffallend ist, dass jedes einzelne Kapitel den gleichen Aufbau aufweist: Nach einer Situationsbeschreibung folgt die Hervorhebung der Mehrdeutigkeit dieser Situation (Errungenschaft und Gefahr). Im ersten Hauptteil wird dann jeweils das Wort des Glaubens als Licht in der Situation und Orientierung zu ihrer Bewältigung angeschlossen, im zweiten Hauptteil die Aufgaben und Möglichkeiten der Kirche in dem betreffenden Bereich. Die meisten Kapitel enden mit einer christologischen Zusammenfassung (Verknüpfung der Thematik mit Jesus Christus).

„Pastorale" Konstitution

Eine Fußnote zum Titel der Pastoralkonstitution thematisiert die Eigenart der Pastoralkonstitution und ihren Verbindlichkeitsanspruch: „Sie wird ‚pastoral' genannt, weil sie, gestützt auf Prinzipien der Lehre, das Verhältnis der Kirche zur Welt und zu den Menschen von heute darzustellen beabsichtigt. So fehlt weder im ersten Teil die pastorale Zielsetzung noch im zweiten Teil die lehrhafte Zielsetzung. [...] Die Konstitution ist also nach den allgemeinen theologischen Interpretationsregeln zu deuten, und zwar, besonders im zweiten Teil, unter Berücksichtigung des Wechsels der Umstände, der mit den Gegenständen dieser Thematik verbunden ist." (Ähnlich ist dies auch in Art. 91 angesprochen.)

Als Konzilskonstitution ist *Gaudium et spes* konstitutiv für das Selbstverständnis und den Selbstvollzug der Kirche. Das Konzil hat ein neues Verständnis von „Pastoral": Es ist nicht mehr einfach die Anwendung der allgemeinen Doktrin auf die besondere Situation. Vielmehr soll die Doktrin selbst pastoral ausgerichtet sein. Dies fordert Johannes XXIII. in seiner Konzilseröffnungsrede, wenn er von einem „Lehramt von vorrangig pastoralem Charakter" spricht. Das bedeutet, die Lehre der Kirche muss im Blick auf Sprache, Denken, Kultur usw. jeweils neu formuliert werden. Nach Auffassung des Konzils ist Tradition nichts Starres, Unveränderliches, im Gegenteil: Die Identität der Lehre gibt es nur im Wandel.

„Pastorale" Konstitution meint somit alles andere als abgeschwächte Verbindlichkeit. *Gaudium et spes* hat gleich viel Gewicht wie die dogmatischen Konstitutionen (über die Liturgie, die Kirche und die Offenbarung). Zweifellos ist ein Dokument, das mehr Fragen stellt, als es Antworten hat, ein Novum in der Konziliengeschichte. Aber gerade eine Kirche, die offene Fragen zulässt und keine falschen Sicherheiten vorspiegelt, ist heute glaubwürdig.

Wesentliche Grundaussagen und Weichenstellungen

Die folgenden Punkte nehmen Grundaussagen und Weichenstellungen der Pastoralkonstitution in den Blick, die den Text durchgängig prägen.

Öffnung zur Welt

Mit *Gaudium et spes* wird eine dialogische Öffnung zur Moderne vollzogen und die Herausforderungen des wissenschaftlich-technischen Fortschritts, der Globalisierung und Wandlungsdynamik moderner Gesellschaften aufgenommen. Aufgrund geistesgeschichtlicher Entwicklungen (Französische Revolution, Menschenrechte, Demokratie, Atheismus usw.) war die Kirche in die Defensive geraten. Die Kirche verstand sich lange Zeit als „Bollwerk" gegen die Moderne. In all den Rückzugsgefechten gegen die Welt hatten sich auch die Gläubigen von dieser abzusondern und auf das Jenseits zu orientieren: „Herr, lehre uns das Irdische zu verachten und das Himmlische zu lieben!" – so ein verbreitetes Gebet.

In *Gaudium et spes* kehrt sich die Kirche hin zur Welt und zum Heute. Das Konzil verzichtet auf die Wiederholung der bisherigen Verurteilungen der „Irrtümer der Zeit" (Menschenrechte, Presse-, Religionsfreiheit usw.). Vielmehr ist es davon überzeugt, dass die großen geschichtlichen Entwicklungen und die sozialen Veränderungen mit der Verwirklichung des Reiches Gottes zusammenhängen. Die Zeichen der Zeit im Licht des Evangeliums zu deuten heißt, die Welt als einen Wahrheits-Ort zu verstehen. „Zeichen der Zeit" meint nicht einfach alles, was sich zuträgt, sondern geschichtlich-politisch-sozial-kulturell-religiöse Aufbrüche, die dahingehend zu prüfen sind, ob und wie weit sie dem Geist Jesu Christi entsprechen. Die Kirche nimmt erstmals einen Standort außerhalb ihrer selbst ein: Sie will von der Welt lernen, in der der Geist Gottes am Werk sein kann. „Die Welt" kann der Kirche helfen, die eigene Wahrheit tiefer zu begreifen.

Die Haltung der Kirche gegenüber der Welt

In *Lumen Gentium* versteht sich die Kirche nicht mehr als Herrschaftsinstrument, sondern als Beziehungssakrament. In *Gaudium et spes* wird aus der belehrenden Kirche eine dienende und prophetische Kirche. Eine Kirche, die sich selbst zurücknimmt, bescheidener, demütiger, fragend, die Wahrheit suchend. Natürlich heißt das nicht, dass die Kirche ihre Identität aufgibt. Aber sie vertritt sie im Sinne einer Demuts-Christologie, also in einem Stil und nur mit Mitteln, die dem Wirken Jesu und seinem Evangelium entsprechen. Die Pastoralkonstitution definiert die Haltung der Kirche zur Welt. Der Weltbezug und der Dienst an der Welt gehören konstitutiv zum Christsein und zur Kirche. Ein weltloser Glaube widerspricht der zentralen Glaubenswahrheit der Inkarnation, der Fleischwerdung Christi, dem Zur-Welt-Kommen Gottes. Inkarnation ist ein zentrales Leitmotiv in *Gaudium et spes*. So wie Gott sich im inkarnierten Sohn der Welt zuwendet, muss auch die Kirche der Welt zugewandt sein: Die Kirche erfährt sich tief verbunden und solidarisch mit der Menschheit und ihrer Geschichte – insbesondere mit den Armen, Notleidenden und Opfern. Menschliche Solidarität als solche gründet letztlich in Jesus Christus.

Das Konzil definiert die Kirche nicht mehr als unbeteiligten Spieler außerhalb der Konflikte, sondern als einen dem Frieden, der Gerechtigkeit und den Menschenrechten verpflichteten Mitspieler in der Welt. Basis der politischen Option der Kirche ist ihre Solidaritätspflicht mit den Leidenden. Diese Neupositionierung ist zweifellos ein Wagnis.

Ein wichtiges Moment an der neuen Haltung der Kirche zur Welt ist ihr Umgang mit ihrer eigenen Schuldgeschichte. Das Konzil weiß um den Abstand zwischen dem verkündeten Evangelium und der menschlichen Schwäche derer, die es verkünden. Deshalb bedarf die Kirche der permanenten Läuterung und Erneuerung (vgl. Art. 43). Das Konzil beschäftigt sich intensiv und konstruktiv mit dem Atheismus und spricht sogar von einem erheblichen Anteil der Gläubigen an seinem Entstehen (vgl. Art. 19). Zu einer konkreten und ausdrücklichen Entschuldigung, etwa zum Fall Galilei (vgl. Art. 36), konnte man sich jedoch nicht durchringen, denn nicht wenige Konzilsväter sahen im Eingeständnis des eigenen Versagens ein gefährliches Zeichen der Schwäche, das Ansehen und Autorität der Kirche mindern würde.

Die in Gott begründete Personwürde des Menschen

In *Gaudium et spes* wird die Menschheit als die eine Menschheitsfamilie gesehen. Alle Menschen sind Kinder Gottes, von Gott geschaffen und zur vollen endgültigen Gemeinschaft in und mit seiner Liebe berufen. Die Inkarnation und die unversale Präsenz Gottes in der Welt ist auch hier ein wichtiges Grundmotiv: Der göttliche Logos ist in allen und in allem da. In der Menschwerdung hat sich der Sohn Gottes „gewissermaßen mit jedem Menschen vereinigt.

[...] der Heilige Geist bietet allen die Möglichkeit an, diesem österlichen Geheimnis in einer Gott bekannten Weise verbunden zu sein." (GS 22)

Die Grundlage aller konkreten Ausführungen ist die in Gott gründende Würde der menschlichen Person. Folgende wichtige Aspekte hält das Konzil fest: Der Mensch darf nicht auf Irdisches reduziert werden. Die Kirche versteht sich als „Zeichen und Schutz der Transzendenz der menschlichen Person" (Art. 76). Sie will die Einheit unter den Menschen fördern und hat dabei einen weltpolitischen Auftrag. Kriterium der globalen Gerechtigkeit sind einerseits das Recht auf menschenwürdiges Leben und andererseits das Wohl der Gemeinschaft. Die Wirtschaft hat dem Menschen zu dienen und nicht umgekehrt. Das Konzil bekennt sich klar zu den Menschenrechten. Es nennt Ungerechtigkeit und wirtschaftliche Ungleichheit als zentrale Kriegsursachen und vertritt die Logik der unbedingten Kriegsvermeidung.

Bei der folgenden Kommentierung wird der Schwerpunkt auf den ersten Hauptteil gelegt. Im zweiten Hauptteil werden die zentralen Ergebnisse zusammenfassend dargestellt. Insgesamt wurde darauf geachtet, dass der rote Faden der Pastoralkonstitution sichtbar wird.

Pastorale Konstitution über die Kirche in der Welt von heute*
Gaudium et spes

Vorwort

1. Die engste Verbundenheit der Kirche mit der ganzen Menschheitsfamilie | Freude und Hoffnung, Trauer und Angst der Menschen von heute, besonders der Armen und Bedrängten aller Art, sind auch Freude und Hoffnung, Trauer und Angst der Jünger Christi. Und es gibt nichts wahrhaft Menschliches, das nicht in ihren Herzen seinen Widerhall fände. Ist doch ihre eigene Gemeinschaft aus Menschen gebildet, die, in Christus geeint, vom Heiligen Geist auf ihrer Pilgerschaft zum Reich des Vaters geleitet werden und eine Heilsbotschaft empfangen haben, die allen auszurichten ist. Darum erfährt diese Gemeinschaft sich mit der Menschheit und ihrer Geschichte wirklich engstens verbunden.

Die Kirche positioniert sich nicht mehr „über" oder „gegenüber" der Menschheit, sondern in Verbundenheit und Solidarität mit ihr – insbesondere mit den Armen und Notleidenden. Die theologische Grundlage dafür liegt darin, dass die Kirche eine in Christus geeinte Gemeinschaft aus *Menschen* ist, im Heiligen Geist *unterwegs* zum Vater. Und: Sie hat eine Heilsbotschaft, die *allen* auszurichten ist.

2. Wen das Konzil hier anspricht | Daher wendet sich das Zweite Vatikanische Konzil nach einer tieferen Klärung des Geheimnisses der Kirche ohne Zaudern nicht mehr bloß an die Kinder der Kirche und an alle, die Christi Namen anrufen, sondern an alle Menschen schlechthin in der Absicht, allen darzulegen, wie es Gegenwart und Wirken der Kirche in der Welt von heute versteht. Vor seinen Augen steht also die Welt der Menschen,

Während *Lumen Gentium* den Blick nach innen richtet und das Geheimnis der Kirche zu klären versucht, wendet sich das Konzil mit *Gaudium et spes* nun nach außen. Es möchte es „alle Menschen schlechthin" ansprechen. Diese Zuwendung der Kirche zur Welt ist also nichts Beliebiges, sondern ▷

steht in engem Zusammenhang mit ihrem tiefsten Wesen. Das Konzil beschreibt die „Welt" in zweifacher Weise: als Schauplatz der menschlichen Geschichte, geprägt von Unternehmungen, Niederlagen und Siegen; und in theologischer Perspektive als aus Liebe geschaffen, trotz der Sünde durch Christus befreit und unterwegs zur Vollendung. Die theologischen Aussagen sind positiv akzentuiert. So fehlt etwa die Rede von Untergang und Gericht.	das heißt die ganze Menschheitsfamilie mit der Gesamtheit der Wirklichkeiten, in denen sie lebt; die Welt, der Schauplatz der Geschichte der Menschheit, von ihren Unternehmungen, Niederlagen und Siegen geprägt; die Welt, die nach dem Glauben der Christen durch die Liebe des Schöpfers begründet ist und erhalten wird; die unter die Knechtschaft der Sünde geraten, von Christus aber, dem Gekreuzigten und Auferstandenen, durch Brechung der Herrschaft des Bösen befreit wurde; bestimmt, umgestaltet zu werden nach Gottes Heilsratschluss und zur Vollendung zu kommen.
Die Kirche will in einen Dialog über die verschiedenen Probleme der heutigen Welt eintreten und dabei das „Licht des Evangeliums" einbringen. Zentrale Themen sind die menschliche Person und die Gesellschaft.	**3. Der Auftrag zum Dienst am Menschen** Gewiss ist die Menschheit in unseren Tagen voller Bewunderung für die eigenen Erfindungen und die eigene Macht; trotzdem wird sie oft ängstlich bedrückt durch die Fragen nach der heutigen Entwicklung der Welt, nach Stellung und Aufgabe des Menschen im Universum, nach dem Sinn seines individuellen und kollektiven Schaffens, schließlich nach dem letzten Ziel der Dinge und Menschen. Als Zeuge und Künder des Glaubens des gesamten in Christus geeinten Volkes Gottes kann daher das Konzil dessen Verbundenheit, Achtung und Liebe gegenüber der ganzen Menschheitsfamilie, der dieses ja selbst eingefügt ist, nicht beredter bekunden als dadurch, dass es mit ihr in einen Dialog eintritt über all diese verschiedenen Probleme;

dass es das Licht des Evangeliums bringt und dass es dem Menschengeschlecht jene Heilskräfte bietet, die die Kirche selbst, vom Heiligen Geist geleitet, von ihrem Gründer empfängt. Es geht um die Rettung der menschlichen Person, es geht um den rechten Aufbau der menschlichen Gesellschaft. Der Mensch also, der eine und ganze Mensch, mit Leib und Seele, Herz und Gewissen, Vernunft und Willen steht im Mittelpunkt unserer Ausführungen.

Die Heilige Synode bekennt darum die hohe Berufung des Menschen, sie erklärt, dass etwas wie ein göttlicher Same in ihn eingesenkt ist, und bietet der Menschheit die aufrichtige Mitarbeit der Kirche an zur Errichtung jener brüderlichen Gemeinschaft aller, die dieser Berufung entspricht. Dabei bestimmt die Kirche kein irdischer Machtwille, sondern nur dies eine: unter Führung des Geistes, des Trösters, das Werk Christi selbst weiterzuführen, der in die Welt kam, um der Wahrheit Zeugnis zu geben[1]; zu retten, nicht zu richten; zu dienen, nicht sich bedienen zu lassen[2].

> Die Rettung der menschlichen Person sowie die hohe Berufung des Menschen (bildhaft umschrieben mit dem „göttlichen Samen", der jedem eingesenkt ist) stehen im Mittelpunkt. Die Kirche bietet ihre Mitarbeit am Aufbau einer wahrhaft menschlichen (der hohen Berufung des Menschen entsprechenden) Gemeinschaft an. Sie tut dies nicht aus Machtwillen, nicht um zu belehren, sondern um zu dienen.

Einführung: Die Situation des Menschen in der heutigen Welt

4. Hoffnung und Angst | Zur Erfüllung dieses ihres Auftrags obliegt der Kirche allzeit die Pflicht, nach den Zeichen der Zeit zu forschen und sie im Licht des Evangeliums zu deuten.

> Aus der Absicht zum Dialog erwächst der Kirche die Pflicht, die Gegenwart wirklich zu erfassen und zu verstehen. Die ▷

Aufbrüche und Entwicklungen ("Zeichen der Zeit") sind daraufhin zu befragen, ob und wie weit sie dem Geist Jesu Christi entsprechen. Eine Kirche, die aufmerksam ist für die Zeichen der Zeit, kann auch zeitgemäßer sprechen.

Tiefgreifende Veränderungen als schöpferische Aufbrüche, aber auch als Potential für Zerstörung – diese Hauptzüge der Welt von heute werden in der Einführung skizziert. Damit hat das Konzil eine neue Perspektive auf die Welt eröffnet. Bleibend verbindlich ist dabei nicht die (auf die 60er-Jahre bezogene) Zeitanalyse des Konzils als solche, sondern der Wille und die Fähigkeit zur Wahrnehmung und Analyse der je heutigen Realität.

Der Mensch erweist sich mächtig und ohnmächtig zugleich. Er hat die Dinge nicht in der Hand. Sprachlich zeigt sich die Betonung der Ambivalenzen in Formulierungen wie „und doch". Wie in vielen anderen „Zwar-aber"-Formulierungen liegt der Akzent der Aussage auf dem zweiten Satzteil.

So kann sie dann in einer jeweils einer Generation angemessenen Weise auf die bleibenden Fragen der Menschen nach dem Sinn des gegenwärtigen und des zukünftigen Lebens und nach dem Verhältnis beider zueinander Antwort geben. Es gilt also, die Welt, in der wir leben, ihre Erwartungen, Bestrebungen und ihren oft dramatischen Charakter zu erfassen und zu verstehen. [...]

Heute steht die Menschheit in einer neuen Epoche ihrer Geschichte, in der tiefgehende und rasche Veränderungen Schritt um Schritt auf die ganze Welt übergreifen. Vom Menschen, seiner Vernunft und schöpferischen Gestaltungskraft gehen sie aus; sie wirken auf ihn wieder zurück, auf seine persönlichen und kollektiven Urteile und Wünsche, auf seine Art und Weise, die Dinge und die Menschen zu sehen und mit ihnen umzugehen. So kann man schon von einer wirklichen sozialen und kulturellen Umgestaltung sprechen, die sich auch auf das religiöse Leben auswirkt.

Wie es bei jeder Wachstumskrise geschieht, bringt auch diese Umgestaltung nicht geringe Schwierigkeiten mit sich. So dehnt der Mensch seine Macht so weit aus und kann sie doch nicht immer so steuern, dass sie ihm wirklich dient. Er unternimmt es, in immer tiefere seelische Bereiche einzudringen, und scheint doch oft ratlos über sich selbst. Schritt für Schritt entdeckt er die Gesetze des gesellschaftlichen Lebens und weiß doch nicht, welche Ausrichtung er ihm geben soll.

Noch niemals verfügte die Menschheit über so viel Reichtum, Möglichkeiten und wirtschaftliche Macht, und doch leidet noch ein ungeheurer Teil der Bewohner unserer Erde Hunger und Not, gibt es noch unzählige Analphabeten.

[...] Zwar nimmt der Meinungsaustausch zu; und doch erhalten die gleichen Worte, in denen sich gewichtige Auffassungen ausdrücken, in den verschiedenen Ideologien einen sehr unterschiedlichen Sinn. Man strebt schließlich unverdrossen nach einer vollkommeneren Ordnung im irdischen Bereich, aber das geistliche Wachstum hält damit nicht gleichen Schritt.

> Das Konzil sieht die Gefahr, dass man in einem Dialog völlig aneinander vorbeireden kann.

Betroffen von einer so komplexen Situation, tun sich viele unserer Zeitgenossen schwer, die ewigen Werte recht zu erkennen und mit dem Neuen, das aufkommt, zu einer richtigen Synthese zu bringen; so sind sie, zwischen Hoffnung und Angst hin und her getrieben, durch die Frage nach dem heutigen Lauf der Dinge zutiefst beunruhigt. Dieser verlangt eine Antwort vom Menschen. Ja er zwingt ihn dazu.

> „Hoffnung und Angst" resultieren aus der Überforderung, die eine solch komplexe Situation mit sich bringt. Das Konzil spricht immer wieder von „Unruhe" und „Wandel" und betont die Notwendigkeit von Antworten.

5. Der tiefgehende Wandel der Situation | Die heute zu beobachtende Unruhe und der Wandel der Lebensbedingungen hängen mit einem umfassenden Wandel der Wirklichkeit zusammen, so dass im Bildungsbereich die

> Der Vorrang mathematisch-naturwissenschaftlicher Intelligenz und die Technik prägen zunehmend Kultur und Denken der Menschen. Es ▷

wachsen die Möglichkeiten, das Leben des Menschen unmittelbar zu beeinflussen. Es vollzieht sich ein Übergang von einem eher statischen Verständnis der Ordnung der Gesamtwirklichkeit zu einem mehr dynamischen und evolutiven Verständnis.

mathematischen, naturwissenschaftlichen und anthropologischen Disziplinen, im praktischen Bereich die auf diesen Disziplinen aufbauende Technik ein wachsendes Gewicht erlangen. Diese positiv-wissenschaftliche Einstellung gibt der Kultur und dem Denken des Menschen ein neues Gepräge gegenüber früheren Zeiten. Schon geht die Technik so weit, dass sie das Antlitz der Erde selbst umformt, ja sie geht schon an die Bewältigung des planetarischen Raumes.

Auch über die Zeit weitet der Geist des Menschen gewissermaßen seine Herrschaft aus; über die Vergangenheit mit Hilfe der Geschichtswissenschaft; über die Zukunft durch methodisch entwickelte Voraussicht und Planung. In ihrem Fortschritt geben Biologie, Psychologie und Sozialwissenschaften dem Menschen nicht nur ein besseres Wissen um sich selbst; sie helfen ihm auch, in methodisch gesteuerter Weise das gesellschaftliche Leben unmittelbar zu beeinflussen. [...]

Das Konzil nimmt die Auswirkungen der kulturbedingten tiefgreifenden Veränderungen auf das religiöse Bewusstsein differenziert wahr und ist weit entfernt von einem billigen Kulturpessimismus. Kritische Einwände gegen den Glauben läutern das religiöse Leben und fördern eine Glaubensentscheidung

7. Psychologische, sittliche und religiöse Wandlungen | [...] Die neuen Verhältnisse üben schließlich auch auf das religiöse Leben ihren Einfluss aus. Einerseits läutert der geschärfte kritische Sinn das religiöse Leben von einem magischen Weltverständnis und von noch vorhandenen abergläubischen Elementen und fordert mehr und mehr eine ausdrücklicher personal vollzogene Glaubensentscheidung, so dass nicht wenige zu einer lebendigeren Gotteserfahrung kommen. Andererseits geben breite Volksmassen das religiöse Leben praktisch auf. Anders als in früheren Zeiten sind die Leugnung Gottes oder der Religion oder die völlige Gleichgültigkeit ihnen gegenüber keine Ausnahme und keine Sache nur von Einzelnen mehr. Heute wird eine solche Haltung gar nicht selten als Forderung des wissenschaftlichen Fortschritts und eines sogenannten neuen Humanismus ausgegeben. [...] Die Verwirrung vieler ist die Folge.

und Gotteserfahrung. Andererseits sind Atheismus und religiöse Gleichgültigkeit ein Massenphänomen geworden, das gesellschaftlich deutlich – und mitunter irritierend – spürbar ist.

9. Das umfassendere Verlangen der Menschheit | Gleichzeitig wächst die Überzeugung, dass die Menschheit nicht nur ihre Herrschaft über die Schöpfung immer weiter verstärken kann und muss, sondern dass es auch ihre Aufgabe ist, eine politische, soziale und wirtschaftliche Ordnung zu schaffen, die immer besser im Dienst des Menschen steht und die dem Einzelnen wie den Gruppen dazu hilft, die ihnen eigene Würde zu behaupten und zu entfalten. [...]

Hinter allen diesen Ansprüchen steht ein tieferes und umfassenderes Verlangen: Die Einzelpersonen und die Gruppen begehren ein erfülltes und freies Leben, das des Menschen würdig ist, indem sie sich selber alles, was die heutige Welt ihnen so reich darzubieten vermag, dienstbar machen. Die Völker streben darüber hinaus immer stärker nach einer gewissen alle umfassenden Gemeinschaft.

Politik und Wirtschaft sollen im Dienst des Menschen und der Entfaltung seiner Würde stehen. Im folgenden Abschnitt werden verschiedene Emanzipationsbestrebungen genannt, bei denen es um Gerechtigkeit und Anteil an der Gestaltung von Kultur und Gesellschaft geht (Völker der Dritten Welt, Frauen usw.).

Das Konzil beschreibt das Begehren nach erfülltem und freiem Leben sowie nach umfassender Gemeinschaft als „tieferes Verlangen" in allen konkreten emanzipatorischen Bewegungen, konstatiert zugleich aber eine enorme Ambivalenz. Die Menschheit hat ▷

> die Macht, das Beste oder aber das Schlimmste zu tun.

Unter diesen Umständen zeigt sich die moderne Welt zugleich stark und schwach, in der Lage, das Beste oder das Schlimmste zu tun; für sie ist der Weg offen zu Freiheit oder Knechtschaft, Fortschritt oder Rückschritt, Brüderlichkeit oder Hass. Zudem wird nun der Mensch sich dessen bewusst, dass es seine eigene Aufgabe ist, jene Kräfte, die er selbst geweckt hat und die ihn zermalmen oder ihm dienen können, richtig zu lenken. Wonach er fragt, ist darum er selber.

> Die tiefste Wurzel aller Spannungen und Brüche in der Welt ist die Störung des Gleichgewichts im Herzen der Menschen. Der Mensch ist innerlich zerrissen und dieser innere Zwiespalt hat Folgen auf das soziale Miteinander. Einmal mehr unterstreicht das Konzil die Unausweichlichkeit der existentiellen Grundfragen – nach dem Sinn des Leidens, des Bösen, des Todes. Was darf der Mensch hoffen?

10. Die tieferen Fragen der Menschheit | In Wahrheit hängen die Störungen des Gleichgewichts, an denen die moderne Welt leidet, mit jener tiefer liegenden Störung des Gleichgewichts zusammen, die im Herzen des Menschen ihren Ursprung hat. Denn im Menschen selbst sind viele widersprüchliche Elemente gegeben. Einerseits erfährt er sich nämlich als Geschöpf vielfältig begrenzt, andererseits empfindet er sich in seinem Verlangen unbegrenzt und berufen zu einem Leben höherer Ordnung. Zwischen vielen Möglichkeiten, die ihn anrufen, muss er dauernd unweigerlich eine Wahl treffen und so auf dieses oder jenes verzichten. Als schwacher Mensch und Sünder tut er oft das, was er nicht will, und was er tun wollte, tut er nicht[3]. So leidet er an einer inneren Zwiespältigkeit, und daraus entstehen viele und schwere Zerwürfnisse auch in der Gesellschaft. [...] Dennoch wächst angesichts der heutigen Weltentwicklung die Zahl derer, die die Grundfragen stellen oder mit neuer Schärfe spüren: Was ist der Mensch? Was ist der Sinn des Schmerzes, des Bösen, des Todes - alles Dinge, die trotz solchen Fortschritts noch immer weiterbestehen? Wozu diese Siege, wenn sie so teuer erkauft werden mussten? Was kann der Mensch der Gesellschaft geben, was von ihr erwarten? Was kommt nach diesem irdischen Leben?

Die Kirche aber glaubt: Christus, der für alle starb und auferstand[4], schenkt dem Menschen Licht und Kraft durch seinen Geist, damit er seiner höchsten Berufung nachkommen kann; es ist kein anderer Name unter dem Himmel den Menschen gegeben, in dem sie gerettet werden sollen[5]. Sie glaubt ferner, dass in ihrem Herrn und Meister der Schlüssel, der Mittelpunkt und das Ziel der ganzen Menschheitsgeschichte gegeben ist. Die Kirche bekennt überdies, dass allen Wandlungen vieles Unwandelbare zugrunde liegt, was seinen letzten Grund in Christus hat, der derselbe ist gestern, heute und in Ewigkeit[6]. Im Licht Christi also, des Bildes des unsichtbaren Gottes, des Erstgeborenen vor aller Schöpfung[7], will das Konzil alle Menschen ansprechen, um das Geheimnis des Menschen zu erhellen und mitzuwirken dabei, dass für die dringlichsten Fragen unserer Zeit eine Lösung gefunden wird.

Nach den ausführlichen Analysen kommt etwas unvermittelt der Satz: „Die Kirche *aber* glaubt". In binnenkirchlicher Sprache wird Christus als innerstes Licht jedes Menschen, als Zielpunkt der Menschheitsgeschichte und als ruhende Mitte in der Unruhe allen Wandels präsentiert. Erst später wird das Gegenüber „weltliche Unruhe" – „kirchliche Antwort" in Einklang gebracht (vgl. Art. 22). Das Konzil wiederholt seine zweifache Absicht: das Geheimnis des Menschen zu erhellen und an der Lösung der dringlichsten Fragen der Zeit mitzuwirken.

I. Hauptteil
Die Kirche und die Berufung des Menschen

Die Einleitung erläutert das Anliegen des ersten Hauptteils: Im Vertrauen auf das universale Wirken des Geistes Gottes gilt es zu erkennen, was an den Zeichen der Zeit dem Willen Gottes entspricht.

11. Antworten auf die Antriebe des Geistes
Im Glauben daran, dass es vom Geist des Herrn geführt wird, der den Erdkreis erfüllt, bemüht sich das Volk Gottes, in den Ereignissen, Bedürfnissen und Wünschen, die es zusammen mit den übrigen Menschen unserer Zeit teilt, zu unterscheiden, was darin wahre Zeichen der Gegenwart oder der Absicht Gottes sind. Der Glaube erhellt nämlich alles mit einem neuen Licht, enthüllt den göttlichen Ratschluss hinsichtlich der integralen Berufung des Menschen und orientiert daher den Geist auf wirklich humane Lösungen hin.

Das Konzil versucht, die heute gültigen Werte und Anschauungen in Gott zu verankern, und kritisiert die mitunter fehlende Ausrichtung auf ein transzendentes Ziel.

Das Konzil beabsichtigt, vor allem jene Werte, die heute besonders in Geltung sind, in diesem Licht zu beurteilen und auf ihren göttlichen Ursprung zurückzuführen. Insofern diese Werte nämlich aus der gottgegebenen Anlage des Menschen hervorgehen, sind sie gut. Infolge der Verderbtheit des menschlichen Herzens aber fehlt ihnen oft die notwendige letzte Ausrichtung, so dass sie einer Läuterung bedürfen.

Überleitend zum ersten Kapitel werden jene Fragen genannt, auf die „man" Antwort erwartet. Die Kirche sieht sich eingefügt in die Welt und mit dieser in einem gegenseitigen

Was denkt die Kirche vom Menschen? Welche Empfehlungen erscheinen zum Aufbau der heutigen Gesellschaft angebracht? Was ist die letzte Bedeutung der menschlichen Tätigkeit in der gesamten Welt? Auf diese Fragen erwartet man Antwort. Von da wird klarer in Erscheinung treten, dass das Volk Gottes und die Menschheit, der es eingefügt ist, in gegenseitigem Dienst stehen, so dass die Sendung der Kirche sich als eine religiöse und gerade dadurch höchst humane erweist.

Dienst. Das Konzil sieht zwischen „religiös" und „human" keinen Widerspruch.

Erstes Kapitel:
Die Würde der menschlichen Person

12. Der Mensch nach dem Bild Gottes | Es ist fast einmütige Auffassung der Gläubigen und der Nichtgläubigen, dass alles auf Erden auf den Menschen als seinen Mittel- und Höhepunkt hinzuordnen ist.

Was ist aber der Mensch? Viele verschiedene und auch gegensätzliche Auffassungen über sich selbst hat er vorgetragen und trägt er vor, in denen er sich oft entweder selbst zum höchsten Maßstab macht oder bis zur Hoffnungslosigkeit abwertet, und ist so unschlüssig und voll Angst. In eigener Erfahrung dieser Nöte kann die Kirche doch, von der Offenbarung Gottes unterwiesen, für sie eine Antwort geben, um so die wahre Verfassung des Menschen zu umreißen und seine Schwäche zu erklären, zugleich aber auch die richtige Anerkennung seiner Würde und Berufung zu ermöglichen.

Die Heilige Schrift lehrt nämlich, dass der Mensch „nach dem Bild Gottes" geschaffen ist, fähig, seinen Schöpfer zu erkennen und zu lieben, von ihm zum Herrn über alle irdischen Geschöpfe gesetzt[1], um

Die „Würde der menschlichen Person". ist für das Konzil ein zentrales Thema, nicht zuletzt als Grundlage für die Erklärung über die Religionsfreiheit. Dabei wird induktiv vorgegangen: Ausgangspunkt ist ein – überraschend deutliches – Bekenntnis zu neuzeitlichen Anthropozentrik (der Mensch als Mittelpunkt der Welt). Sodann werden Probleme genannt (z.B. widerstreitende Auffassungen über den Menschen, Selbstüberschätzung, Angst). Schließlich wird die Antwort des Glaubens angeboten (Würde und Berufung des Menschen).

„Ebenbild Gottes" ist ein Schlüsselbegriff. Als Bild Gottes ist der Mensch auf den Schöpfer hingeordnet und nicht dem Irdischen unter- ▷

worfen („beherrschen"). Er ist als Gemeinschaftswesen geschaffen und auf andere angewiesen, um sein Leben zu entfalten. Ausgehend vom „Bild-Gottes"-Begriff behandeln die folgenden Artikel Grundthemen einer theologischen Anthropologie (vgl. Art. 13–18). Die Darlegungen sind von der Überzeugung bestimmt, dass die Schöpfung in den Augen Gottes „sehr gut" ist.

sie in Verherrlichung Gottes zu beherrschen und zu nutzen[2]. [...]

Aber Gott hat den Menschen nicht allein geschaffen: Denn von Anfang an hat er ihn „als Mann und Frau geschaffen" (Gen 1,27); ihre Verbindung schafft die erste Form personaler Gemeinschaft. Der Mensch ist nämlich aus seiner innersten Natur ein gesellschaftliches Wesen; ohne Beziehung zu den anderen kann er weder leben noch seine Anlagen zur Entfaltung bringen.

Gott sah also, wie wir wiederum in der Heiligen Schrift lesen, „alles, was er gemacht hatte, und es war sehr gut" (Gen 1,31).

Dieser Abschnitt über die Sünde war ursprünglich nicht vorgesehen, sondern wurde erst sehr spät (wegen des Vorwurfs des übermäßigen Optimismus) eingefügt. Er wirkt ein wenig wie ein Fremdkörper. Die Argumentation führt hier – anders als sonst – von der Offenbarung (Röm 1, 21–25) zur menschlichen Erfahrung.

13. Die Sünde | Obwohl in Gerechtigkeit von Gott begründet, hat der Mensch unter dem Einfluss des Bösen gleich von Anfang der Geschichte an durch Auflehnung gegen Gott und den Willen, sein Ziel außerhalb Gottes zu erreichen, seine Freiheit missbraucht. „Obwohl sie Gott erkannten, haben sie ihn nicht als Gott verherrlicht, sondern ihr unverständiges Herz wurde verfinstert, und sie dienten den Geschöpfen statt dem Schöpfer"[3]. Was uns aus der Offenbarung Gottes bekannt ist, steht mit der Erfahrung in Einklang: Der Mensch erfährt sich, wenn er in sein Herz schaut, auch zum Bösen geneigt und verstrickt in vielfältige Übel, die nicht von seinem guten Schöpfer herkommen können. Oft weigert er sich, Gott als seinen Ursprung anzuerkennen; er durchbricht dadurch auch die geschuldete Ausrichtung auf sein letztes Ziel, zugleich aber auch seine ganze Ordnung hinsichtlich seiner selbst wie hinsichtlich der anderen Menschen und der ganzen Schöpfung. [...]

14. Der Wesensstand des Menschen |

In Leib und Seele einer, vereint der Mensch durch seine Leiblichkeit die Elemente der stofflichen Welt in sich: Durch ihn erreichen diese die Höhe ihrer Bestimmung und erheben ihre Stimme zum freien Lob des Schöpfers[5]. Das leibliche Leben darf also der Mensch nicht geringachten; er muss im Gegenteil seinen Leib als von Gott geschaffen und zur Auferweckung am Jüngsten Tage bestimmt für gut und der Ehre würdig halten. Durch die Sünde aber verwundet, erfährt er die Widerstände seiner Leiblichkeit. Daher verlangt die Würde des Menschen, dass er Gott in seinem Leibe verherrliche[6] und ihn nicht den bösen Neigungen seines Herzens dienen lasse.

Der Mensch irrt aber nicht, wenn er seinen Vorrang vor den körperlichen Dingen bejaht und sich selbst nicht nur als Teil der Natur oder als anonymes Element in der menschlichen Gesellschaft betrachtet, denn in seiner Innerlichkeit übersteigt er die Gesamtheit der Dinge. In diese Tiefe geht er zurück, wenn er in sein Herz einkehrt, wo Gott ihn erwartet, der die Herzen durchforscht[7], und wo er selbst unter den Augen Gottes über

Hier findet sich eine ausdrückliche Abkehr von der jahrhundertealten Leibfeindlichkeit der christlichen Tradition (grundsätzlicher Widerstreit zwischen Geist und Materie): Im Menschen erheben sich die Elemente der stofflichen Welt (die Materie) zum Lobe Gottes. Der ganze Mensch ist auf Gott bezogen. Er muss seinen Leib annehmen und wertschätzen.

Gegen die Auffassung des Materialismus betont der Text, dass der Mensch mehr ist als ein biologischer Körper. In verschiedenen Bildern wird beschrieben, dass der Mensch zutiefst von Gott berührt ist: „Innerlichkeit", „Tiefe", „Herz", wo Gott präsent ist, „Gewissen", wo der Mensch vor Gott ▷

entscheidet, und schließlich unsterbliche Geist-„Seele".

sein eigenes Geschick entscheidet. Wenn er daher die Geistigkeit und Unsterblichkeit seiner Seele bejaht, wird er nicht zum Opfer einer trügerischen Einbildung, die sich von bloß physischen und gesellschaftlichen Voraussetzungen herleitet, sondern erreicht er im Gegenteil die tiefe Wahrheit der Wirklichkeit.

Auch mit der Vernunft überragt der Mensch die Natur. Trotz der großen Erfolge in der empirischen Forschung geht es um mehr als das bloß Materielle, das bloße Phänomen. Um die Welt als Welt Gottes zu erfassen, bedarf es der Weisheit, in der die Vernunft sich vollendet. Ohne Weisheit ist die Tiefendimension der Wirklichkeit nicht zugänglich.

15. Die Würde der Vernunft, die Wahrheit und die Weisheit | In Teilnahme am Licht des göttlichen Geistes urteilt der Mensch richtig, dass er durch seine Vernunft die Dingwelt überragt. In unermüdlicher Anwendung seiner Geistesanlagen hat er im Lauf der Zeit die empirischen Wissenschaften, die Technik und seine geistige und künstlerische Bildung sehr entwickelt. In unserer Zeit aber hat er mit ungewöhnlichem Erfolg besonders die materielle Welt erforscht und sich dienstbar gemacht. Immer jedoch suchte und fand er eine tiefere Wahrheit. Die Vernunft ist nämlich nicht auf die bloßen Phänomene eingeengt, sondern vermag geistig-tiefere Strukturen der Wirklichkeit mit wahrer Sicherheit zu erreichen, wenn sie auch infolge der Sünde zum Teil verdunkelt und geschwächt ist.

Die zu erstrebende Vollendung der Vernunftnatur der menschlichen Person ist die Weisheit, die den Geist des Menschen sanft zur Suche und Liebe des Wahren und Guten hinzieht und den durch sie geleiteten Menschen vom Sichtbaren zum Unsichtbaren führt. [...]

16. Die Würde des sittlichen Gewissens

Im Innern seines Gewissens entdeckt der Mensch ein Gesetz, das er sich nicht selbst gibt, sondern dem er gehorchen muss und dessen Stimme ihn immer zur Liebe und zum Tun des Guten und zur Unterlassung des Bösen anruft und, wo nötig, in den Ohren des Herzens tönt: Tu dies, meide jenes. Denn der Mensch hat ein Gesetz, das von Gott seinem Herzen eingeschrieben ist, dem zu gehorchen eben seine Würde ist und gemäß dem er gerichtet werden wird [9]. Das Gewissen ist die verborgenste Mitte und das Heiligtum im Menschen, wo er allein ist mit Gott, dessen Stimme in diesem seinem Innersten zu hören ist [10]. Im Gewissen erkennt man in wunderbarer Weise jenes Gesetz, das in der Liebe zu Gott und dem Nächsten seine Erfüllung hat [11]. Durch die Treue zum Gewissen sind die Christen mit den übrigen Menschen verbunden [...].

Nicht selten jedoch geschieht es, dass das Gewissen aus unüberwindlicher Unkenntnis irrt, ohne dass es dadurch seine Würde verliert. Das kann man aber nicht sagen, wenn der Mensch sich zu wenig darum müht, nach dem Wahren und Guten zu suchen, und das Gewissen durch Gewöhnung an die Sünde allmählich fast blind wird.

17. Die hohe Bedeutung der Freiheit |
Aber nur frei kann der Mensch sich zum Guten hinwenden. Und diese Freiheit schätzen unsere Zeitgenossen hoch und erstreben sie leiden-

---

Art. 16 ist ein stark diskutierter Kompromisstext, in dem die Auffassung des Gesetzesgewissens (als Anwendungsorgan der kirchlichen Normen) zugunsten eines personalen Verständnisses von Gewissen (die Würde und Freiheit des Menschen in der Unmittelbarkeit Gottes) in den Hintergrund tritt. Das Gesetz hat Gott dem Menschen in sein Herz eingeschrieben. Das Gewissen ist die verborgenste Mitte des Menschen, wo er allein ist mit Gott. Die Treue zum Gewissen verbindet die Christen mit allen Menschen.

Ein objektiv irriges Gewissen verliert nicht seine Würde, vorausgesetzt es ist ein gebildetes Gewissen. Wahrhaft kirchlicher Gehorsam ist keine willenlose Unterwerfung, sondern durch eine Gewissensentscheidung vermittelt.

Der erste Satz enthält den Grundgedanken der Erklärung über die Religionsfreiheit. In der Folge wird Freiheit ▷

schaftlich. Mit Recht. Oft jedoch vertreten sie sie in verkehrter Weise, als Berechtigung, alles zu tun, wenn es nur gefällt, auch das Böse. Die wahre Freiheit aber ist ein erhabenes Kennzeichen des Bildes Gottes im Menschen: Gott wollte nämlich den Menschen „in der Hand seines Entschlusses lassen"[12], so dass er seinen Schöpfer aus eigenem Entscheid suche und frei zur vollen und seligen Vollendung in Einheit mit Gott gelange. Die Würde des Menschen verlangt daher, dass er in bewusster und freier Wahl handle, das heißt personal, von innen her bewegt und geführt und nicht unter blindem innerem Drang oder unter bloßem äußerem Zwang. [...]

18. Das Geheimnis des Todes | Angesichts des Todes wird das Rätsel des menschlichen Daseins am größten. Der Mensch erfährt nicht nur den Schmerz und den fortschreitenden Abbau des Leibes, sondern auch, ja noch mehr die Furcht vor immerwährendem Verlöschen. Er urteilt aber im Instinkt seines Herzens richtig, wenn er die völlige Zerstörung und den endgültigen Untergang seiner Person mit Entsetzen ablehnt. Der Keim der Ewigkeit im Menschen lässt sich nicht auf die bloße Materie zurückführen und wehrt sich gegen den Tod. Alle Maßnahmen der Technik, so nützlich sie sind, können aber die Angst des Menschen nicht beschwichtigen. [...]

Während vor dem Tod alle Träume nichtig werden, bekennt die Kirche, belehrt von

---

Randnotizen:

von Willkür abgegrenzt. Die Freiheit gründet letztlich in der Berufung des Menschen zur vollen Gemeinschaft mit Gott, die der Mensch nur frei bejahen kann. Wo der Mensch von innen her bewegt und bewusst handelt, liegt personale Freiheit vor.

Der Text geht von der Erfahrung des Menschen aus: der Tod als Bedrohung. Der Angst steht die Sehnsucht nach ewigem Leben gegenüber, die sich jedoch auch durch lebensverlängernde Maßnahmen nicht stillen lässt.

der Offenbarung Gottes, dass der Mensch von Gott zu einem seligen Ziel jenseits des irdischen Elends geschaffen ist. [...] Gott rief und ruft nämlich den Menschen, dass er ihm in der ewigen Gemeinschaft unzerstörbaren göttlichen Lebens mit seinem ganzen Wesen anhange. Diesen Sieg hat Christus, da er den Menschen durch seinen Tod vom Tod befreite, in seiner Auferstehung zum Leben errungen[15]. Jedem also, der ernsthaft nachdenkt, bietet daher der Glaube, mit stichhaltiger Begründung vorgelegt, eine Antwort auf seine Angst vor der Zukunft an; und zugleich zeigt er die Möglichkeit, mit den geliebten Brüdern, die schon gestorben sind, in Christus Gemeinschaft zu haben in der Hoffnung, dass sie das wahre Leben bei Gott erlangt haben.

Die Offenbarung Gottes gibt Antwort. Es ist das Ziel des Menschen als Ganzer in ewiger unzerstörbarer Gemeinschaft mit Gott zu leben. Die Verstorbenen haben das wahre Leben bei Gott bereits erlangt. Möglicherweise ist die christliche Antwort etwas zu selbstsicher vorgetragen: Unberücksichtigt bleibt hier die Möglichkeit, dass sich die christliche Antwort nicht jedem erschließt, der ernsthaft nachdenkt. Die „stichhaltige Begründung" wird nur angeführt, aber nicht näher erläutert und erklärt.

19. Formen und Wurzeln des Atheismus

Ein besonderer Wesenszug der Würde des Menschen liegt in seiner Berufung zur Gemeinschaft mit Gott. Zum Dialog mit Gott ist der Mensch schon von seinem Ursprung her aufgerufen: Er existiert nämlich nur, weil er, von Gott aus Liebe geschaffen, immer aus Liebe erhalten wird; und er lebt nicht voll gemäß der Wahrheit, wenn er diese Liebe nicht frei anerkennt und sich seinem Schöpfer anheimgibt. Viele unserer Zeitgenossen erfassen aber diese innigste und lebensvolle Verbindung mit Gott gar nicht oder verwerfen sie ausdrücklich. So muss

Ausgehend von der Berufung des Menschen zur Gemeinschaft mit Gott, die zu seinem innersten Wesen gehört, kommt das Konzil auf den Atheismus (vgl. Art. 19–21) zu sprechen. Diese Abschnitte waren Gegenstand heftiger Diskussionen. Das Konzil entschied sich schließlich gegen billiges Totschweigen sowie gegen blinde pauschale Verdammnis. Es nimmt den Atheismus als Phänomen ernst und betrachtet ihn differenziert.

> Der Abschnitt benennt unterschiedliche Formen des Atheismus als *individuell-persönliche* Überzeugung – im Unterschied zu atheistischen Systemen und Ideologien (vgl. Art. 20). Genannt werden u.a. Agnostizismus, erkenntnistheoretischer Skeptizismus, methodischer Atheismus (naturwissenschaftlicher Szientismus), emanzipatorischer Atheismus (um der Freiheit des Menschen willen), Indifferentismus, Ignoranz (religiöse Unberührtheit) sowie humanistischer Atheismus (angesichts des Leidens in der Welt).

man den Atheismus zu den ernstesten Gegebenheiten dieser Zeit rechnen und aufs sorgfältigste prüfen.

Mit dem Wort Atheismus werden voneinander sehr verschiedene Phänomene bezeichnet. Manche leugnen Gott ausdrücklich; andere meinen, der Mensch könne überhaupt nichts über ihn aussagen; wieder andere stellen die Frage nach Gott unter solchen methodischen Voraussetzungen, dass sie von vornherein sinnlos zu sein scheint. Viele überschreiten den Zuständigkeitsbereich der Erfahrungswissenschaften und erklären, alles sei nur Gegenstand solcher naturwissenschaftlicher Forschung, oder sie verwerfen umgekehrt jede Möglichkeit einer absoluten Wahrheit. Manche sind, wie es scheint, mehr interessiert an der Bejahung des Menschen als an der Leugnung Gottes, rühmen aber den Menschen so, dass ihr Glaube an Gott keine Lebensmacht mehr bleibt. Andere machen sich ein solches Bild von Gott, dass jenes Gebilde, das sie ablehnen, keineswegs der Gott des Evangeliums ist. Andere nehmen die Fragen nach Gott nicht einmal in Angriff, da sie keine Erfahrung der religiösen Unruhe zu machen scheinen und keinen Anlass sehen, warum sie sich um Religion kümmern sollten. Der Atheismus entsteht außerdem nicht selten aus dem heftigen Protest gegen das Übel in der Welt oder aus der unberechtigten Übertragung des Begriffs des Absoluten auf gewisse menschliche Werte, so dass diese an Stelle Gottes treten. Auch die heutige Zivilisation kann oft, zwar nicht von ihrem Wesen her, aber durch ihre einseitige Zuwendung zu den irdischen Wirklichkeiten, den Zugang zu Gott erschweren.

Gewiss sind die, die in Ungehorsam gegen den Spruch ihres Gewissens absichtlich Gott von ihrem Herzen fernzuhalten und religiöse Fragen zu vermeiden suchen, nicht ohne Schuld; aber auch die Gläubigen selbst tragen daran eine gewisse Verantwortung. Denn der Atheismus, allseitig betrachtet, ist nicht eine ursprüngliche und eigenständige Erscheinung; er entsteht vielmehr aus verschiedenen Ursachen, zu denen auch die kritische Reaktion gegen die Religionen, und zwar in einigen Ländern vor allem gegen die christliche Religion, zählt. Deshalb können an dieser Entstehung des Atheismus die Gläubigen einen erheblichen Anteil haben, insofern man sagen muss, dass sie durch Vernachlässigung der Glaubenserziehung, durch missverständliche Darstellung der Lehre oder auch durch die Mängel ihres religiösen, sittlichen und gesellschaftlichen Lebens das wahre Antlitz Gottes und der Religion eher verhüllen als offenbaren.

> Eine völlig neue Perspektive: *Zwar* sind jene, die sich gegen den Anruf Gottes stellen nicht ohne Schuld, *aber* auch die Gläubigen tragen eine gewisse Verantwortung (eine der typischen „Zwar-aber"-Formulierungen mit Akzent auf dem „Aber"). Der Atheismus entsteht unter anderem als „kritische Reaktion gegen die Religionen". Durch unzureichende Glaubenserziehung, missverständliche Darstellung der Lehre und unchristliche Lebensführung (praktischer Atheismus) fördern auch die Gläubigen, also das ganze Volk Gottes, den Atheismus.

20. Der systematische Atheismus | Der moderne Atheismus stellt sich oft auch in systematischer Form dar, die, außer anderen Ursachen, das Streben nach menschlicher

> Die Theologie unterscheidet drei Grundtypen des expliziten Atheismus: den weltanschaulich verankerten, ▷

in der Methodik der Naturwissenschaften grundgelegten Atheismus, den existentialistischen Atheismus im Namen der Freiheit und Autonomie sowie den marxistisch-kommunistisch-materialistischen Atheismus (vgl. Art. 19–20).

Autonomie so weit treibt, dass er Widerstände gegen jedwede Abhängigkeit von Gott schafft. Die Bekenner dieses Atheismus behaupten, die Freiheit bestehe darin, dass der Mensch sich selbst Ziel und einziger Gestalter und Schöpfer seiner eigenen Geschichte sei. Das aber, so behaupten sie, sei unvereinbar mit der Anerkennung des Herrn, des Urhebers und Ziels aller Wirklichkeit, oder mache wenigstens eine solche Bejahung völlig überflüssig. Diese Lehre kann begünstigt werden durch das Erlebnis der Macht, das der heutige technische Fortschritt dem Menschen gibt.

Hier wird der Kern der marxistischen Religionskritik dargelegt: Die illusorische Hoffnung auf ein besseres Jenseits hindere den Gläubigen sich für Gerechtigkeit und Fortschritt hier und jetzt zu engagieren. Der Kampf gegen die Religion und deren Unterdrückung werden genannt, aber nicht bewertet. Bemerkenswert ist, dass der Kommunismus – trotz vielfacher Forderung – nicht ausdrücklich verurteilt wird.

Unter den Formen des heutigen Atheismus darf jene nicht übergangen werden, die die Befreiung des Menschen vor allem von seiner wirtschaftlichen und gesellschaftlichen Befreiung erwartet. Er behauptet, dass dieser Befreiung die Religion ihrer Natur nach im Wege stehe, insofern sie die Hoffnung des Menschen auf ein künftiges und trügerisches Leben richte und ihn dadurch vom Aufbau der irdischen Gesellschaft abschrecke. Daher bekämpfen die Anhänger dieser Lehre, wo sie zur staatlichen Macht kommen, die Religion heftig und breiten den Atheismus aus, auch unter Verwendung, vor allem in der Erziehung der Jugend, jener Mittel der Pression, die der öffentlichen Gewalt zur Verfügung stehen.

Die Kirche kann zwar nicht anders als den Atheismus „wie

21. Die Haltung der Kirche zum Atheismus

Die Kirche kann, in Treue zu Gott wie zu den Menschen, nicht anders, als voll Schmerz jene verderblichen Lehren und Maßnahmen, die der Vernunft und der allgemein menschlichen Erfahrung widersprechen und den Menschen seiner angeborenen Größe entfremden, mit aller Festigkeit zu verurteilen, wie sie sie auch bisher verurteilt hat[16].

Jedoch sucht die Kirche die tiefer in der atheistischen Mentalität liegenden Gründe für die Leugnung Gottes zu erfassen und ist im Bewusstsein vom Gewicht der Fragen, die der Atheismus aufgibt, wie auch um der Liebe zu allen Menschen willen der Meinung, dass diese Gründe ernst und gründlicher geprüft werden müssen.

Die Kirche hält daran fest, dass die Anerkennung Gottes der Würde des Menschen keineswegs widerstreitet, da diese Würde eben in Gott selbst gründet und vollendet wird. [...] Außerdem lehrt die Kirche, dass durch die eschatologische Hoffnung die Bedeutung der irdischen Aufgaben nicht gemindert wird, dass vielmehr ihre Erfüllung durch neue Motive unterbaut wird. Wenn dagegen das göttliche Fundament und die Hoffnung auf das ewige Leben schwinden, wird die Würde des Menschen aufs schwerste verletzt, wie sich heute oft bestätigt, und die Rätsel von Leben und Tod, Schuld und Schmerz bleiben ohne Lösung, so dass die Menschen nicht selten in Verzweiflung stürzen.

Jeder Mensch bleibt vorläufig sich selbst eine ungelöste Frage, die er dunkel spürt. Denn niemand kann in gewissen Augen-

---

bisher" zu verurteilen, *aber* sie versucht, die tieferliegenden Gründe und die damit verbundenen Fragen zu erfassen und gründlich zu prüfen. Gemäß der Differenzierung von Irrtum und Irrenden heißt es im ersten Abschnitt, dass der Atheismus der Vernunft und der allgemein menschlichen Erfahrung widerspreche. Der zweite Abschnitt verweist dann auf das „Gewicht der Fragen, die der Atheismus aufgibt".

Anknüpfend an die marxistische Religionskritik (vgl. Art. 20) hält das Konzil fest: Der Glaube hat nichts zu tun mit Weltflucht („die Bedeutung der irdischen Aufgaben" wird „nicht gemindert"). Es setzt sich damit von einer langen Tradition der Jenseitsvertröstung ab. Die Anerkennung Gottes mindert die Größe des Menschen nicht, vielmehr begründet sie seine Würde.

Nur Gott kann die Antwort auf die Frage geben, die der Mensch ▷

selbst ist. Es findet sich eine gewisse Spannung zwischen der ganz sicheren Antwort, die Gott gibt, und der Einladung Gottes zu tieferem Nachdenken und Suchen.	blicken, besonders in den bedeutenderen Ereignissen des Lebens, diese Frage gänzlich verdrängen. Auf diese Frage kann nur Gott die volle und ganz sichere Antwort geben; Gott, der den Menschen zu tieferem Nachdenken und demütigerem Suchen aufruft.
Als „Heilmittel gegen den Atheismus" werden kritisch reflektierte und situationsgerecht dargelegte *Lehre* sowie überzeugend gelebter *Glaube* genannt. Ob damit Atheismus wirklich vollständig „geheilt" werden kann, darf angefragt werden. Das Zeugnis in Tat und Wort wird jedenfalls umso fruchtbarer sein, je mehr sich die Kirche – kraft des Heiligen Geistes – unaufhörlich erneuert und läutert und sich urch ein geschwisterliches Miteinander als Zeichen der Einheit erweist.	Das Heilmittel gegen den Atheismus kann nur von einer situationsgerechten Darlegung der Lehre und vom integren Leben der Kirche und ihrer Glieder erwartet werden. Denn es ist Aufgabe der Kirche, Gott den Vater und seinen menschgewordenen Sohn präsent und sozusagen sichtbar zu machen, indem sie sich selbst unter der Führung des Heiligen Geistes unaufhörlich erneuert und läutert[17] [...]. Dazu, dass Gott in seiner Gegenwärtigkeit offenbar werde, trägt schließlich besonders die Bruderliebe der Gläubigen bei, wenn sie in einmütiger Gesinnung zusammenarbeiten für den Glauben an das Evangelium[18] und sich als Zeichen der Einheit erweisen.
Auch wenn die Kirche den Atheismus ablehnt, bekennt sie sich klar zur Zusammenarbeit beim Aufbau einer gerechten Welt sowie zu echtem Dialog. (Darum wurde 1965 unter Kard. König das Sekretariat für die Nichtglaubenden eingerichtet, das die Voraussetzungen für das Gespräch mit den Nichtglaubenden klären sollte.) Sie beklagt Einschränkungen der Religionsfreiheit	Wenn die Kirche auch den Atheismus eindeutig verwirft, so bekennt sie doch aufrichtig, dass alle Menschen, Glaubende und Nichtglaubende, zum richtigen Aufbau dieser Welt, in der sie gemeinsam leben, zusammenarbeiten müssen. Das kann gewiss nicht geschehen ohne einen aufrichtigen und klugen Dialog. Deshalb beklagt sie die Diskriminierung zwischen Glaubenden und Nichtglaubenden, die gewisse Staatslenker in Nichtachtung der Grundrechte der menschlichen Person ungerechterweise durch-

führen. Für die Glaubenden verlangt die Kirche Handlungsfreiheit, damit sie in dieser Welt auch den Tempel Gottes errichten können. Die Atheisten aber lädt sie schlicht ein, das Evangelium Christi unbefangen zu würdigen.

> und lädt ein zur unbefangenen Beschäftigung mit dem Evangelium.

Denn sehr genau weiß die Kirche, dass ihre Botschaft dann dem tiefsten Verlangen des menschlichen Herzens entspricht, wenn sie die Würde der menschlichen Berufung verteidigt und denen, die schon an ihrer höheren Bestimmung verzweifeln, die Hoffnung wiedergibt. Ihre Botschaft mindert nicht nur den Menschen nicht, sondern verbreitet, um ihn zu fördern, Licht, Leben und Freiheit; und außer ihr vermag nichts dem Menschenherzen zu genügen: „Du hast uns auf dich hin gemacht", o Herr, „und unruhig ist unser Herz, bis es Ruhe findet in dir"[19].

> Noch einmal betont das Konzil, dass Gott den Menschen nicht kleinmacht, sondern das Menschsein fördert und zur Erfüllung bringt.

22. Christus, der neue Mensch | Tatsächlich klärt sich nur im Geheimnis des fleischgewordenen Wortes das Geheimnis des Menschen wahrhaft auf. Denn Adam, der erste Mensch, war das Vorausbild des zukünftigen[20], nämlich Christi des Herrn. Christus, der neue Adam, macht eben in der Offenbarung des Geheimnisses des Vaters und seiner Liebe dem Menschen den Menschen selbst voll kund und erschließt ihm seine höchste Berufung. Es ist also nicht verwunderlich, dass in ihm die eben genannten Wahrheiten ihren Ursprung haben und ihren Gipfelpunkt erreichen.

> Jesus Christus ist der wahre Mensch, in dem Ursprung und Ziel des Menschseins aufscheinen: Der „neue Adam" erschließt jedem Menschen seine ursprüngliche (bereits in der Schöpfung angelegte), innerste (geliebtes Kind Gottes) und höchste Berufung (Vollendung in der Gemeinschaft mit Gott).

Nach dem schöpfungstheologischen ersten Abschnitt stellt der zweite die Menschwerdung ins Zentrum: Dadurch wurde das Menschsein als solches zu göttlicher Würde erhoben und die strikte Trennung von Gott und Welt von Gott her überwunden. Das hat universale Relevanz für die ganze Menschheit: Der Sohn Gottes ist jedem Menschen auf innigste Weise verbunden. Die Aussagen über die konkrete Existenz Jesu unterstreichen den geistlichen Wert alltäglichen Lebens.

Der „das Bild des unsichtbaren Gottes" (Kol 1,15)[21] ist, er ist zugleich der vollkommene Mensch, der den Söhnen Adams die Gottebenbildlichkeit wiedergab, die von der ersten Sünde her verunstaltet war. Da in ihm die menschliche Natur angenommen wurde, ohne dabei verschlungen zu werden[22], ist sie dadurch auch schon in uns zu einer erhabenen Würde erhöht worden. Denn er, der Sohn Gottes, hat sich in seiner Menschwerdung gewissermaßen mit jedem Menschen vereinigt. Mit Menschenhänden hat er gearbeitet, mit menschlichem Geist gedacht, mit einem menschlichen Willen hat er gehandelt[23], mit einem menschlichen Herzen geliebt. Geboren aus Maria, der Jungfrau, ist er in Wahrheit einer aus uns geworden, in allem uns gleich außer der Sünde[24].

Im Abschnitt über den Kreuzestod Jesu stehen Hingabe und Versöhnung im Mittelpunkt: In Christus hat Gott uns mit sich und untereinander versöhnt. Und: Christus ist der Weg zum Leben. Die bis zum Konzil vorherrschende Satisfaktionstheorie (Lehre von der Wiedergutmachung) spielt keine Rolle.

Als unschuldiges Opferlamm hat er freiwillig sein Blut vergossen und uns Leben erworben. In ihm hat Gott uns mit sich und untereinander versöhnt[25] und der Knechtschaft des Teufels und der Sünde entrissen. So kann jeder von uns mit dem Apostel sagen: Der Sohn Gottes „hat mich geliebt und sich selbst für mich dahingegeben" (Gal 2,20). Durch sein Leiden für uns hat er uns nicht nur das Beispiel gegeben, dass wir seinen Spuren folgen[26], sondern er hat uns auch den Weg gebahnt, dem wir folgen müssen, damit Leben und Tod geheiligt werden und neue Bedeutung erhalten.

Der christliche Mensch empfängt, gleichförmig geworden dem Bild des Sohnes, der der Erstgeborene unter vielen Brüdern ist[27], „die Erstlingsgaben des Geistes" (Röm 8,23), durch die er fähig wird, das neue Gesetz der Liebe zu erfüllen[28]. Durch diesen Geist, der das „Unterpfand der Erbschaft" (Eph 1,14) ist, wird der ganze Mensch innerlich erneuert bis zur „Erlösung des Leibes" (Röm 8,23) [...]. Auch auf dem Christen liegen ganz gewiss die Notwendigkeit und auch Pflicht, gegen das Böse durch viele Anfechtungen hindurch anzukämpfen und auch den Tod zu ertragen; aber dem österlichen Geheimnis verbunden und dem Tod Christi gleichgestaltet, geht er, durch Hoffnung gestärkt, der Auferstehung entgegen[30].

Das gilt nicht nur für die Christgläubigen, sondern für alle Menschen guten Willens, in deren Herzen die Gnade unsichtbar wirkt[31]. Da nämlich Christus für alle gestorben ist[32] und da es in Wahrheit nur eine letzte Berufung des Menschen gibt, die göttliche, müssen wir festhalten, dass der Heilige Geist allen die Möglichkeit anbietet, diesem österlichen Geheimnis in einer Gott bekannten Weise verbunden zu sein.

Solcher Art und so groß ist das Geheimnis des Menschen, das durch die christliche Offenbarung den Glaubenden aufleuchtet. Durch Christus und in Christus also wird das Rätsel von Schmerz und Tod hell, das außerhalb seines Evangeliums uns überwältigt. Christus ist auferstanden, hat durch seinen

Schließlich wird vom Wirken des Geistes im Herzen der Gläubigen gesprochen: Der Heilige Geist macht die Gläubigen „christus-förmig", befähigt zur Haltung und zu Taten der Liebe und ist die innere Kraft der Erneuerung und Erlösung über den Tod hinaus. Der Geist Gottes verbindet den Christenmenschen mit dem österlichen Geheimnis.

Das bisher Gesagte wird auf alle Menschen hin universalisiert: Christus ist *für alle* gestorben. Und es gibt nur *eine* letzte Berufung des Menschen: die volle Gemeinschaft mit Gott. Der Geist Gottes verbindet alle zuinnerst mit der erlösenden Liebe Gottes.

Das Geheimnis des Menschen klärt sich im Licht des Glaubens. Dieses erste Kapitel von *Gaudium et spes*, das mit einer nüchternen Feststellung der Anthropozentrik beginnt, mündet in – einer trinitarisch ▷

gewendeten – Anbetung. Alle rufen: „Abba, Vater!"

Tod den Tod vernichtet und uns das Leben geschenkt[33], auf dass wir, Söhne im Sohn, im Geist rufen: Abba, Vater![34]

Zweites Kapitel: Die menschliche Gemeinschaft

Die Hauptthemen des zweiten Kapitels sind die gegenseitigen Verflechtungen unter den Menschen (vgl. Art. 24), die Bezogenheit von Person und Gemeinschaft (vgl. Art. 25) sowie das Gemeinwohl auf der Basis der Achtung der Personwürde (vgl. Art. 26). Das Konzil verweist auf jüngere Lehraussagen und legt ihre zentralen Aussagen im Licht der Offenbarung dar. Abschließend (vgl. ab Art. 27) folgen Konkretisierungen.

23. **Die Absicht des Konzils** | Zu den charakteristischen Aspekten der heutigen Welt gehört die Zunahme der gegenseitigen Verflechtungen unter den Menschen, zu deren Entwicklung der heutige technische Fortschritt ungemein viel beiträgt. Doch das brüderliche Gespräch der Menschen findet seine Vollendung nicht in diesen Fortschritten, sondern grundlegender in jener Gemeinschaft von Personen, die eine gegenseitige Achtung der allseits erfassten geistigen Würde verlangt. Zur Förderung dieser Gemeinschaft der Personen bietet die christliche Offenbarung eine große Hilfe; gleichzeitig führt sie uns zu einem tieferen Verständnis der Gesetze des gesellschaftlichen Lebens, die der Schöpfer in die geistliche und sittliche Natur des Menschen eingeschrieben hat.

Da nun neuere Dokumente des kirchlichen Lehramts die christliche Lehre über die menschliche Gesellschaft ausführlich dargelegt haben[1], ruft das Konzil nur einige Hauptwahrheiten wieder in Erinnerung und trägt deren Grundlagen im Licht der Offenbarung vor. Im Anschluss daran legt es Nachdruck auf einige Folgerungen, die in unseren Tagen von erhöhter Bedeutung sind.

24. Der Gemeinschaftscharakter der menschlichen Berufung im Ratschluss Gottes | Gott,
der väterlich für alle sorgt, wollte, dass alle Menschen eine Familie bilden und einander in brüderlicher Gesinnung begegnen. Alle sind ja geschaffen nach dem Bild Gottes, der „aus einem alle Völker hervorgehen ließ, die das Antlitz der Erde bewohnen" (Apg 17,26), und alle sind zu einem und demselben Ziel, d. h. zu Gott selbst, berufen.

Daher ist die Liebe zu Gott und zum Nächsten das erste und größte Gebot. Von der Heiligen Schrift werden wir belehrt, dass die Liebe zu Gott nicht von der Liebe zum Nächsten getrennt werden kann. [...]

Ja, wenn der Herr Jesus zum Vater betet, „dass alle eins seien ... wie auch wir eins sind" (Joh 17,20-22), und damit Horizonte aufreißt, die der menschlichen Vernunft unerreichbar sind, legt er eine gewisse Ähnlichkeit nahe zwischen der Einheit der göttlichen Personen und der Einheit der Kinder Gottes in der Wahrheit und der Liebe. Dieser Vergleich macht offenbar, dass der Mensch, der auf Erden die einzige von Gott um ihrer selbst willen gewollte Kreatur ist, sich selbst nur durch die aufrichtige Hingabe seiner selbst vollkommen finden kann[2].

25. Die gegenseitige Abhängigkeit von menschlicher Person und menschlicher Gesellschaft | Aus der gesellschaftlichen
Natur des Menschen geht hervor, dass der

Gott ist Vater der Menschheitsfamilie. Alle sind zur Gemeinschaft mit Gott und untereinander geschaffen (vgl. LG I). Diesem Ziel entspricht die Einheit von Gottes- und Nächstenliebe. In der Zuwendung zum Nächsten wenden wir uns auch Gott als seinem Vater zu. Die Liebe zu Gott darf jene zu seinen Kindern nicht ausblenden.

Zwischen der Dreifaltigkeit Gottes und wahrer menschlicher Gemeinschaft gibt es eine Entsprechung. Die Gottebenbildlichkeit des Menschen wird ausgeweitet auf die Gottebenbildlichkeit der Menschheit. So wie das „Wesen" Gottes Liebe und Hingabe ist, so verwirklicht auch der Mensch sich selbst durch Hingabe an Gott und die Menschen.

Das Konzil betont die gegenseitige Bezogenheit von Person und Gemeinschaft. Das gesellschaftliche ▷

Leben ist für den Menschen nicht bloß etwas äußerlich Hinzukommendes.	Fortschritt der menschlichen Person und das Wachsen der Gesellschaft als solcher sich gegenseitig bedingen. Wurzelgrund nämlich, Träger und Ziel aller gesellschaftlichen Institutionen ist und muss auch sein die menschliche Person, die ja von ihrem Wesen selbst her des gesellschaftlichen Lebens durchaus bedarf[3]. [...]
Die gesellschaftliche Verflochtenheit zeitigt nicht nur positive Wirkungen auf den einzelnen. Das Konzil verweist auf die Gefährdung durch das – von menschlichem Egoismus verdorbene – gesellschaftliche Milieu. Das Konzil beschreibt das Phänomen der Sündenverflochtenheit des Menschen: Lebenssituationen, die von menschlichem Versagen geprägt sind, können den Menschen zur Sünde verleiten.	Wenn nun die menschliche Person zur Erfüllung ihrer Berufung, auch der religiösen, dem gesellschaftlichen Leben viel verdankt, so kann dennoch nicht geleugnet werden, dass die Menschen aus den gesellschaftlichen Verhältnissen heraus, in denen sie leben und in die sie von Kindheit an eingefangen sind, oft vom Tun des Guten abgelenkt und zum Bösen angetrieben werden. [...] Doch [die] tieferen Wurzeln [der Störungen] sind Stolz und Egoismus der Menschen, die auch das gesellschaftliche Milieu verderben. Wenn aber einmal die objektiven Verhältnisse selbst von den Auswirkungen der Sünde betroffen sind, findet der mit Neigung zum Bösen geborene Mensch wieder neue Antriebe zur Sünde [...].
Anknüpfend an Johannes XXIII. wird der Begriff des Gemeinwohls über das Gruppen- oder Staatsgemeinwohl hinaus ausgeweitet auf das Gemeinwohl der Menschheitsfamilie (zum Gemeinwohl vgl. auch Art. 74).	**26. Die Förderung des Gemeinwohls** | Aus der immer engeren und allmählich die ganze Welt erfassenden gegenseitigen Abhängigkeit ergibt sich als Folge, dass das Gemeinwohl, d. h. die Gesamtheit jener Bedingungen des gesellschaftlichen Lebens, die sowohl den Gruppen als auch deren einzelnen Gliedern ein volleres

und leichteres Erreichen der eigenen Vollendung ermöglichen, heute mehr und mehr einen weltweiten Umfang annimmt und deshalb auch Rechte und Pflichten in sich begreift, die die ganze Menschheit betreffen. Jede Gruppe muss den Bedürfnissen und berechtigten Ansprüchen anderer Gruppen, ja dem Gemeinwohl der ganzen Menschheitsfamilie Rechnung tragen[5].

Gleichzeitig wächst auch das Bewusstsein der erhabenen Würde, die der menschlichen Person zukommt, da sie die ganze Dingwelt überragt und Träger allgemeingültiger sowie unverletzlicher Rechte und Pflichten ist. Es muss also alles dem Menschen zugänglich gemacht werden, was er für ein wirklich menschliches Leben braucht, wie Nahrung, Kleidung und Wohnung, sodann das Recht auf eine freie Wahl des Lebensstandes und auf Familiengründung, auf Erziehung, Arbeit, guten Ruf, Ehre und auf geziemende Information; ferner das Recht zum Handeln nach der rechten Norm seines Gewissens, das Recht auf Schutz seiner privaten Sphäre und auf die rechte Freiheit auch in religiösen Dingen.

> Aus der erhabenen Würde des Menschen leiten sich allgemeingültige und unverletzliche Rechte und Pflichten ab. Diese Menschenrechte bzw. Personrechte werden genannt und es wird unterstrichen, dass die Gesellschaftsordnung den Personen zu dienen hat und nicht umgekehrt (Primat der Person vor der Gesellschaft).

Die gesellschaftliche Ordnung und ihre Entwicklung müssen sich dauernd am Wohl der Personen orientieren; denn die Ordnung der Dinge muss der Ordnung der Personen dienstbar werden und nicht umgekehrt. So deutete der Herr selbst es an, als er sagte, der Sabbat sei um des Menschen willen da, nicht der Mensch um des Sabbats willen[6].

Die gesellschaftliche Ordnung muss sich ständig weiterentwickeln, muss in Wahrheit gegründet, in Gerechtigkeit aufgebaut und von Liebe beseelt werden und muss in Freiheit ein immer humaneres Gleichgewicht finden[7]. Um dies zu verwirklichen, sind Gesinnungswandel und weitreichende Änderungen in der Gesellschaft selbst notwendig.

Der Geist Gottes, dessen wunderbare Vorsehung den Lauf der Zeiten leitet und das Antlitz der Erde erneuert, steht dieser Entwicklung bei. Der Sauerteig des Evangeliums hat im Herzen des Menschen den unbezwingbaren Anspruch auf Würde erweckt und erweckt ihn auch weiter.

27. Die Achtung vor der menschlichen Person
Zu praktischen und dringlicheren Folgerungen übergehend, will das Konzil die Achtung vor dem Menschen einschärfen: Alle müssen ihren Nächsten ohne Ausnahme als ein „anderes Ich" ansehen, vor allem auf sein Leben und die notwendigen Voraussetzungen eines menschenwürdigen Lebens bedacht[8]. Sonst gleichen sie jenem Reichen, der sich um den armen Lazarus gar nicht kümmerte[9].

Heute ganz besonders sind wir dringend verpflichtet, uns zum Nächsten schlechthin eines jeden Menschen zu machen und ihm, wo immer er uns begegnet, tatkräftig zu helfen, ob es sich nun um alte, von allen verlassene Leute handelt oder um einen Fremdarbeiter, der ungerechter Geringschätzung

---

Die Kirche will gesellschaftliche Entwicklungsprozesse untersützen. Der eigentliche und tiefste „Beweger" positiver Entwicklungen ist der Geist Gottes. So sind die Entdeckung und Proklamation der Menschenrechte eine „Langzeitwirkung" der christlichen Offenbarung: Wenn im Tiefsten jeder Mensch Kind Gottes ist, kommt jedem Menschen Personwürde zu, die sich unbezwingbar Gehör und Achtung verschaffen muss.

Alle müssen ihren Nächsten ohne Ausnahme als ein „anderes Ich" ansehen. Sobald die Welt „mit den Augen des anderen" betrachtet werden kann, wird klar, wessen dieser bedarf.

Biblisch präzise spricht das Konzil davon, dass wir uns selbst zum Nächsten der anderen machen müssen (vgl. Lk 10,29), und nennt konkrete Beispiele.

begegnet, um einen Heimatvertriebenen oder um ein uneheliches Kind, das unverdienterweise für eine von ihm nicht begangene Sünde leidet, oder um einen Hungernden, der unser Gewissen aufrüttelt durch die Erinnerung an das Wort des Herrn: „Was ihr einem der Geringsten von diesen meinen Brüdern getan habt, das habt ihr mir getan" (Mt 25,40).

Was ferner zum Leben selbst in Gegensatz steht, wie jede Art Mord, Völkermord, Abtreibung, Euthanasie und auch der freiwillige Selbstmord; was immer die Unantastbarkeit der menschlichen Person verletzt, wie Verstümmelung, körperliche oder seelische Folter und der Versuch, psychischen Zwang auszuüben; was immer die menschliche Würde angreift, wie unmenschliche Lebensbedingungen, willkürliche Verhaftung, Verschleppung, Sklaverei, Prostitution, Mädchenhandel und Handel mit Jugendlichen, sodann auch unwürdige Arbeitsbedingungen, bei denen der Arbeiter als bloßes Erwerbsmittel und nicht als freie und verantwortliche Person behandelt wird: All diese und andere ähnliche Taten sind an sich schon eine Schande; sie sind eine Zersetzung der menschlichen Kultur, entwürdigen weit mehr jene, die das Unrecht tun, als jene, die es erleiden. Zugleich sind sie in höchstem Maße ein Widerspruch gegen die Ehre des Schöpfers.

Das Konzil verurteilt mit Nachdruck Taten, die
a) im Gegensatz zum Leben selbst stehen,
b) die Unantastbarkeit der menschlichen Person verletzen,
c) die menschliche Würde angreifen, sowie
d) unwürdige Arbeitsbedingungen.
Diese und ähnliche Taten sind ein gravierender Widerspruch gegen die Ehre des Schöpfers. Sie sind Sünde gegen Gott, weil sie eine Verfehlung gegen seine Kinder darstellen. Aus heutiger Sicht befremdlich ist, dass der freiwillige Selbstmord nur durch ein schwaches „und auch" von Mord, Völkermord usw. abgehoben wird.

28. Die Achtung und die Liebe gegenüber dem Gegner | Achtung und Liebe sind auch denen

Hier finden sich bemerkenswerte Aussagen, deren Verwirklichung allein schon im innerkirchlichen Miteinander, geschweige denn im gesellschaftlichen erhebliche Wirkung zeitigen würden: 1) Achtung und Liebe gegenüber gesellschaftlich, politisch oder religiös anders Denkenden und Handelnden. 2) Das Bemühen um inneres Verständnis für ihr Denken im Hinblick auf das Gespräch. 3) Die Unterscheidung von Irrtum und Irrenden. 4) Das göttliche Verbot, über die innere Schuld von irgendjemandem zu urteilen. 5) Das Gebot der Feindesliebe: Liebet eure Feinde, tut ihnen Gutes und betet für sie.

zu gewähren, die in gesellschaftlichen, politischen oder auch religiösen Fragen anders denken oder handeln als wir. Je mehr wir in Menschlichkeit und Liebe inneres Verständnis für ihr Denken aufbringen, desto leichter wird es für uns, mit ihnen ins Gespräch zu kommen.

Diese Liebe und Güte dürfen uns aber keineswegs gegenüber der Wahrheit und dem Guten gleichgültig machen. Vielmehr drängt die Liebe selbst die Jünger Christi, allen Menschen die Heilswahrheit zu verkünden. Man muss jedoch unterscheiden zwischen dem Irrtum, der immer zu verwerfen ist, und dem Irrenden, der seine Würde als Person stets behält, auch wenn ihn falsche oder weniger richtige religiöse Auffassungen belasten[10]. Gott allein ist der Richter und Prüfer der Herzen; darum verbietet er uns, über die innere Schuld von irgendjemandem zu urteilen[11].

Christi Lehre fordert auch, die Beleidigung zu verzeihen; sie dehnt das Gebot der Liebe als das Gebot des Neuen Bundes auf alle Feinde aus [...].

Die grundlegende Gleichheit aller Menschen wird zweifach theologisch begründet: vom Ursprung (als Gottes Ebenbild geschaffen) sowie von der letzten Bestimmung her (göttliche Berufung in Christus, vgl. Art. 22).

29. Die wesentliche Gleichheit aller Menschen und die soziale Gerechtigkeit | Da alle Menschen eine geistige Seele haben und nach Gottes Bild geschaffen sind, da sie dieselbe Natur und denselben Ursprung haben, da sie, als von Christus Erlöste, sich derselben göttlichen Berufung und Bestimmung erfreuen, darum muss die grundlegende Gleichheit aller Menschen immer mehr zur Anerkennung gebracht werden.

[...] jede Form einer Diskriminierung in den gesellschaftlichen und kulturellen Grundrechten der Person, sei es wegen des Geschlechts oder der Rasse, der Farbe, der gesellschaftlichen Stellung, der Sprache oder der Religion, muss überwunden und beseitigt werden, da sie dem Plan Gottes widerspricht. Es ist eine beklagenswerte Tatsache, dass jene Grundrechte der Person noch immer nicht überall unverletzlich gelten; wenn man etwa der Frau das Recht der freien Wahl des Gatten und des Lebensstandes oder die gleiche Stufe der Bildungsmöglichkeit und Kultur, wie sie dem Mann zuerkannt wird, verweigert. [...]

> Diese Gleichheit muss immer mehr zur Anerkennung gebracht werden. Jegliche Diskriminierung widerspricht dem Willen Gottes.

30. Man muss über die individualistische Ethik hinausschreiten

Der tiefe und rasche Wandel der Verhältnisse stellt mit besonderer Dringlichkeit die Forderung, dass niemand [...] einer rein individualistischen Ethik verhaftet bleibe. Die Pflicht der Gerechtigkeit und der Liebe wird immer mehr gerade dadurch erfüllt, dass jeder gemäß seinen eigenen Fähigkeiten und den Bedürfnissen der Mitmenschen zum Gemeinwohl beiträgt [...]. Viele scheuen sich nicht, durch Betrug und Schliche sich gerechten Steuern oder anderen der Gesellschaft geschuldeten Leistungen zu entziehen. Andere haben wenig Achtung vor gewissen Vorschriften des ge-

> Das Konzil wendet sich gegen eine rein individualistische Ethik. Jeder soll zum Gemeinwohl beitragen und gemeinnützige Institutionen unterstützen. Als Negativbeispiele werden Steuerhinterziehung, Missachtung sozialer Gesetze oder von Verkehrsregeln, die fahrlässige Gefährdung des eigenen oder des Lebens anderer genannt.

sellschaftlichen Lebens, z. B. vor solchen, die zum Schutz der Gesundheit oder zur Verkehrsregelung aufgestellt wurden [...].

31. Die Verantwortung und die Beteiligung

Damit die einzelnen Menschen ihre Gewissenspflicht sowohl gegenüber sich selbst als auch gegenüber den verschiedenen Gruppen, deren Glieder sie sind, genauer erfüllen, muss man darauf bedacht sein, sie [...] zu einer umfassenderen Kultur des inneren Menschen zu erziehen. [...] Doch zu diesem Verantwortungsbewusstsein kommt der Mensch kaum, wenn die Lebensbedingungen ihn nicht zu einer Erfahrung seiner Würde und zur Erfüllung seiner Berufung durch die Hingabe seiner selbst für Gott und den Nächsten kommen lassen. Die menschliche Freiheit ist oft eingeschränkt, wenn der Mensch in äußerster Armut lebt, wie sie umgekehrt verkommt, wenn der Mensch es sich im Leben zu bequem macht und sich in einer „einsamen Selbstherrlichkeit" verschanzt. Umgekehrt gewinnt sie an Kraft, wenn der Mensch die unvermeidlichen Notwendigkeiten des gesellschaftlichen Lebens auf sich nimmt, die vielfachen Forderungen des menschlichen Zusammenlebens bejaht und sich dem Dienst an der menschlichen Gemeinschaft verpflichtet weiß.

Bei allen muss daher der Wille zur Mitwirkung an gemeinsamen Werken geweckt werden. [...] Mit Recht dürfen wir annehmen, dass das künftige Schicksal der Menschheit

---

Es bedarf einer Kultur des inneren Menschen und der Herzensbildung. Hinderlich für die Ausbildung echten Verantwortungsbewusstseins ist Verelendung und Bequemlichkeit. Dieses Bewusstsein gewinnt an Kraft, wenn sich viele in den Dienst an der Gemeinschaft stellen. Es ist eine entscheidende „Investition" in die Zukunft, der Jugend Triebkräfte des Lebens und der Hoffnung zu vermitteln. Diese sind hier nicht als explizit religiös vorgestellt, aber im Wort „Triebkräfte" schwingt zweifellos die Wirkkraft des Geistes Gottes im Innersten der Menschen mit.

in den Händen jener ruht, die den kommenden Geschlechtern Triebkräfte des Lebens und der Hoffnung vermitteln können.

32. Das menschgewordene Wort und die menschliche Solidarität | So wie Gott die Menschen nicht zu einem Leben in Vereinzelung, sondern zum Zusammenschluss in gesellschaftlicher Einheit erschuf, hat es ihm ebenso „gefallen, die Menschen nicht einzeln, unabhängig von aller wechselseitigen Verbindung, zu heiligen und zu retten, sondern sie zu einem Volke zu machen, das ihn in Wahrheit anerkennen und ihm in Heiligkeit dienen soll"[13]. Seit Beginn der Heilsgeschichte erwählte er Menschen nicht nur als Einzelwesen, sondern als Glieder einer bestimmten Gemeinschaft. Denn jene Erwählten, denen Gott seinen Heilsratschluss offenbarte, nannte er „sein Volk" (Ex 3,7-12); mit ihm schloss er dann den Sinaibund[14].

Dieser Gemeinschaftscharakter wird im Werk Jesu Christi vollendet und erfüllt. Als fleischgewordenes Wort wollte er selbst in die menschliche Lebensgemeinschaft eingehen. Er hat an einer Hochzeit in Kana teilgenommen, er ist in das Haus des Zachäus eingekehrt und hat mit Zöllnern und Sündern gegessen. Mit Hinweisen auf die allergewöhnlichsten gesellschaftlichen Verhältnisse und mit Redewendungen und Bildern aus dem Alltagsleben offenbarte er die Liebe des Vaters und die hohe Berufung der Menschen.

Art. 32 ist eine theologische, christologisch akzentuierte Zusammenfassung des Kapitels über die menschliche Gemeinschaft. Der erste Abschnitt blickt auf das Alte Testament: Gott schenkt das Heil nicht individualistisch, sondern sein Handeln in Schöpfung und Heilsgeschichte zielt auf Gemeinschaft. „Sichtbar" wird dies an Israel, dem auserwählten Volk Gottes.

Auch das Wirken Jesu zielt ganz und gar auf Gemeinschaft. Inkarnation (Menschwerdung Gottes) ist solidarische Teilhabe am Menschsein. Das konkrete menschliche Leben wird dadurch „geheiligt". In Jesus Christus realisiert und offenbart sich die Solidarität Gottes mit den Menschen, die auch eine neue Solidarität unter den Menschen begründet.

> Das Konzil betont das Gebot der Brüderlichkeit. Der Kreuzestod wird als Hingabe „für alle" gesehen. Den Völkern muss das Evangelium verkündet werden, *damit* die Menschheit *voll* das werde, was sie eigentlich schon ist: Familie Gottes.

In seiner Verkündigung gab er den Kindern Gottes das klare Gebot, einander wie Brüder zu begegnen, und in seinem Gebet bat er darum, dass alle seine Jünger eins seien. Er selbst hat sich als der Erlöser aller bis in den Tod hinein für alle dahingegeben. „Eine größere Liebe hat niemand als der, der für seine Freunde sein Leben hergibt" (Joh 15,13). Den Aposteln befahl er, allen Völkern die Frohbotschaft zu verkünden, damit die Menschheit zur Familie Gottes werde, in der die Liebe die Fülle des Gesetzes sein soll.

> In der Kirche nimmt die neue Familie Gottes bereits konkret Gestalt an. Gestiftet durch Tod und Auferstehung Christi ist sie als geisterfüllte Gemeinschaft ein Ort solidarischen geschwisterlichen Dienstes aneinander.

Erstgeborener unter vielen Brüdern, stiftete er nach seinem Tode und seiner Auferstehung unter allen, die ihn im Glauben und in der Liebe annehmen, durch das Geschenk seines Geistes eine neue brüderliche Gemeinschaft in seinem Leib, der Kirche, in dem alle einander Glieder sind und sich entsprechend der Verschiedenheit der empfangenen Gaben gegenseitig dienen sollen.

> Die menschliche Solidarität wächst hin auf ihr Ziel, in vollendeter Weise die *eine* Familie zu sein – durch, in und mit Gott.

Diese Solidarität muss stetig wachsen bis zu jenem Tag, an dem sie vollendet sein wird und die aus Gnade geretteten Menschen als eine von Gott und Christus, ihrem Bruder, geliebte Familie Gott vollkommen verherrlichen werden.

Drittes Kapitel:
Das menschliche Schaffen in der Welt

33. Das Problem | Durch Arbeit und Geisteskraft hat der Mensch immer versucht, sein

Leben reicher zu entfalten. Heute jedoch hat er, vor allem mit den Mitteln der Wissenschaft und der Technik, seine Herrschaft über beinahe die gesamte Natur ausgebreitet und breitet sie beständig weiter aus. [...] Die Folge von alldem ist, dass sich der Mensch heute viele Güter, die er einst vor allem von höheren Mächten erwartete, durch seine eigene Tat beschafft.

Mit Wissenschaft und Technik breitet der Mensch seine Herrschaft über die Natur immer weiter aus. Alles scheint „machbar" zu sein.

Angesichts dieses unermesslichen Unternehmens, das schon die ganze Menschheit erfasst, stellen sich den Menschen viele Fragen: Was ist der Sinn und der Wert dieser angestrengten Tätigkeit? Wie sind all diese Güter zu nutzen? Was ist das Ziel dieses individuellen und kollektiven Bemühens? Die Kirche hütet das bei ihr hinterlegte Wort Gottes, aus dem die Grundsätze der religiösen und sittlichen Ordnung gewonnen werden, wenn sie auch nicht immer zu allen einzelnen Fragen eine fertige Antwort bereit hat; und so ist es ihr Wunsch, das Licht der Offenbarung mit der Sachkenntnis aller Menschen in Verbindung zu bringen, damit der Weg, den die Menschheit neuerdings nimmt, erhellt werde.

Die Kirche will die Offenbarung, die Perspektive des Glaubens, „mit der Sachkenntnis" (Erkenntnisse der Wissenschaften usw.) in Verbindung bringen.

34. Der Wert des menschlichen Schaffens

Eines steht für die Glaubenden fest: Das persönliche und gemeinsame menschliche Schaffen, dieses gewaltige Bemühen der Menschen im Lauf der Jahrhunderte, ihre Lebensbedingungen stets zu verbessern, ent-

Persönliches und gemeinsames menschliches Schaffen entsprechen dem Willen und Auftrag Gottes. Der Auftrag, die Erde zu „unterwerfen", muss zusammengelesen werden mit dem ▷

spricht als solches der Absicht Gottes. Der nach Gottes Bild geschaffene Mensch hat ja den Auftrag erhalten, sich die Erde mit allem, was zu ihr gehört, zu unterwerfen, die Welt in Gerechtigkeit und Heiligkeit zu regieren[1] und durch die Anerkennung Gottes als des Schöpfers aller Dinge sich selbst und die Gesamtheit der Wirklichkeit auf Gott hinzuordnen, so dass alles dem Menschen unterworfen und Gottes Name wunderbar sei auf der ganzen Erde[2].

Das gilt auch für das gewöhnliche alltägliche Tun; denn Männer und Frauen, die, etwa beim Erwerb des Lebensunterhalts für sich und ihre Familie, ihre Tätigkeit so ausüben, dass sie ein entsprechender Dienst für die Gemeinschaft ist, dürfen überzeugt sein, dass sie durch ihre Arbeit das Werk des Schöpfers weiterentwickeln, dass sie für die Wohlfahrt ihrer Brüder sorgen und durch ihre persönliche Bemühung zur geschichtlichen Erfüllung des göttlichen Plans beitragen[3].

Den Christen liegt es deshalb fern, zu glauben, dass die von des Menschen Geist und Kraft geschaffenen Werke einen Gegensatz zu Gottes Macht bilden oder dass das mit Vernunft begabte Geschöpf sozusagen als Rivale dem Schöpfer gegenübertrete. Im Gegenteil, sie sind überzeugt, dass die Siege der Menschheit ein Zeichen der Größe Gottes und die Frucht seines unergründlichen Ratschlusses sind. Je mehr aber die Macht der Menschen wächst, desto mehr weitet sich ihre

---

Regieren „in Gerechtigkeit und Heiligkeit". Beim „Unterwerfen" geht es auch um die rechte (Hin-)Ordnung: Der auf Gott hingeordnete Mensch soll die Gesamtheit der Wirklichkeit unterwerfen und so auf Gott hinordnen.

Durch jede Arbeit, sofern sie im Dienst der Gemeinschaft steht, entwickelt der Mensch das Werk des Schöpfers weiter.

Von Menschen geschaffene Werke bilden keinen Gegensatz zu Gottes Macht. Der Glaube an Gott lenkt nicht ab vom Engagement für Gerechtigkeit und Friede, sondern fordert und stärkt es. Diese Akzentuierung hat allerdings nur „Erfolge" im Blick: Die Siege der Menschheit sind „Zeichen" der Größe Gottes. Was ist mit den Opfern

Verantwortung, sowohl die der Einzelnen wie die der Gemeinschaften. Daraus wird klar, dass die christliche Botschaft die Menschen nicht vom Aufbau der Welt ablenkt noch zur Vernachlässigung des Wohls ihrer Mitmenschen hintreibt, sondern sie vielmehr strenger zur Bewältigung dieser Aufgaben verpflichtet[4].

des Fortschritts? Steht Gott auf der Seite der Sieger? Die notwendigen Ergänzungen (Sünden, Scheitern usw.) finden sich erst später (vgl. Art. 37–39).

35. Die Ordnung des menschlichen Schaffens

So wie das menschliche Schaffen aus dem Menschen hervorgeht, so ist es auch auf den Menschen hingeordnet. Durch sein Werk formt der Mensch nämlich nicht nur die Dinge und die Gesellschaft um, sondern vervollkommnet er auch sich selbst. Er lernt vieles, entwickelt seine Fähigkeiten, überschreitet sich und wächst über sich empor. Ein Wachstum dieser Art ist, richtig verstanden, mehr wert als zusammengeraffter äußerer Reichtum. Der Wert des Menschen liegt mehr in ihm selbst als in seinem Besitz[5]. Ebenso ist alles, was die Menschen zur Erreichung einer größeren Gerechtigkeit, einer umfassenderen Brüderlichkeit und einer humaneren Ordnung der gesellschaftlichen Verflechtungen tun, wertvoller als der technische Fortschritt. Dieser technische Fortschritt kann nämlich gewissermaßen die Basis für den menschlichen Aufstieg bieten; den Aufstieg selbst wird er von sich allein aus keineswegs verwirklichen.

Richtschnur für das menschliche Schaffen ist daher, dass es gemäß dem Plan und Wil-

Durch seine Arbeit vervollkommnet der Mensch auch sich selbst. Selbstverwirklichung und einem Über-sich-selbst-Hinauswachsen werden dabei eine größere Bedeutung beigemessen als äußerem Besitz. Ebenso kann/soll der technische Fortschritt die *Basis* für den menschlichen Aufstieg – im Sinne von steigender Gerechtigkeit und Geschwisterlichkeit – sein.

Menschliches Schaffen entspricht dann dem Willen Gottes, wenn es den Menschen bei seiner Berufung unterstützt.	len Gottes mit dem echten Wohl der Menschheit übereinstimme und dem Menschen als Einzelwesen und als Glied der Gesellschaft gestatte, seiner ganzen Berufung nachzukommen und sie zu erfüllen.
Artikel 36 enthält eine der berühmtesten und meistzitierten Aussagen des Konzils. In Abgrenzung zur früheren Haltung christlicher Weltverachtung und -flucht wird nun festgehalten, dass die geschaffenen Dinge und die Gesellschaften ihre eigenen Gesetze und Werte haben, die der Mensch schrittweise zu erkennen, gebrauchen und gestalten hat. Sowohl die Wirklichkeiten des profanen Bereichs als auch die des Glaubens haben in Gott ein und denselben Ursprung. Wenn Forschung wirklich wissenschaftlich vorgeht, d.h. die eigene Kompetenz nicht überschreitet, können ihre Ergebnisse nicht in einen echten Konflikt mit dem Glauben kommen.	**36. Die richtige Autonomie der irdischen Wirklichkeiten** | Nun scheinen viele unserer Zeitgenossen zu befürchten, dass durch eine engere Verbindung des menschlichen Schaffens mit der Religion die Autonomie des Menschen, der Gesellschaften und der Wissenschaften bedroht werde. Wenn wir unter Autonomie der irdischen Wirklichkeiten verstehen, dass die geschaffenen Dinge und auch die Gesellschaften ihre eigenen Gesetze und Werte haben, die der Mensch schrittweise erkennen, gebrauchen und gestalten muss, dann ist es durchaus berechtigt, diese Autonomie zu fordern. Das ist nicht nur eine Forderung der Menschen unserer Zeit, sondern entspricht auch dem Willen des Schöpfers. Durch ihr Geschaffensein selber nämlich haben alle Einzelwirklichkeiten ihren festen Eigenstand, ihre eigene Wahrheit, ihre eigene Gutheit sowie ihre Eigengesetzlichkeit und ihre eigenen Ordnungen, die der Mensch unter Anerkennung der den einzelnen Wissenschaften und Techniken eigenen Methode achten muss.
Etwas kryptisch wird von „gewissen Geisteshaltungen" gesprochen	Vorausgesetzt, dass die methodische Forschung in allen Wissensbereichen in einer wirklich wissenschaftlichen Weise und

gemäß den Normen der Sittlichkeit vorgeht, wird sie niemals in einen echten Konflikt mit dem Glauben kommen, weil die Wirklichkeiten des profanen Bereichs und die des Glaubens in demselben Gott ihren Ursprung haben[6]. Ja wer bescheiden und ausdauernd die Geheimnisse der Wirklichkeit zu erforschen versucht, wird, auch wenn er sich dessen nicht bewusst ist, von dem Gott an der Hand geführt, der alle Wirklichkeit trägt und sie in sein Eigensein einsetzt. Deshalb sind gewisse Geisteshaltungen, die einst auch unter Christen wegen eines unzulänglichen Verständnisses für die legitime Autonomie der Wissenschaft vorkamen, zu bedauern. Durch die dadurch entfachten Streitigkeiten und Auseinandersetzungen schufen sie in der Mentalität vieler die Überzeugung von einem Widerspruch zwischen Glauben und Wissenschaft[7].

Wird aber mit den Worten „Autonomie der zeitlichen Dinge" gemeint, dass die geschaffenen Dinge nicht von Gott abhängen und der Mensch sie ohne Bezug auf den Schöpfer gebrauchen könne, so spürt jeder, der Gott anerkennt, wie falsch eine solche Auffassung ist. Denn das Geschöpf sinkt ohne den Schöpfer ins Nichts. Zudem haben alle Glaubenden, gleich, welcher Religion sie zugehören, die Stimme und Bekundung Gottes immer durch die Sprache der Geschöpfe vernommen. Überdies wird das Geschöpf selbst durch das Vergessen Gottes unverständlich.

(unzulängliches Verständnis für die legitime Autonomie der Wissenschaft; Mentalität des Widerspruchs zwischen Glauben und Wissenschaft). In früheren Textfassungen stand hier ein ausdrückliches Bedauern über den Fall Gallei. Aber vielen Konzilsvätern war das offene Eingestehen von Schuld ein Problem. Nach heftigen Debatten behalf man sich mit einer Fußnote, in der ein umfangreiches Werk über den Fall Galilei zitiert wird – immerhin eine indirekte Rehabilitierung.

Autonomie der irdischen Wirklichkeiten wird falsch verstanden, wenn dabei der Schöpfungsgedanke negiert und die Welt als gottlos aufgefasst wird. In allen Religionen wird Gott auch in der Schöpfung erfahren. Eine Menschheit, die Gott vergisst, verliert letztlich auch sich selbst.

Der Artikel 37 – erst in den letzten Textfassungen eingefügt – korrigiert eine allzu optimistische Fortschrittgläubigkeit. Der menschliche Fortschritt ist nicht nur ein positiver Prozess. Einzel- oder Gruppenegoismen stehen wahrer Geschwisterlichkeit entgegen. Der technische Fortschritt trägt auch das Potential der Vernichtung der Welt in sich.

Hier wechselt der Ton: Die ganze Geschichte ist ein harter Kampf gegen die Mächte des Bösen.

Das „Zwar-aber" ist anders gesetzt als sonst: Die Überzeugung, dass menschlicher Fortschritt dem wahren Glück der Menschen dienen kann, wird durch die Warnung, sich nicht „dieser Welt gleichförmig" zu machen

37. Das von der Sünde verderbte menschliche Schaffen | Die Heilige Schrift aber, der die Erfahrung aller Zeiten zustimmt, belehrt die Menschheitsfamilie, dass der menschliche Fortschritt, der ein großes Gut für den Menschen ist, freilich auch eine große Versuchung mit sich bringt: Dadurch, dass die Wertordnung verzerrt und Böses mit Gutem vermengt wird, beachten die einzelnen Menschen und Gruppen nur das, was ihnen, nicht aber was den anderen zukommt. Daher ist die Welt nicht mehr der Raum der wahren Brüderlichkeit, sondern die gesteigerte Macht der Menschheit bedroht bereits diese selbst mit Vernichtung.

Die ganze Geschichte der Menschheit durchzieht ein harter Kampf gegen die Mächte der Finsternis, ein Kampf, der schon am Anfang der Welt begann und nach dem Wort des Herrn[8] bis zum letzten Tag andauern wird. Der einzelne Mensch muss, in diesen Streit hineingezogen, beständig kämpfen um seine Entscheidung für das Gute, und nur mit großer Anstrengung kann er in sich mit Gottes Gnadenhilfe seine eigene innere Einheit erreichen.

Deshalb kann die Kirche Christi, obwohl sie im Vertrauen auf den Plan des Schöpfers anerkennt, dass der menschliche Fortschritt zum wahren Glück der Menschen zu dienen vermag, nicht davon absehen, das Wort des Apostels einzuschärfen: „Macht euch nicht dieser Welt gleichförmig" (Röm 12,2), das heißt, dem Geist des leeren Stolzes und der Bosheit, der das auf den Dienst Gottes und des Menschen hingeordnete menschliche Schaffen in ein Werkzeug der Sünde verkehrt. [...]

eingeschränkt. „Welt" ist hier anders als sonst durch leeren Stolz, Bosheit und Ungeordnetheit charakterisiert.

38. Das im Ostergeheimnis zur Vollendung geführte menschliche Schaffen | Das Wort Gottes, durch das alles geworden ist, ist selbst Fleisch geworden und ist, auf der Erde der Menschen wohnend[10], als wirklicher Mensch in die Geschichte der Welt eingetreten, hat sie sich zu eigen gemacht und in sich zusammengefasst[11]. Er offenbart uns, „dass Gott die Liebe ist" (1 Joh 4,8), und belehrt uns zugleich, dass das Grundgesetz der menschlichen Vervollkommnung und deshalb auch der Umwandlung der Welt das neue Gebot der Liebe ist. [...] Für uns Sünder alle nahm er den Tod auf sich[12] und belehrt uns so durch sein Beispiel, dass auch das Kreuz getragen werden muss, das Fleisch und Welt denen auf die Schultern legen, die Frieden und Gerechtigkeit suchen. Durch seine Auferstehung zum Herrn bestellt, wirkt Christus, dem alle Gewalt im Himmel und auf Erden gegeben ist[13], schon durch die Kraft seines Geistes in den Herzen der Menschen dadurch, dass er nicht nur das Verlangen nach der zukünftigen Welt in ihnen weckt, sondern eben dadurch auch jene selbstlosen Bestrebungen belebt, reinigt und stärkt, durch die die Menschheitsfamilie sich bemüht, ihr eigenes Leben humaner zu gestalten und die ganze Erde diesem Ziel

Die Bedeutung Christi für das menschliche Schaffen hat folgende Dimensionen: 1) Schöpfung/Inkarnation – der, durch den alles geworden ist, fasst auch alle Welt in sich zusammen. 2) Jesus gibt das Gebot der Liebe, das Grundgesetz aller Vollendung. 3) Das Kreuz Jesu verdeutlicht, dass Engagement für Friede und Gerechtigkeit Gegenkräfte provoziert. 4) Als Auferstandener ist Christus Kraft seines Geistes in den Herzen der Menschen (nicht nur der Christen!) wirksam: Er weckt das Verlangen nach der zukünftigen Welt; er reinigt und stärkt alle Bemühung um Humanisierung und befreit vom Egoismus und zur Hingabe an Gott und die Nächsten.

dienstbar zu machen. [...] Alle aber befreit er, damit sie durch Absage an ihren Egoismus und unter Dienstbarmachung aller Naturkräfte für das menschliche Leben nach jener Zukunft streben, in der die Menschheit selbst eine Gott angenehme Opfergabe wird[14]. [...]

Gerechtigkeit und Seligkeit der Vollendung werden die Heilshoffnung des Menschen nicht nur erfüllen, sondern überbieten. Nichts, was in Liebe getan ist, ist vergebens.

39. Die neue Erde und der neue Himmel | Den Zeitpunkt der Vollendung der Erde und der Menschheit kennen wir nicht[15], und auch die Weise wissen wir nicht, wie das Universum umgestaltet werden soll. Es vergeht zwar die Gestalt dieser Welt, die durch die Sünde missgestaltet ist[16], aber wir werden belehrt, dass Gott eine neue Wohnstätte und eine neue Erde bereitet, auf der die Gerechtigkeit wohnt[17], deren Seligkeit jede Sehnsucht nach Frieden in den Herzen der Menschen erfüllt und übertrifft[18]. [...] Die Liebe wird bleiben wie das, was sie einst getan hat[20], und die ganze Schöpfung, die Gott um des Menschen willen schuf, wird von der Knechtschaft der Vergänglichkeit befreit sein[21].

Zu beachten ist die Akzentsetzung der beiden „Zwar-aber"-Sätze: Die christliche Hoffnung soll das Engagement für die Erde nicht abschwächen, sondern ermutigen. Irdischer Fortschritt hat eine große Bedeutung für das Wachstum des Reiches Christi.

Zwar werden wir gemahnt, dass es dem Menschen nichts nützt, wenn er die ganze Welt gewinnt, sich selbst jedoch ins Verderben bringt[22]; dennoch darf die Erwartung der neuen Erde die Sorge für die Gestaltung dieser Erde nicht abschwächen, auf der uns der wachsende Leib der neuen Menschenfamilie eine umrisshafte Vorstellung von der künftigen Welt geben kann, sondern muss sie im Gegenteil ermutigen. Obschon der irdische

Fortschritt eindeutig vom Wachstum des Reiches Christi zu unterscheiden ist, so hat er doch große Bedeutung für das Reich Gottes, insofern er zu einer besseren Ordnung der menschlichen Gesellschaft beitragen kann[23].

Alle guten Erträgnisse der Natur und unserer Bemühungen nämlich, die Güter menschlicher Würde, brüderlicher Gemeinschaft und Freiheit, müssen im Geist des Herrn und gemäß seinem Gebot auf Erden gemehrt werden; dann werden wir sie wiederfinden, gereinigt von jedem Makel, lichtvoll und verklärt [...].

> Alles in menschlicher Würde, Gemeinschaft und Freiheit Gelebte werden wir im Reich Gottes – gereinigt und verklärt – wiederfinden. Dieses, im Verborgenen bereits wachsende Reich wird offenbar und vollendet werden.

Viertes Kapitel:
Die Aufgabe der Kirche in der Welt von heute

40. Die gegenseitige Beziehung von Kirche und Welt | Alles, was wir über die Würde der menschlichen Person, die menschliche Gemeinschaft und über den letzten Sinn des menschlichen Schaffens gesagt haben, bildet das Fundament für die Beziehung zwischen Kirche und Welt wie auch die Grundlage ihres gegenseitigen Dialogs[1]. Unter Voraussetzung all der bisherigen Aussagen dieses Konzils über das Geheimnis der Kirche ist sie nun darzustellen, insofern sie gerade in dieser Welt besteht und mit ihr lebt und wirkt.

> Das bisher Dargelegte ist Grundlage für die Beziehung zwischen Kirche und Welt sowie für ihren gegenseitigen Dialog. Vorausgesetzt wird das Kirchenverständnis des Konzils, das im folgenden Abschnitt kurz zusammengefasst wird.

Hervorgegangen aus der Liebe des ewigen Vaters[2], in der Zeit gestiftet von Christus dem Erlöser, geeint im Heiligen Geist[3], hat die Kirche das endzeitliche Heil zum Ziel, das

> Kirche verdankt sich dem dreieinigen Gott und zielt auf die endzeitliche volle Gemeinschaft der Menschen mit ▷

Gott und untereinander. Als zugleich sichtbare Versammlung und geistliche Gemeinschaft ist Kirche mit der Menschheit unterwegs auf dieses Ziel. Sie ist Sauerteig und Seele der Menschheit: Die Christen sind jene, die jetzt schon in Christus Beziehung zu Gott und untereinander kraft des Heiligen Geistes ausdrücklich leben.	erst in der künftigen Weltzeit voll verwirklicht werden kann. Sie ist aber schon hier auf Erden anwesend, gesammelt aus Menschen, Gliedern des irdischen Gemeinwesens, die dazu berufen sind, schon in dieser geschichtlichen Zeit der Menschheit die Familie der Kinder Gottes zu bilden, die bis zur Ankunft des Herrn stetig wachsen soll. [...] So geht denn diese Kirche, zugleich „sichtbare Versammlung und geistliche Gemeinschaft"[6], den Weg mit der ganzen Menschheit gemeinsam und erfährt das gleiche irdische Geschick mit der Welt und ist gewissermaßen der Sauerteig und die Seele der in Christus zu erneuernden und in die Familie Gottes umzugestaltenden menschlichen Gesellschaft[7].
Durch die Kirche und ihr Wirken leuchtet das Heil in der Welt anfanghaft auf, indem sie sich um die Würde des Menschen sorgt, indem sie zu einer gerechten Gesellschaft beiträgt, indem sie die Tiefendimension menschlichen Handelns freilegt. Die Kirche kann und will zur Humanisierung der Welt beitragen.	[...] In Verfolgung ihrer eigenen Heilsabsicht vermittelt die Kirche nicht nur den Menschen das göttliche Leben, sondern lässt dessen Widerschein mehr oder weniger auf die ganze Welt fallen, vor allem durch die Heilung und Hebung der menschlichen Personwürde, durch die Festigung des menschlichen Gemeinschaftsgefüges, durch die Erfüllung des alltäglichen menschlichen Schaffens mit tieferer Sinnhaftigkeit und Bedeutung. So glaubt die Kirche durch ihre einzelnen Glieder und als ganze viel zu einer humaneren Gestaltung der Menschenfamilie und ihrer Geschichte beitragen zu können.
Die katholische Kirche schätzt die entsprechenden Bemühungen der	Unbefangen schätzt zudem die katholische Kirche all das hoch, was zur Erfüllung derselben Aufgabe die anderen christlichen

Kirchen und kirchlichen Gemeinschaften in Zusammenarbeit beigetragen haben und noch beitragen. Zugleich ist sie der festen Überzeugung, dass sie selbst von der Welt, sei es von einzelnen Menschen, sei es von der menschlichen Gesellschaft, durch deren Möglichkeiten und Bemühungen viele und mannigfache Hilfe zur Wegbereitung für das Evangelium erfahren kann. Zur sachgemäßen Förderung dieser gegenseitigen Beziehung und Hilfe in jenem Bereich, der Kirche und Welt gewissermaßen gemeinsam ist, werden hier einige allgemeinere Grundsätze vorgelegt.

anderen Kirchen und kirchlichen Gemeinschaften und bekennt, dass sie von der Welt vielfache Hilfe zur Wegbereitung für das Evangelium erfahren kann. Entsprechend den bisherigen Kapiteln legen die folgenden Artikel dar, welche Hilfe die Kirche dem einzelnen Menschen (1. Kap. – Art. 41), der menschlichen Gemeinschaft (2. Kap. – Art. 42) bzw. dem menschlichen Schaffen (3. Kap. – Art. 43) angedeihen lassen will.

41. Die Hilfe, welche die Kirche den einzelnen Menschen leisten möchte | Der heutige Mensch ist unterwegs zur volleren Entwicklung seiner Persönlichkeit und zu einer immer tieferen Einsicht und Durchsetzung seiner Rechte. Da es aber der Kirche anvertraut ist, das Geheimnis Gottes, des letzten Zieles der Menschen, offenkundig zu machen, erschließt sie dem Menschen gleichzeitig das Verständnis seiner eigenen Existenz, das heißt die letzte Wahrheit über den Menschen.

Indem die Kirche über Gott spricht, erschließt sie dem Menschen das Verständnis seiner eigenen Existenz, seine letzte und tiefste Wahrheit.

Die Kirche weiß sehr wohl, dass Gott, dem sie dient, allein die Antwort ist auf das tiefste Sehnen des menschlichen Herzens, das an den Gaben der Erde nie voll sich sättigen kann. Sie weiß auch darum, dass der Mensch unter dem ständigen Antrieb des Geistes Gottes niemals dem Problem der

Gott allein ist die Antwort auf das Sehnen des menschlichen Herzens. Kein Mensch kann der Religion gegenüber völlig gleichgültig sein; er wird wenigstens ein ahnungsweises Verlangen nach Antwort auf die ▷

Religion gegenüber ganz gleichgültig sein kann, wie es nicht nur die Erfahrung so vieler vergangener Jahrhunderte, sondern auch das vielfältige Zeugnis unserer Zeit beweist. Denn immer wird der Mensch wenigstens ahnungsweise Verlangen in sich tragen, zu wissen, was die Bedeutung seines Lebens, seines Schaffens und seines Todes ist. Schon das reine Dasein der Kirche als solches erinnert ihn an diese Probleme. Gott allein, der den Menschen nach seinem Bild geschaffen und von der Sünde erlöst hat, gibt auf diese Fragen die erschöpfende Antwort in seiner Offenbarung in seinem Sohn, der Mensch geworden ist. Wer Christus, dem vollkommenen Menschen, folgt, wird auch selbst mehr Mensch.

Aus diesem Glauben heraus vermag die Kirche die Würde des menschlichen Wesens allen Meinungsschwankungen zu entziehen, die z. B. den menschlichen Leib zu sehr abwerten oder über das rechte Maß emporheben. [...] Wenn auch derselbe Gott Schöpfer und Erlöser ist, Herr der Profangeschichte und der Heilsgeschichte, so wird doch in eben dieser göttlichen Ordnung die richtige Autonomie der Schöpfung und besonders des Menschen nicht nur nicht aufgehoben, sondern vielmehr in ihre eigene Würde eingesetzt und in ihr befestigt.

Kraft des ihr anvertrauten Evangeliums verkündet also die Kirche die Rechte des Menschen, und sie anerkennt und schätzt die Dynamik der Gegenwart, die diese Rechte

---

Marginalien:

großen Fragen des Lebens und Sterbens in sich tragen. Schon das bloße Dasein der Kirche hält diese Fragen wach. Christsein ist wahres Menschsein, denn die Nachfolge Christi, des vollkommen Menschen, bedeutet Humanisierung. Spiritualität und Ethik sind also eng verbunden.

Das Hauptaugenmerk der Kirche gilt der Würde des Menschen. Die Autonomie der Schöpfung und des Menschen wird von Gott nicht eingeschränkt, sondern vielmehr begründet und geschützt. Aus der Mitte ihrer Botschaft, nämlich dem Evangelium, verkündet (!) die Kirche die Menschenrechte. Abzulehnen ist jedoch eine Autonomie, die den Schöpfer negiert.

überall fördert. Freilich muss diese Bewegung vom Geist des Evangeliums erfüllt und gegen jede Art falscher Autonomie geschützt werden. [...]

42. Die Hilfe, welche die Kirche der menschlichen Gemeinschaft bringen möchte | Die Einheit der menschlichen Familie wird durch die Einheit der Familie der Kinder Gottes, die in Christus begründet ist[10], in vieler Hinsicht gestärkt und erfüllt.

Die ihr eigene Sendung, die Christus der Kirche übertragen hat, bezieht sich zwar nicht auf den politischen, wirtschaftlichen oder sozialen Bereich: Das Ziel, das Christus ihr gesetzt hat, gehört ja der religiösen Ordnung an[11]. Doch fließen aus eben dieser religiösen Sendung Auftrag, Licht und Kraft, um der menschlichen Gemeinschaft zu Aufbau und Festigung nach göttlichem Gesetz behilflich zu sein. Ja wo es nötig ist, kann und muss sie selbst je nach den Umständen von Zeit und Ort Werke zum Dienst an allen, besonders an den Armen, in Gang bringen, wie z. B. Werke der Barmherzigkeit oder andere dieser Art.

Die Kirche anerkennt weiterhin, was an Gutem in der heutigen gesellschaftlichen Dynamik vorhanden ist, besonders die Entwicklung hin zur Einheit [...]. Förderung von Einheit hängt ja mit der letzten Sendung der Kirche zusammen, da sie „in Christus gleichsam das Sakrament, das heißt Zeichen und Werkzeug für die innigste Vereinigung mit

Der Sendungsbereich der Kirche wird ausdrücklich auf religiöse Ordnung beschränkt. Aus ihrer religiösen Sendung hat die Kirche viele Möglichkeiten, der menschlichen Gemeinschaft in politischer, wirtschaftlicher oder sozialer Hinsicht zu dienen, etwa durch karitative Werke.

Die Förderung von Einheit wird mit dem Wesen der Kirche als Beziehungssakrament begründet (mit einem Zitat aus LG I). Die Kirche will keine äußere, mit rein menschlichen Mitteln ausgeübte Herrschaft. Das ist eine ▷

ausdrückliche Absage an die mittelalterliche Theorie der zwei Gewalten, der Herrschaft der Kirche über das Geistliche *und* über das Zeitliche.

Die Kirche ist weder von ihrer Sendung noch von ihrem Wesen her an eine besondere Form menschlicher Kultur oder ein besonderes politisches System gebunden. Gerade so kann sie zu universaler Einheit beitragen. Im letzten Satz äußert die Kirche den Wunsch, sich im Dienst am Wohl der Menschen und der Gesellschaft frei entfalten zu können.

Zwei Extreme sind zu vermeiden: die Vernachlässigung der irdischen Pflichten bzw. das völlige Aufgehen in weltlichem Engagement. Mit Nachdruck wendet sich das Konzil gegen die Spaltung zwischen dem Glauben und dem täglichen Leben. Nach dem Vorbild Jesu, des Handwerkers, ist eine Synthese

Gott wie für die Einheit der ganzen Menschheit"[12] ist. [...] Die Kraft nämlich, die die Kirche der menschlichen Gesellschaft von heute mitzuteilen vermag, ist jener Glaube und jene Liebe, die sich in Tat und Wahrheit des Lebens auswirken, nicht aber irgendeine äußere, mit rein menschlichen Mitteln ausgeübte Herrschaft. [...]

Mit großer Achtung blickt das Konzil auf alles Wahre, Gute und Gerechte, das sich die Menschheit in den verschiedenen Institutionen geschaffen hat und immer neu schafft. Es erklärt auch, dass die Kirche alle diese Einrichtungen unterstützen und fördern will, soweit es von ihr abhängt und sich mit ihrer Sendung vereinbaren lässt. Sie selbst hat keinen dringlicheren Wunsch, als sich selbst im Dienst des Wohles aller frei entfalten zu können unter jeglicher Regierungsform, die die Grundrechte der Person und der Familie und die Erfordernisse des Gemeinwohls anerkennt.

43. Die Hilfe, mit der die Kirche durch die Christen das menschliche Schaffen unterstützen möchte | Das Konzil fordert die Christen, die Bürger beider Gemeinwesen, auf, nach treuer Erfüllung ihrer irdischen Pflichten zu streben, und dies im Geist des Evangeliums. Die Wahrheit verfehlen die, die [...] meinen, sie könnten ihre irdischen Pflichten vernachlässigen, und so verkennen, dass sie [...] gerade durch den Glauben selbst umso mehr zu deren Erfüllung verpflichtet sind[14]. Im selben Grade aber irren die, die umgekehrt meinen, so im irdischen Tun und Treiben aufgehen zu können, als hätte das darum gar nichts mit dem religiösen Leben zu tun [...]. Diese Spaltung bei vielen zwischen dem Glauben, den man bekennt, und dem täglichen Leben gehört zu den schweren Verirrungen unserer Zeit. [...]

von irdischer Arbeit (in Haushalt, Beruf, Wissenschaft, Technik) und persönlichem Glauben anzustreben.

Die Laien sind eigentlich, wenn auch nicht ausschließlich, zuständig für die weltlichen Aufgaben und Tätigkeiten. Wenn sie also, sei es als Einzelne, sei es in Gruppen, als Bürger dieser Welt handeln, so sollen sie nicht nur die jedem einzelnen Bereich eigenen Gesetze beobachten, sondern sich zugleich um gutes fachliches Wissen und Können in den einzelnen Sachgebieten bemühen. [...] Von den Priestern aber dürfen die Laien Licht und geistliche Kraft erwarten. Sie mögen aber nicht meinen, ihre Seelsorger seien immer in dem Grade kompetent, dass sie in jeder, zuweilen auch schweren Frage, die gerade auftaucht, eine konkrete Lösung schon fertig haben könnten oder die Sendung dazu hätten. Die Laien selbst sollen vielmehr im Licht christlicher Weisheit und unter Berücksichtigung der Lehre des kirchlichen Lehramtes[17] darin ihre eigene Aufgabe wahrnehmen.

Der Abschnitt skizziert die Kompetenz der Laien für die (primär in ihrer Zuständigkeit liegenden) weltlichen Aufgaben und Tätigkeiten. Bemüht um gutes fachliches Wissen und Können, kooperativ, innovativ nehmen die Laien ihre eigene Aufgabe – im Licht des Glaubens und der kirchlichen Lehre – wahr. Von den Priestern dürfen die Laien geistliche Stärkung erwarten, ohne dass diese für alle Fragen kompetent sein können und müssen.

Oftmals wird gerade eine christliche Schau der Dinge ihnen eine bestimmte Lösung in einer konkreten Situation nahelegen. Aber andere Christen werden vielleicht, wie es

Das Konzil bekennt sich zu einer legitimen Pluralität der Standpunkte in sozialen oder politischen Fragen. ▷

Das ist eine Absage an jenes Verständnis von katholischer Einheit und Geschlossenheit, das nur *eine*, von allen zu vertretende christliche Position zulässt. Dennoch hat niemand das Recht, die Autorität der Kirche allein für sich in Anspruch zu nehmen. Die verschieden denkenden Christen sollen vielmehr den offenen Dialog in gegenseitiger Liebe lebendig halten.	häufiger, und zwar legitim, der Fall ist, bei gleicher Gewissenhaftigkeit in der gleichen Frage zu einem anderen Urteil kommen. Wenn dann die beiderseitigen Lösungen, auch gegen den Willen der Parteien, von vielen andern sehr leicht als eindeutige Folgerung aus der Botschaft des Evangeliums betrachtet werden, so müsste doch klar bleiben, dass in solchen Fällen niemand das Recht hat, die Autorität der Kirche ausschließlich für sich und seine eigene Meinung in Anspruch zu nehmen. Immer aber sollen sie in einem offenen Dialog sich gegenseitig zur Klärung der Frage zu helfen suchen; dabei sollen sie die gegenseitige Liebe bewahren und vor allem auf das Gemeinwohl bedacht sein.
Die Welt durch die eigene Arbeit zu prägen, ist ein Aspekt des christlichen Lebenszeugnisses. Der Glaube soll aber auch ausdrücklich bezeugt werden.	Die Laien aber, die am ganzen Leben der Kirche ihren tätigen Anteil haben, sind nicht nur gehalten, die Welt mit christlichem Geist zu durchdringen, sondern sie sind auch dazu berufen, überall, und zwar inmitten der menschlichen Schicksalsgemeinschaft, Christi Zeugen zu sein.
Das Konzil besagt außerdem, dass die Seelsorger mithilfe intensiven Studiums darum bemüht sein sollen, mit Menschen jeglicher Weltanschauung in den Dialog treten zu können.	Die Bischöfe [...] sollen mit ihren Priestern die Botschaft Christi so verkündigen, dass alle irdischen Tätigkeiten der Gläubigen von dem Licht des Evangeliums erhellt werden. Zudem sollen alle Seelsorger bemüht sein, in ihrer Lebensführung und ihrem Berufseifer[18] der Welt ein solches Antlitz der Kirche zu zeigen, dass die Menschen sich daran ein Urteil über die Kraft und Wahrheit der christlichen Botschaft bilden können. [...]

Obwohl die Kirche in der Kraft des Heiligen Geistes die treue Braut des Herrn geblieben ist und niemals aufgehört hat, das Zeichen des Heils in der Welt zu sein, so weiß sie doch klar, dass unter ihren Gliedern[20], ob Klerikern oder Laien, im Lauf so vieler Jahrhunderte immer auch Untreue gegen den Geist Gottes sich fand. Auch in unserer Zeit weiß die Kirche, wie groß der Abstand ist zwischen der von ihr verkündeten Botschaft und der menschlichen Armseligkeit derer, denen das Evangelium anvertraut ist. [...] Die Kirche weiß auch, wie sehr sie selbst in ihrer lebendigen Beziehung zur Welt an der Erfahrung der Geschichte immerfort reifen muss. Vom Heiligen Geist geführt, mahnt die Mutter Kirche unablässig ihre Kinder „zur Läuterung und Erneuerung, damit das Zeichen Christi auf dem Antlitz der Kirche klarer erstrahle"[21].

Dieser Abschnitt enthält das wohl eindrucksvollste Schuldbekenntnis des Konzils: Die Kirche hat zwar nie aufgehört, Zeichen des Heils in der Welt zu sein, aber Kleriker wie Laien waren immer wieder untreu gegen den Geist Gottes. Auch heute gibt es einen Abstand zwischen dem verkündeten Evangelium und der menschlichen Armseligkeit derer, die es verkünden. Dieses Versagen darf nicht verdrängt oder beschönigt werden. Es bedarf der permanenten „Läuterung und Erneuerung" (Zitat aus LG 15).

44. Die Hilfe, welche die Kirche von der heutigen Welt erfährt

Wie es aber im Interesse der Welt liegt, die Kirche als gesellschaftliche Wirklichkeit der Geschichte und als deren Ferment anzuerkennen, so ist sich die Kirche auch darüber im Klaren, wie viel sie selbst der Geschichte und Entwicklung der Menschheit verdankt.

Die Erfahrung der geschichtlichen Vergangenheit, der Fortschritt der Wissenschaften, die Reichtümer, die in den verschiedenen Formen der menschlichen Kultur liegen [...]

Indem die Kirche auf die jeweilige Kultur und Philosophie der Völker eingeht, erhält sie vielfältige Hilfe für die Verkündigung. Christliche Theologie hat sich von Anfang an bemüht, den Glauben in unterschiedlichen kulturellen Kontexten verständlich zu machen. Das Konzil plädiert klar für eine der kulturellen Situation und der Zeit „angepassten Verkündigung" und ▷

damit für Vielfalt in Theologie und Glaubensvermittlung: Inkulturation und Aggiornamento als „Gesetz der Evangelisation". Dies ist eine Absage an theologische Systeme, die blind sind für die Fragen der jeweiligen Zeit. Diese können die Menschen nicht ansprechen. Damit ist jedoch keineswegs eine kritiklose Anpassung an das Heute gemeint. Es gilt, die verschiedenen Sprachen unserer Zeit zu *hören*, sie zu *unterscheiden*, zu *deuten* und im Licht des Evangeliums zu *beurteilen*.

gereichen auch der Kirche zum Vorteil. Von Beginn ihrer Geschichte an hat sie gelernt, die Botschaft Christi in der Vorstellungswelt und Sprache der verschiedenen Völker auszusagen und darüber hinaus diese Botschaft mit Hilfe der Weisheit der Philosophen zu verdeutlichen, um so das Evangelium sowohl dem Verständnis aller als auch berechtigten Ansprüchen der Gebildeten angemessen zu verkünden. Diese in diesem Sinne angepasste Verkündigung des geoffenbarten Wortes muss ein Gesetz aller Evangelisation bleiben. Denn so wird in jedem Volk die Fähigkeit, die Botschaft Christi auf eigene Weise auszusagen, entwickelt und zugleich der lebhafte Austausch zwischen der Kirche und den verschiedenen nationalen Kulturen gefördert[22]. [...] Es ist jedoch Aufgabe des ganzen Gottesvolkes, vor allem auch der Seelsorger und Theologen, unter dem Beistand des Heiligen Geistes auf die verschiedenen Sprachen unserer Zeit zu hören, sie zu unterscheiden, zu deuten und im Licht des Gotteswortes zu beurteilen, damit die geoffenbarte Wahrheit immer tiefer erfasst, besser verstanden und passender verkündet werden kann.

Entwicklungen in der Gesellschaft können der Kirche wertvolle Impulse geben, ihr Leben zeitgemäßer zu gestalten und besser in Erscheinung zu bringen. Das Konzil hält (anknüpfend an

[...] Wer nämlich die menschliche Gemeinschaft auf der Ebene der Familie, der Kultur, des wirtschaftlichen und sozialen Lebens, der nationalen und internationalen Politik voranbringt, leistet nach dem Plan Gottes auch der kirchlichen Gemeinschaft, soweit diese von äußeren Bedingungen abhängt, eine nicht unbedeutende Hilfe. Ja selbst die Feindschaft ihrer Gegner und Verfolger, so gesteht die Kirche, war für sie sehr nützlich und wird es bleiben²³.

> Justin den Märtyrer, † 165) fest, dass sogar die Feindschaft ihrer Gegner der Kirche sehr nützlich war.

45. Christus, Alpha und Omega | Während sie selbst der Welt hilft oder von dieser vieles empfängt, strebt die Kirche nach dem einen Ziel, nach der Ankunft des Reiches Gottes und der Verwirklichung des Heiles der ganzen Menschheit.

Alles aber, was das Volk Gottes in der Zeit seiner irdischen Pilgerschaft der Menschenfamilie an Gutem mitteilen kann, kommt letztlich daher, dass die Kirche das „allumfassende Sakrament des Heiles"²⁴ ist, welches das Geheimnis der Liebe Gottes zu den Menschen zugleich offenbart und verwirklicht.

> Kirche als Heilssakrament: Sie bringt – von Christus her und wie er – Gott zur Welt und unterstützt das Ankommen seiner Liebe. Einmal mehr kommt damit *Lumen Gentium* als Grundlage von *Gaudium et spes* zum Tragen.

Gottes Wort, durch das alles geschaffen ist, ist selbst Fleisch geworden, um in vollkommenem Menschsein alle zu retten und das All zusammenzufassen. Der Herr ist das Ziel der menschlichen Geschichte, der Punkt, auf den hin alle Bestrebungen der Geschichte und der Kultur konvergieren, der Mittelpunkt der Menschheit, die Freude aller Herzen und die Erfüllung ihrer Sehnsüchte²⁵. Ihn hat der Vater von den Toten auferweckt, erhöht und zu seiner Rechten gesetzt; ihn hat er zum Richter der Lebendigen und Toten bestellt. Von seinem Geist belebt und geeint,

> Christus ist „der Punkt, auf den hin alle Bestrebungen der Geschichte und der Kultur konvergieren." Hierfür steht der Theologe Pierre Teilhard de Chardin († 1955) Pate, der Evolutionstheorie und religiösen Glauben zusammendenkt. Teilhard sieht Christus als Ziel des Universums, der es als „Punkt Omega" bis hinein in die Materie durchwirkt. Christus ist das ewige Wort, durch ▷

das alles geschaffen ist, und durch das auch alles zusammengefasst (gerettet) werden wird: „Ich bin das Alpha und das Omega, der Erste und der Letzte, Anfang und Ende."

schreiten wir der Vollendung der menschlichen Geschichte entgegen, die mit dem Plan seiner Liebe zusammenfällt: „alles in Christus dem Haupt zusammenzufassen, was im Himmel und was auf Erden ist" (Eph 1,10).

Der Herr selbst spricht: „Sieh, ich komme bald, und mein Lohn ist mit mir, einem jeden zu vergelten nach seinen Werken. Ich bin das Alpha und das Omega, der Erste und der Letzte, Anfang und Ende" (Offb 22,12-13).

II. Hauptteil
Wichtigere Einzelfragen

Im zweiten Hauptteil geht es um wichtige Einzelfragen, die im Licht des Evangeliums und der menschlichen Erfahrung dargelegt werden sollen. Die schweren und bedrängenden Nöte dieser Zeit werden genannt. Die Kirche ist optimistisch hinsichtlich ihres Beitrages zu diesen Fragen.

46. Vorwort | [...] Unter den vielen Problemen, die heute die Sorge aller wachrufen, sollen vor allem die folgenden behandelt werden: die Ehe und Familie, die Kultur, das wirtschaftliche, soziale und politische Leben, die Verbindung der Völkerfamilie und der Friede. Hinsichtlich dieser Einzelfragen sollen die lichtvollen Prinzipien, die von Christus herkommen, verdeutlicht werden, damit durch sie die Gläubigen geleitet werden und alle Menschen Klarheit finden bei der Suche nach der Lösung so vieler schwieriger Probleme.

Erstes Kapitel:
Förderung der Würde der Ehe und der Familie

47. Ehe und Familie in der heutigen Welt
Das Wohl der Person sowie der menschlichen

und christlichen Gesellschaft ist zuinnerst mit einem Wohlergehen der Ehe- und Familiengemeinschaft verbunden. [...]

Jedoch nicht überall erscheint die Würde dieser Institution in gleicher Klarheit. Polygamie, um sich greifende Ehescheidung, sogenannte freie Liebe und andere Entartungen entstellen diese Würde. Darüber hinaus wird die eheliche Liebe öfters durch Egoismus, bloße Genusssucht und durch unerlaubte Praktiken gegen die Fruchtbarkeit der Ehe entweiht. Außerdem tragen die heutigen wirtschaftlichen, sozialpsychologischen und staatlichen Verhältnisse erhebliche Störungen in die Familie hinein. [...]

Darum will das Konzil durch besondere Hervorhebung bestimmter Hauptpunkte der kirchlichen Lehre die Christen und alle jene Menschen belehren und bestärken, die die ursprüngliche Würde der Ehe und ihren hohen und heiligen Wert zu schützen und zu fördern suchen.

Das Konzil betont die Bedeutung des Themas „Ehe und Familie", skizziert gravierende Probleme und will zentrale Punkte der kirchlichen Lehre darlegen, um die ursprüngliche Würde der Ehe zu schützen und zu fördern.

48. Die Heiligkeit von Ehe und Familie | Die innige Gemeinschaft des Lebens und der Liebe in der Ehe, vom Schöpfer begründet und mit eigenen Gesetzen geschützt, wird durch den Ehebund, d. h. durch ein unwiderrufliches personales Einverständnis, gestiftet. So entsteht durch den personal freien Akt, in dem sich die Eheleute gegenseitig schenken und annehmen, eine nach göttlicher Ordnung feste Institution, und zwar auch gegenüber

Das Leitwort für die Ehe ist „Bund". Damit überwindet das Konzil eine primär juridische Sicht der Ehe zugunsten einer personalen. Formulierungen wie „Ehevertrag" oder „Kontrakt" (die gegenseitige Übertragung des „Rechtes auf den Leib" als Vertragsgegenstand) wurden entschieden zurückgewiesen. ▷

Als Ehegüter und -ziele werden eheliche Gemeinschaft sowie die Zeugung und Erziehung von Nachkommen genannt. Auch wenn in diesem Abschnitt keine Rangordnung dieser beiden Aspekte angegeben wird, wird im Gesamtduktus von Art. 48 die zentrale Bedeutung der ehelichen Liebe und Gemeinschaft deutlich. Eines der traditionellen Ehegüter ist jedoch nicht erwähnt: „Heilmittel gegen die Begierlichkeit".

der Gesellschaft. Dieses heilige Band unterliegt im Hinblick auf das Wohl der Gatten und der Nachkommenschaft sowie auf das Wohl der Gesellschaft nicht mehr menschlicher Willkür. Gott selbst ist Urheber der Ehe, die mit verschiedenen Gütern und Zielen ausgestattet ist[1] [...]. Durch ihre natürliche Eigenart sind die Institutionen der Ehe und die eheliche Liebe auf die Zeugung und Erziehung von Nachkommenschaft hingeordnet und finden darin gleichsam ihre Krönung. Darum gewähren sich Mann und Frau, die im Ehebund nicht mehr zwei sind, sondern ein Fleisch (Mt 19,6), in inniger Verbundenheit der Personen und ihres Tuns gegenseitige Hilfe und gegenseitigen Dienst und erfahren und vollziehen dadurch immer mehr und voller das eigentliche Wesen ihrer Einheit. Diese innige Vereinigung als gegenseitiges Sichschenken zweier Personen wie auch das Wohl der Kinder verlangen die unbedingte Treue der Gatten und fordern ihre unauflösliche Einheit[2].

Die eheliche Liebe ist in der göttlichen Liebesgemeinschaft verankert und Abbild der Liebe Christi zu seiner Kirche. Die Präsenz Christi bei den Ehepartnern stärkt diese in ihrer Hingabe und Treue. Bemerkenswert ist die Aussage, dass die Ehegatten durch das Sakrament gleichsam geweiht sind.

Christus der Herr hat diese Liebe, die letztlich aus der göttlichen Liebe hervorgeht und nach dem Vorbild seiner Einheit mit der Kirche gebildet ist, unter ihren vielen Hinsichten in reichem Maße gesegnet. [...] Er bleibt fernerhin bei ihnen, damit die Gatten sich in gegenseitiger Hingabe und ständiger Treue lieben, so wie er selbst die Kirche geliebt und sich für sie hingegeben hat[5]. [...] So werden die christlichen Gatten in den Pflichten und der Würde ihres Standes durch ein eigenes Sakrament gestärkt und gleichsam geweiht[7]. In der Kraft dieses Sakramentes erfüllen sie ihre Aufgabe in Ehe und Familie. Im Geist Christi, durch den ihr ganzes Leben mit Glaube, Hoffnung und Liebe durchdrungen wird, gelangen sie mehr und mehr zu ihrer eigenen Vervollkommnung, zur gegenseitigen Heiligung und so gemeinsam zur Verherrlichung Gottes.

49. Die eheliche Liebe | [...] Diese eigentümlich menschliche Liebe geht in frei bejahter Neigung von Person zu Person, umgreift das Wohl der ganzen Person, vermag so den leibseelischen Ausdrucksmöglichkeiten eine eigene Würde zu verleihen [...]. Diese Liebe hat der Herr durch eine besondere Gabe seiner Gnade und Liebe geheilt, vollendet und erhöht. Eine solche Liebe, die Menschliches und Göttliches in sich eint, führt die Gatten zur freien gegenseitigen Übereignung ihrer selbst, die sich in zarter Zuneigung und in der Tat bewährt, und durchdringt ihr ganzes Leben[11]; ja gerade durch ihre Selbstlosigkeit in Leben und Tun verwirklicht sie sich und wächst. Sie ist viel mehr als bloß eine erotische Anziehung, die, egoistisch gewollt, nur zu schnell wieder erbärmlich vergeht.

Diese Liebe wird durch den eigentlichen Vollzug der Ehe in besonderer Weise ausgedrückt und verwirklicht. Jene Akte also, durch die die Eheleute innigst und lauter eins werden, sind von sittlicher Würde; sie bringen, wenn sie human vollzogen werden,

> Das Konzil beschreibt Liebe als freie gegenseitige Übereignung aneinander. Sexualität bereichert die Ehe; sie ist Ausdruck der ganzheitlichen Hingabe und Verdichtung der Treue. Die ehelichen Akte sind von „sittlicher Würde", solange die Erotik nicht von der Liebe losgelöst ist (humaner Vollzug).

> Das Konzil korrigiert stillschweigend, aber deutlich eine jahrhundertelange sexualfeindliche Tradition: Ehe wurde als legalisierte Unzucht gesehen. Nach Augustinus galt das ▷

erotische Verlangen als Folge der Erbsünde. Somit bedurfte Sexualität auch in der Ehe einer „Entschuldigung". Sie war ein notwendiges Übel: Mittel zum Zweck der Zeugung von Nachkommen – und nur deshalb und dafür erlaubt.

In der Formulierung „sauberer Brautzeit" klingt der alte Sexualpessimismus nach. „Unsauber" (inhuman) wäre nach Art. 49 Erotik losgelöst von Liebe.

Die Ehe ist als ganze auf die Zeugung und Erziehung von Nachkommenschaft ausgerichtet. Bisher galt, dass jeder einzelne eheliche Akt als solcher auf Zeugung hin anzulegen ist (weil dies die einzige Legitimation des Sexualaktes war). Davon ist nicht mehr die Rede, weder ausdrücklich noch andeutungsweise. In der Zeugung von Kindern haben die Gatten Teil am schöpferischen Wirken Gottes. Sie wirken mit der Liebe Gottes mit und sind so Interpreten dieser Liebe.

jenes gegenseitige Übereignetsein zum Ausdruck und vertiefen es, durch das sich die Gatten gegenseitig in Freude und Dankbarkeit reich machen. Diese Liebe, die auf gegenseitige Treue gegründet und in besonderer Weise durch Christi Sakrament geheiligt ist, bedeutet unlösliche Treue, die in Glück und Unglück Leib und Seele umfasst und darum unvereinbar ist mit jedem Ehebruch und jeder Ehescheidung. [...]

[...] Jugendliche sollen über die Würde, die Aufgaben und den Vollzug der ehelichen Liebe am besten im Kreis der Familie selbst rechtzeitig in geeigneter Weise unterrichtet werden, damit sie, an keusche Zucht gewöhnt, im entsprechenden Alter nach einer sauberen Brautzeit in die Ehe eintreten können.

50. Die Fruchtbarkeit der Ehe | Ehe und eheliche Liebe sind ihrem Wesen nach auf die Zeugung und Erziehung von Nachkommenschaft ausgerichtet. Kinder sind gewiss die vorzüglichste Gabe für die Ehe und tragen zum Wohl der Eltern selbst sehr viel bei. Derselbe Gott, der [...] „den Menschen von Anfang an als Mann und Frau schuf" (Mt 19,14), wollte ihm eine besondere Teilnahme an seinem schöpferischen Wirken verleihen, segnete darum Mann und Frau und sprach: „Wachset und mehret euch" (Gen 1,28). Ohne Hintansetzung der übrigen Eheziele sind deshalb die echte Gestaltung der ehelichen Liebe und die ganze sich daraus ergebende Natur des Familienlebens dahin ausgerichtet, dass die Gatten von sich aus entschlossen bereit sind zur Mitwirkung mit der Liebe des Schöpfers und Erlösers, der durch sie seine eigene Familie immer mehr vergrößert und bereichert.

In ihrer Aufgabe, menschliches Leben weiterzugeben und zu erziehen, die als die nur ihnen zukommende Sendung zu betrachten ist, wissen sich die Eheleute als mitwirkend mit der Liebe Gottes des Schöpfers und gleichsam als Interpreten dieser Liebe. Daher müssen sie in menschlicher und christlicher Verantwortlichkeit ihre Aufgabe erfüllen und in einer auf Gott hinhörenden Ehrfurcht durch gemeinsame Überlegung versuchen, sich ein sachgerechtes Urteil zu bilden. Hierbei müssen sie auf ihr eigenes Wohl wie auf das ihrer Kinder – der schon geborenen oder zu erwartenden – achten; sie müssen die materiellen und geistigen Verhältnisse der Zeit und ihres Lebens zu erkennen suchen und schließlich auch das Wohl der Gesamtfamilie, der weltlichen Gesellschaft und der Kirche berücksichtigen. Dieses Urteil müssen im Angesicht Gottes die Eheleute letztlich selbst fällen. In ihrem ganzen Verhalten seien sich die christlichen Gatten bewusst, dass sie nicht nach eigener Willkür vorgehen können; sie müssen sich vielmehr leiten lassen von einem Gewissen, das sich auszurichten hat am göttlichen Gesetz; sie müssen hören auf das Lehramt der Kirche, das dieses göttliche Gesetz im Licht des Evangeliums authentisch auslegt. [...]

Dieser Absatz enthält ein eindeutiges Plädoyer für Familienplanung („sich ein sachgerechtes Urteil bilden") und nennt deutliche ethische Kriterien: Zu berücksichtigen sind das eigene Wohl und jenes der Kinder (der geborenen wie der zu erwartenden), die materiellen und geistigen Verhältnisse usw. Vergeblich behaupteten einzelne Bischöfe, das Prinzip verantworteter Elternschaft sei „mit dem Glauben nicht vereinbar". Das Konzil hält fest, dass die Gatten letztlich selbst vor Gott das Urteil über zu zeugende Kinder (Zeitpunkt, Zahl) fällen müssen – und dürfen.

Das Konzil stellt einige Punkte in großer Deutlichkeit klar: Es gibt Situationen, die der Vermehrung der Kinderzahl im Wege stehen. Die völlige Aufgabe des intimen Ehelebens gefährdet das Ehegut der Treue.

In der Frage der Geburtenregelung beansprucht die Kirche ein grundsätzliches Mitspracherecht. Die Methoden der Familienplanung werden jedoch nicht behandelt. Paul VI. hat die Frage sich selbst zur weiteren Prüfung vorbehalten. Fußnote 14 verweist auf die Einsetzung einer Expertenkommission, denn die Frage „sei derzeit nicht lösbar." Paul VI. entschied sich schließlich – gegen das Votum der Expertenkommission – für Beibehaltung des Verbots der künstlichen Empfängnisregelung (*Enzyklika Humanae Vitae*, 1968).

51. Die eheliche Liebe und der Fortbestand des menschlichen Lebens | [...] Wo nämlich das intime eheliche Leben unterlassen wird, kann nicht selten die Treue als Ehegut in Gefahr geraten und das Kind als Ehegut in Mitleidenschaft gezogen werden; denn dann werden die Erziehung der Kinder und auch die tapfere Bereitschaft zu weiteren Kindern gefährdet. [...]

[...] Das Leben ist daher von der Empfängnis an mit höchster Sorgfalt zu schützen. Abtreibung und Tötung des Kindes sind verabscheuenswürdige Verbrechen. Die geschlechtliche Anlage des Menschen und seine menschliche Zeugungsfähigkeit überragen in wunderbarer Weise all das, was es Entsprechendes auf niedrigeren Stufen des Lebens gibt. Deshalb sind auch die dem ehelichen Leben eigenen Akte, die entsprechend der wahren menschlichen Würde gestaltet sind, zu achten und zu ehren. Wo es sich um den Ausgleich zwischen ehelicher Liebe und verantwortlicher Weitergabe des Lebens handelt, hängt die sittliche Qualität der Handlungsweise nicht allein von der guten Absicht und Bewertung der Motive ab, sondern auch von objektiven Kriterien, die sich aus dem Wesen der menschlichen Person und ihrer Akte ergeben und die sowohl den vollen Sinn gegenseitiger Hingabe als auch den einer wirklich humanen Zeugung in wirklicher Liebe wahren. Das ist nicht möglich ohne aufrichtigen Willen zur Übung der Tugend ehelicher Keuschheit. Von diesen Prinzipien her ist es den Kindern der Kirche nicht erlaubt, in der Geburtenregelung Wege zu beschreiten, die das Lehramt in Auslegung des göttlichen Gesetzes verwirft[14]. [...]

52. Die Sorge aller um die Förderung von Ehe und Familie

Da Familien das Fundament der Gesellschaft sind, hat der Staat das Recht der Eltern auf Zeugung der Nachkommenschaft zu sichern. Fachleute in Biologie, Medizin, Sozialwissenschaften und Psychologie sollen gemeinsam die Frage der Geburtenregelung genauer klären. Die Seelsorger sollen das Ehe- und Familienleben fördern, stützen und stärken, damit Familien von großer Ausstrahlungskraft entstehen.

[...] Die Ehegatten selber aber sollen, nach dem Bild des lebendigen Gottes geschaffen, in eine wahre personale Ordnung gestellt, eines Strebens, gleichen Sinnes und in gegenseitiger Heiligung vereint[16] sein, damit sie, Christus, dem Ursprung des Lebens[17], folgend, in den Freuden und Opfern ihrer Berufung durch ihre treue Liebe Zeugen jenes Liebesgeheimnisses werden, das der Herr durch seinen Tod und seine Auferstehung der Welt geoffenbart hat[18].

Die Ehe wurzelt ganz und gar im Liebesgeheimnis, das Gott ist, und bezeugt es zugleich auf vielfältige Weise.

Zweites Kapitel:
Die richtige Förderung des kulturellen Fortschritts

53. Einführung | [...] Unter Kultur im Allgemeinen versteht man alles, wodurch der Mensch seine vielfältigen geistigen und kör-

„Kultur" hat der Gesamtentfaltung der menschlichen Person ▷

und dem Wohl der menschlichen Gemeinschaft zu dienen.

perlichen Anlagen ausbildet und entfaltet; wodurch er sich die ganze Welt in Erkenntnis und Arbeit zu unterwerfen sucht; wodurch er das gesellschaftliche Leben in der Familie und in der ganzen bürgerlichen Gesellschaft im moralischen und institutionellen Fortschritt menschlicher gestaltet; wodurch er endlich seine großen geistigen Erfahrungen und Strebungen im Lauf der Zeit in seinen Werken vergegenständlicht, mitteilt und ihnen Dauer verleiht zum Segen vieler, ja der ganzen Menschheit. [...]

Eine bessere Welt kann nur in Wahrheit und Gerechtigkeit aufgebaut werden.

55. Der Mensch als Schöpfer der Kultur | [...] So sind wir Zeugen der Geburt eines neuen Humanismus, in dem der Mensch sich vor allem von der Verantwortung für seine Brüder und die Geschichte her versteht.

Die Kirche bedient sich der Errungenschaften der einzelnen Kulturen, ist aber an keine von ihnen unlöslich gebunden.

58. Der vielfältige Zusammenhang zwischen der guten Botschaft Christi und der Kultur [...] die Kirche, die im Lauf der Zeit in je verschiedener Umwelt lebt, [nimmt] die Errungenschaften der einzelnen Kulturen in Gebrauch, um die Botschaft Christi in ihrer Verkündigung bei allen Völkern zu verbreiten und zu erklären, um sie zu erforschen und tiefer zu verstehen, um sie in der liturgischen Feier und im Leben der vielgestaltigen Gemeinschaft der Gläubigen besser Gestalt werden zu lassen. [...]

59. Verschiedene Gesichtspunkte für die rechte Pflege der Formen menschlicher Kultur | [...] Die Heilige Synode macht sich daher die Lehre des Ersten Vatikanischen Konzils zu eigen, dass es „zwei verschiedene Erkenntnisordnungen" gibt, nämlich die des Glaubens und die der Vernunft, und dass die Kirche keineswegs verbietet, „dass die menschlichen Künste und Wissenschaften bei ihrer Entfaltung, jede in ihrem Bereich, jede ihre eigenen Grundsätze und ihre eigene Methode gebrauchen". Daher bejaht sie „in Anerkennung dieser berechtigten Freiheit" die rechtmäßige Eigengesetzlichkeit der Kultur und vor allem der Wissenschaften[8].

Damit ist auch gefordert, dass der Mensch unter Wahrung der sittlichen Ordnung und des Gemeinnutzes frei nach der Wahrheit forschen, seine Meinung äußern und verbreiten und die Kunst nach seiner Wahl pflegen kann; schließlich, dass er wahrheitsgemäß über öffentliche Vorgänge unterrichtet werde[9].

Das Konzil unterstreicht – mit Hinweis auf das Erste Vatikanum – die rechtmäßige Eigengesetzlichkeit der Kultur und der Wissenschaften und fordert Freiheit der Meinungsäußerung, der Forschung und der Kunst. Zudem haben die Bürgerinnen und Bürger Recht auf Information über öffentliche Vorgänge.

In den folgenden Artikeln wird des Weiteren thematisiert: Analphabetismus; Zugang zu höheren Studien; Pflicht, sich selbst zu bilden; volle Teilnahme der Frau am kulturellen Leben.

62. Das rechte Verhältnis der menschlichen und mitmenschlichen Kultur zur christlichen Bildung | [...] die neuen Forschungen und Ergebnisse der Naturwissenschaften, aber auch der Geschichtswissenschaft und Philosophie stellen neue Fragen, die sogar für das

Neue Forschungsergebnisse der Naturwissenschaften, der Geschichtswissenschaft und Philosophie, die mitunter irritieren, werfen neue Fragen auf und können zu einem ▷

genaueren und tieferen Glaubensverständnis anregen. Eine zeitgerechte Theologie ist Basis einer kulturell angemessenen Verkündigung. Auch Erkenntnisse aus Psychologie und Soziologie sind zur Reinigung und Reifung des Glaubens bedeutsam.	Leben Konsequenzen haben und auch von den Theologen neue Untersuchungen verlangen. Außerdem sehen sich die Theologen veranlasst, immer unter Wahrung der der Theologie eigenen Methoden und Erfordernisse nach einer geeigneteren Weise zu suchen, die Lehre des Glaubens den Menschen ihrer Zeit zu vermitteln. Denn die Glaubenshinterlage selbst, das heißt die Glaubenswahrheiten, darf nicht verwechselt werden mit ihrer Aussageweise, auch wenn diese immer den selben Sinn und Inhalt meint[12]. In der Seelsorge sollen nicht nur die theologischen Prinzipien, sondern auch die Ergebnisse der profanen Wissenschaften, vor allem der Psychologie und der Soziologie, wirklich beachtet und angewendet werden, so dass auch die Laien zu einem reineren und reiferen Glaubensleben kommen.
Literatur und Kunst werden in ihrem Ringen um den Menschen gewürdigt. Sie geben Aufschluss über die Sehnsüchte, Grenzen und Abgründe menschlicher Existenz.	Auf ihre Weise sind auch Literatur und Kunst für das Leben der Kirche von großer Bedeutung. Denn sie bemühen sich um das Verständnis des eigentümlichen Wesens des Menschen, seiner Probleme und seiner Erfahrungen bei dem Versuch, sich selbst und die Welt zu erkennen und zu vollenden [...].
Nur eine Theologie, die offenbarungs- *und* zeitgemäß ist, kann den vielseitig gebildeten Menschen zu einem umfassenderen Glaubensverständnis verhelfen. Auch Laien sollen in „großer	Die Gläubigen sollen also in engster Verbindung mit den anderen Menschen ihrer Zeit leben und sich bemühen, ihre Denk- und Urteilsweisen, die in der Geisteskultur zur Erscheinung kommen, vollkommen zu verstehen. [...]

Die Vertreter der theologischen Disziplinen an den Seminarien und Universitäten sollen mit hervorragenden Vertretern anderer Wissenschaften in gemeinsamer Bemühung und Planung zusammenzuarbeiten suchen. Die theologische Forschung soll sich zugleich um eine tiefe Erkenntnis der geoffenbarten Wahrheit bemühen und die Verbindung mit der eigenen Zeit nicht vernachlässigen, um den in so verschiedenen Wissenszweigen gebildeten Menschen zu einem umfassenderen Glaubensverständnis verhelfen zu können. [...] Es ist sogar wünschenswert, dass einer großen Zahl von Laien eine hinreichende Bildung in der Theologie vermittelt werde und recht viele von ihnen die Theologie auch zum Hauptstudium machen und selber weiter fördern. Zur Ausführung dieser Aufgabe muss aber den Gläubigen, Klerikern wie Laien, die entsprechende Freiheit des Forschens, des Denkens sowie demütiger und entschiedener Meinungsäußerung zuerkannt werden in allen Bereichen ihrer Zuständigkeit[15].

Zahl" Theologie studieren. Das Konzil betont die Notwendigkeit der Freiheit des Forschens, des Denkens und der Meinungsäußerung für Gläubige, Kleriker wie Laien. Die Kombination von Klugheit, Demut und Entschiedenheit wäre ein Heilmittel im kirchlichen Austragen von Meinungsverschiedenheiten.

Drittes Kapitel: Das Wirtschaftsleben

In Art. 63 spricht das Konzil vom Menschen als „Urheber, Mittelpunkt und Ziel aller Wirtschaft" und stellt damit die grundlegende Perspektive fest – die Wirtschaft hat dem Menschen zu dienen und nicht umgekehrt. Dem Konzil geht es um eine gerechte Wirtschaftsordnung, wobei es zwei gravierende Probleme sieht: ein ausschließlich ökonomisch orientiertes Denken sowie schreiende Ungleichheit und menschenunwürdige Lebensbedingungen.

Die menschliche Arbeit wird in ihrer anthropologischen, gesellschaftlichen und theologischen Dimension gewürdigt: Sie ist ein Beitrag zur Vollendung des Schöpfungswerkes Gottes. Sie hat durch Jesus, den Zimmermann, göttliche Würde erhalten. Arbeit, die hingebungsvoll getan wird, hat als „Gabe" an Gott und die Menschen Anteil an der erlösenden Hingabe Jesu am Kreuz. Der Verpflichtung des Einzelnen zu gewissenhafter Arbeit entspricht das Recht auf eine angemessene Entlohnung.

67. Arbeit, Arbeitsbedingungen, Freizeit

[...] Die Arbeit nämlich, gleichviel, ob selbständig ausgeübt oder im Lohnarbeitsverhältnis stehend, ist unmittelbarer Ausfluss der Person, die den stofflichen Dingen ihren Stempel aufprägt und sie ihrem Willen dienstbar macht. Durch seine Arbeit erhält der Mensch sein und der Seinigen Leben, tritt in tätigen Verbund mit seinen Brüdern und dient ihnen; so kann er praktische Nächstenliebe üben und seinen Beitrag zur Vollendung des Schöpfungswerkes Gottes erbringen. Ja wir halten fest: Durch seine Gott dargebrachte Arbeit verbindet der Mensch sich mit dem Erlösungswerk Jesu Christi selbst, der, indem er in Nazareth mit eigenen Händen arbeitete, der Arbeit eine einzigartige Würde verliehen hat. Daraus ergibt sich für jeden Einzelnen sowohl die Verpflichtung zu gewissenhafter Arbeit wie auch das Recht auf Arbeit [...]. Schließlich ist die Arbeit so zu entlohnen, dass dem Arbeiter die Mittel zu Gebote stehen, um sein und der Seinigen materielles, soziales, kulturelles und spirituelles Dasein angemessen zu gestalten [...].

Im Folgenden bezieht das Konzil zu bestimmten Themen konkret Stellung: Die Arbeiter dürfen nicht wie Sklaven ausgebeutet werden. Die Menschenwürde muss unbedingt geachtet werden. Gewerkschaften und Streik als ultima ratio sind legitim. Da die Erdengüter allen bestimmt sind, hat Privateigentum notwendig eine soziale Seite, nämlich die Pflicht, den Armen zu helfen (nicht nur aus dem Überfluss, sondern von der Substanz). In äußerster Not gibt es das Recht, sich das Notwendige vom

Reichtum anderer zu nehmen. Das Konzil spricht aber auch von Raffgier und schweren Verirrungen. So werden etwa beim landwirtschaftlichen Großgrundbesitz, der aus Spekulationsgier kaum genützt wird, konkrete Reformen gefordert.

Viertes Kapitel:
Das Leben in der politischen Gemeinschaft

Das Konzil bekennt sich klar zu den Menschenrechten (inkl. Religionsfreiheit, vgl. *Dignitatis humanae*). Die Bürger sollen das politische Leben mitgestalten können. Notwendig sind Sensibilität gegenüber Minderheiten, Toleranz und Rechtsgleichheit aller. Das Kriterium des Gemeinwohls ist am ehesten durch die Demokratie erfüllbar. Das Plädoyer für diese Regierungsform ist zugleich eine Absage an die katholische Staatsauffassung des 19. Jahrhunderts, die sich den Staat (wie die Kirche) nur hierarchisch strukturiert vorstellen konnte. Die Vaterlandsliebe soll das Wohl der ganzen Menschheitsfamilie im Auge behalten.

76. Politische Gemeinschaft und Kirche | Sehr wichtig ist besonders in einer pluralistischen Gesellschaft, dass man das Verhältnis zwischen der politischen Gemeinschaft und der Kirche richtig sieht, so dass zwischen dem, was die Christen als Einzelne oder im Verbund im eigenen Namen als Staatsbürger, die von ihrem christlichen Gewissen geleitet werden, und dem, was sie im Namen der Kirche zusammen mit ihren Hirten tun, klar unterschieden wird.

Die Kirche, die in keiner Weise hinsichtlich ihrer Aufgabe und Zuständigkeit mit der politischen Gemeinschaft verwechselt werden darf noch auch an irgendein politisches System gebunden ist, ist zugleich Zeichen und Schutz der Transzendenz der menschlichen Person.

Meinungsverschiedenheiten in Fragen der Ordnung irdischer Dinge sind legitim.

Die Kirche ist an kein politisches System gebunden, aber sie hat ein Wächteramt: Sie muss ihr prophetisch-kritisch-warnendes Wort erheben, wenn die unantastbare Würde des Menschen verletzt ▷

Das Konzil plädiert für die Trennung von Kirche und Staat, verweist aber zugleich auf die Notwendigkeit der Kooperation.

Die politische Gemeinschaft und die Kirche sind auf je ihrem Gebiet voneinander unabhängig und autonom. Beide aber dienen, wenn auch in verschiedener Begründung, der persönlichen und gesellschaftlichen Berufung der gleichen Menschen. Diesen Dienst können beide zum Wohl aller um so wirksamer leisten, je mehr und besser sie rechtes Zusammenwirken miteinander pflegen […].

Die Mittel der Verkündigung des Wortes Gottes müssen dem Inhalt entsprechen: die dem Evangelium eigenen Wege der gewaltlosen Liebe (gemäß dem Vorbild Jesu). Die Kirche setzt keine Hoffnung (mehr) auf staatliche Privilegien, sondern will sogar auf die Ausübung legitim erworbener Rechte verzichten.

[…] Wer sich dem Dienst am Wort Gottes weiht, muss sich der dem Evangelium eigenen Wege und Hilfsmittel bedienen, die weitgehend verschieden sind von den Hilfsmitteln der irdischen Gesellschaft.

Das Irdische und das, was am konkreten Menschen diese Welt übersteigt, sind miteinander eng verbunden, und die Kirche selbst bedient sich des Zeitlichen, soweit es ihre eigene Sendung erfordert. Doch setzt sie ihre Hoffnung nicht auf Privilegien, die ihr von der staatlichen Autorität angeboten werden. Sie wird sogar auf die Ausübung von legitim erworbenen Rechten verzichten, wenn feststeht, dass durch deren Inanspruchnahme die Lauterkeit ihres Zeugnisses in Frage gestellt ist […].

Fünftes Kapitel:
Die Förderung des Friedens und der Aufbau der Völkergemeinschaft

Das fünfte Kapitel ist in zwei Abschnitte gegliedert. Im ersten Abschnitt „Von der Vermeidung des Krieges" legt das Konzil den Begriff des Friedens dar, verurteilt die Unmenschlichkeit des Krieges und ruft zum Engagement für Gerechtigkeit und Frieden auf. Der Friede ist eine in Gott gründende und immer neu zu erfüllende Aufgabe. Barbarische und grausame Kriege, insbesondere Verbrechen wie Genozid sind auf das Schärfste zu verurteilen. Die Haltung derer, die sich solchen Befehlen furchtlos und offen widersetzen, verdient höchste Anerkennung. Wehrdienstverweigerung aus Gewissensgründen soll gesetzlich abgesichert sein. Unter klar definierten Bedingungen gibt es das Recht (nicht die Pflicht) auf sittlich erlaubte Verteidigung.

80. Der totale Krieg | [...] Die Menschen unseres Zeitalters sollen wissen, dass sie über ihre kriegerischen Handlungen einmal schwere Rechenschaft abzulegen haben. Von ihren heutigen Entscheidungen hängt nämlich weitgehend der Lauf der Zukunft ab. Deshalb macht sich diese Heilige Synode die Verurteilung des totalen Krieges, wie sie schon von den letzten Päpsten ausgesprochen wurde[3], zu eigen und erklärt: Jede Kriegshandlung, die auf die Vernichtung ganzer Städte oder weiter Gebiete und ihrer Bevölkerung unterschiedslos abstellt, ist ein Verbrechen gegen Gott und gegen den Menschen, das fest und entschieden zu verwerfen ist. [...]

Mit den Worten „Verbrechen gegen Gott und gegen den Menschen" spricht das Konzil eine deutliche Verurteilung aus. Vor der *Verwendung* von ABC-Waffen wird in beschwörenden Worten gewarnt; die geplante Verurteilung des bloßen *Besitzes* dieser Waffen fiel dem Widerstand der US-amerikanischen Bischöfe zum Opfer.

82. Die absolute Ächtung des Krieges; eine weltweite Aktion, ihn zu verhindern | [...] Täuschen wir uns nicht durch eine falsche Hoffnung! Wenn Feindschaft und Hass nicht aufgegeben werden, wenn es nicht zum Abschluss fester und ehrenhafter Verträge kommt, die für die Zukunft einen allgemeinen Frieden sichern, dann geht die Menschheit, die jetzt schon in Gefahr schwebt, trotz

Mit eindringlichen Worten betont das Konzil die Notwendigkeit entschiedenen Handelns, denn die Menschheit kann sich selbst auslöschen. Aber auch angesichts dieser abgründigen Möglichkeit gibt die Kirche ihre Hoffnungsbotschaft nicht auf. In diesem ▷

> Abschnitt tritt „Angst und Hoffnung" an die Stelle von „Freude und Hoffnung" (gaudium et spes).

all ihrer bewundernswürdigen Wissenschaft jener dunklen Stunde entgegen, wo sie keinen andern Frieden mehr spürt als die schaurige Ruhe des Todes. Aber während die Kirche Christi mitten in den Ängsten dieser Zeit lebt und diese Worte ausspricht, hört sie nicht auf, zuversichtlich zu hoffen. Unserer Zeit will sie immer wieder – gelegen oder ungelegen – die apostolische Botschaft verkünden: „Seht, jetzt ist die Zeit der Gnade" zur Bekehrung der Herzen; „jetzt ist der Tag des Heils"[5].

Im zweiten Abschnitt „Der Aufbau der internationalen Gemeinschaft" (Art. 83–90) hält das Konzil fest, dass der Kampf gegen Ungerechtigkeit und für den Frieden entscheidend ist für den Aufbau der Völkergemeinschaft.

Schlusswort

> Das Konzil legt abschließend noch einmal seine Absicht klar. Es will *allen* – ob sie an Gott glauben oder nicht – helfen,
> a) ihre volle Berufung zu erkennen, b) die Welt entsprechend der Würde des Menschen zu gestalten, c) tiefe Geschwisterlichkeit zu erstreben und d) den dringenden Probleme unserer Zeit gerecht zu werden.

91. Der Auftrag der einzelnen Gläubigen und der Teilkirchen | Was diese Heilige Synode aus dem Schatz der kirchlichen Lehre vorlegt, will allen Menschen unserer Zeit helfen, ob sie an Gott glauben oder ihn nicht ausdrücklich anerkennen, klarer ihre Berufung unter jeder Hinsicht zu erkennen, die Welt mehr entsprechend der hohen Würde des Menschen zu gestalten, eine weltweite und tiefer begründete Brüderlichkeit zu erstreben und aus dem Antrieb der Liebe in hochherzigem, gemeinsamem Bemühen den dringenden Erfordernissen unserer Zeit gerecht zu werden.

Mit Rücksicht auf die unabsehbare Differenzierung der Verhältnisse und der Kulturen in der Welt hat diese konziliare Erklärung in vielen Teilen mit Bedacht einen ganz allgemeinen Charakter; ja, obwohl sie eine Lehre vorträgt, die in der Kirche schon anerkannt ist, wird sie noch zu vervollkommnen und zu ergänzen sein, da oft von Dingen die Rede ist, die einer ständigen Entwicklung unterworfen sind. Wir sind aber von der festen Zuversicht erfüllt, dass vieles von dem, was wir, gestützt auf Gottes Wort und den Geist des Evangeliums, vorgetragen haben, allen eine gute Hilfe sein kann, zumal wenn es von den Gläubigen unter Leitung ihrer Hirten an die Situation und Denkweisen der einzelnen Völker angepasst sein wird.

> Im Blick auf die ständige Entwicklung der Verhältnisse ist manches in der Pastoralkonstitution Vorgetragene noch zu vervollkommnen und zu ergänzen. Dennoch ist das Konzil der Überzeugung, dass vieles (vor allem wenn es an die jeweilige Situation und Kultur angepasst ist) hilfreich sein wird.

92. Der Dialog mit allen Menschen | Die Kirche wird kraft ihrer Sendung, die ganze Welt mit der Botschaft des Evangeliums zu erleuchten und alle Menschen aller Nationen, Rassen und Kulturen in einem Geist zu vereinigen, zum Zeichen jener Brüderlichkeit, die einen aufrichtigen Dialog ermöglicht und gedeihen lässt.

> Die Kirche als Zeichen universaler Geschwisterlichkeit sucht den Dialog mit allen Menschen.

Das aber verlangt von uns, dass wir vor allem in der Kirche selbst, bei Anerkennung aller rechtmäßigen Verschiedenheit, gegenseitige Hochachtung, Ehrfurcht und Eintracht pflegen, um ein immer fruchtbareres Gespräch zwischen allen in Gang zu bringen, die das eine Volk Gottes bilden, Geistliche

> Ein solcher Dialog verlangt zunächst Dialog und Toleranz *in* der Kirche selbst, basierend auf Anerkennung legitimer Pluralität, gegenseitige Hochachtung, Ehrfurcht und Eintracht nach dem Grundsatz: ▷

„Im Notwendigen Einheit, im Zweifelhaften Freiheit, in allem die Liebe." Dieser Absatz handelt – in sehr liebevoller Sprache – vom ökumenischen Dialog. Eine, auch von Nichtchristen (!) erwartete, geeinte Christenheit wäre ein glaubwürdigeres Zeichen der Einheit und des Friedens. Ziel der Zusammenarbeit ist es, der Menschheit, die zur vollen Gemeinschaft aller in Christus berufen ist, zu dienen.	und Laien. Stärker ist, was die Gläubigen eint, als was sie trennt. Es gelte im Notwendigen Einheit, im Zweifel Freiheit, in allem die Liebe[1]. Im Geist umarmen wir auch die Brüder, die noch nicht in voller Einheit mit uns leben, und ihre Gemeinschaften, mit denen wir aber im Bekenntnis des Vaters und des Sohnes und des Heiligen Geistes und durch das Band der Liebe verbunden sind. Dabei sind wir uns bewusst, dass heute auch von vielen Nichtchristen die Einheit der Christen erwartet und gewünscht wird. Je mehr diese Einheit unter dem mächtigen Antrieb des Heiligen Geistes in Wahrheit und Liebe wächst, umso mehr wird sie für die ganze Welt eine Verheißung der Einheit und des Friedens sein. Darum müssen wir mit vereinten Kräften [...] brüderlich zusammenarbeiten, um der Menschheitsfamilie zu dienen, die in Christus Jesus zur Familie der Gotteskinder berufen ist.
Das Konzil wendet sich nun an alle, die an Gott glauben. Es gilt, im Dialog alle wertvollen Elemente der Religionen aufzunehmen.	Wir wenden uns dann auch allen zu, die Gott anerkennen und in ihren Traditionen wertvolle Elemente der Religion und Humanität bewahren, und wünschen, dass ein offener Dialog uns alle dazu bringt, die Anregungen des Geistes treulich aufzunehmen und mit Eifer zu erfüllen.
Der Wille zum Dialog schließt niemanden aus. Neben den Humanisten, die noch nicht anerkennen, dass das Humane zutiefst in Gott gründet,	Der Wunsch nach einem solchen Dialog, geführt einzig aus Liebe zur Wahrheit und unter Wahrung angemessener Diskretion, schließt unsererseits niemanden aus, weder jene, die hohe Güter der Humanität pflegen,

deren Urheber aber noch nicht anerkennen, noch jene, die Gegner der Kirche sind und sie auf verschiedene Weise verfolgen. Da Gott der Vater Ursprung und Ziel aller ist, sind wir alle dazu berufen, Brüder zu sein. Und darum können und müssen wir aus derselben menschlichen und göttlichen Berufung ohne Gewalt und ohne Hintergedanken zum Aufbau einer wahrhaft friedlichen Welt zusammenarbeiten.

> werden auch Gegner und Verfolger der Kirche genannt. Der Aufbau einer gerechten und friedlichen Welt bedarf dieses Dialogs und der Zusammenarbeit ohne Gewalt und ohne verborgene Absichten.

93. Der Aufbau und die Vollendung der Welt

Die Christen können, eingedenk des Wortes des Herrn: „Daran werden alle erkennen, dass ihr meine Jünger seid, wenn ihr einander liebt" (Joh 13,35), nichts sehnlicher wünschen, als den Menschen unserer Zeit immer großherziger und wirksamer zu dienen. [...] Nicht alle, die sagen „Herr, Herr", werden ins Himmelreich eingehen, sondern die den Willen des Vaters tun² und tatkräftig ans Werk gehen. Der Vater will, dass wir in allen Menschen Christus als Bruder sehen und lieben in Wort und Tat und so der Wahrheit Zeugnis geben und anderen das Geheimnis der Liebe des himmlischen Vaters mitteilen. Auf diese Weise wird in den Menschen überall in der Welt eine lebendige Hoffnung erweckt, die eine Gabe des Heiligen Geistes ist, dass sie am Ende in Frieden und vollkommenem Glück aufgenommen werden in das Vaterland, das von der Herrlichkeit des Herrn erfüllt ist.

> Die Christen sollen den Menschen und der Menschheit großherzig und wirksam dienen. Grundlage dieses Dienstes ist die liebende Communio untereinander. Die Zuwendung der Kirche zur Welt entspricht dem Evangelium: Der Wille des Vaters ist zu tun; bloße Innerlichkeit („Herr, Herr") genügt nicht. In der liebenden Zuwendung zu allen Menschen machen die Christen die Liebe Gottes erfahrbar und wecken so die Hoffnung auf vollen Frieden und vollkommenes Glück in der Herrlichkeit Gottes.

Gaudium et spes mündet in den Lobpreis Gottes. Das Große, das Gott uns schenken will, übersteigt alles menschliche Tun und Sehnen. Aber kraft des Heiligen Geistes ist es in uns bereits am Wachsen.

„Dem aber, der Macht hat, gemäß der in uns wirkenden Kraft weitaus mehr zu tun als alles, was wir erbitten oder ersinnen, ihm sei Ehre in der Kirche und in Christus Jesus durch alle Geschlechter von Ewigkeit zu Ewigkeit. Amen" (Eph 3,20-21).

Anmerkungen:

* Die Pastoralkonstitution über die Kirche in der Welt von heute besteht zwar aus zwei Teilen, bildet jedoch ein Ganzes. Sie wird „pastoral" genannt, weil sie, gestützt auf Prinzipien der Lehre, das Verhältnis der Kirche zur Welt und zu den Menschen von heute darzustellen beabsichtigt. So fehlt weder im ersten Teil die pastorale Zielsetzung noch im zweiten Teil die lehrhafte Zielsetzung.
Im ersten Teil entwickelt die Kirche ihre Lehre vom Menschen, von der Welt, in die der Mensch eingefügt ist, und von ihrem Verhältnis zu beiden. Im zweiten Teil betrachtet sie näher die verschiedenen Aspekte des heutigen Lebens und der menschlichen Gesellschaft, vor allem Fragen und Probleme, die dabei für unsere Gegenwart besonders dringlich erscheinen. Daher kommt es, dass in diesem zweiten Teil die Thematik zwar den Prinzipien der Lehre unterstellt bleibt, aber nicht nur unwandelbare, sondern auch geschichtlich bedingte Elemente enthält. Die Konstitution ist also nach den allgemeinen theologischen Interpretationsregeln zu deuten, und zwar, besonders im zweiten Teil, unter Berücksichtigung des Wechsels der Umstände, der mit den Gegenständen dieser Thematik verbunden ist.
(Anmerkung des Übersetzers. Die Titel der einzelnen Nummern gehören bei dieser Konstitution aufgrund einer eigenen Abstimmung zum verkündeten Konzilstext selbst.)

Vorwort/Einführung:
1) Vgl. Joh 18,37.
2) Vgl. Joh 3,17; Mt 20,28; Mk 10,45.
3) Vgl. Röm 7,14ff.
4) Vgl. 2 Kor 5,15.
5) Vgl. Apg 4,12.
6) Vgl. Hebr 13,8.
7) Vgl. Kol 1,15.

I. Hauptteil - Kapitel 1:
1) Vgl. Gen 1,26: Weish 2,23.
2) Vgl. Sir 17,3-10.
3) Vgl. Röm 1,21-25.
5) Vgl. Dan 3,57-90.
6) Vgl. 1 Kor 6,13-20.
7) Vgl. 1 Kg 16,7; Jer 17,10.
9) Vgl. Röm 2,14-16.
10) Vgl. Pius XII., Radiobotschaft über die rechte Ausbildung des christlichen Gewissens in den Jugendlichen, 23. März 1952: AAS 44 (1952) 271.
11) Vgl. Mt 22,37-40; Gal 5,14.
12) Vgl. Sir 15,14.
15) Vgl. 1 Kor 15,56-57.
16) Vgl. Pius XI., Enz. Divini Redemptoris, 19. März 1937: AAS 29 (1937) 65-106; Pius XII., Enz. Ad Apostolorum Principis, 29. Juni 1958: AAS 50 (1958) 601-614; Johannes XXIII., Enz. Mater et Magistra, 15. Mai 1961: AAS 53 (1961) 451-453; Paul VI., Enz. Ecclesiam suam, 6. Aug. 1964: AAS 56 (1964) 651-653.
17) Vgl. II. Vat. Konzil, Dogm. Konst. über die Kirche Lumen Gentium, I. Kap., Nr. 8: AAS 57 (1965) 12.
18) Vgl. Phil 1,27.
19) Augustinus, Bekenntnisse I,1: PL 32, 661.
20) Vgl. Röm 5,14. Vgl, Tertullian, De carnis resurr. 6: „Was im Lehm geformt wurde, war auf Christus hin gedacht, den künftigen Menschen": PL 2, 802 (848); CSEL 47, S. 33, Z. 12-13.
21) Vgl. 2 Kor 4,4.
22) Vgl. II. Konzil von Konstantinopel, Can. 7: „Weder wurde das Wort (Gottes) in die Natur des Fleisches verwandelt, noch ging das Fleisch in die Natur des Wortes über": Denz. 219 (428). - Vgl. auch III. Konzil von Konstantinopel: „Wie nämlich sein heiligstes und unbeflecktes beseeltes Fleisch durch die Vergöttlichung nicht verschlungen, sondern in dem ihm eigenen Zustand und Wesen blieb": Denz. 291 (556). Vgl. Konzil von Chalcedon: „in beiden Naturen unvermischt, unverwandelt, ungetrennt, ungesondert": Denz. 148 (302).
23) Vgl. III. Konzil von Konstantinopel: „So ist auch sein menschlicher Wille durch die Vergöttlichung nicht zerstört worden": Denz. 291 (556).
24) Vgl. Hebr 4,15.
25) Vgl. 2 Kor 5,18-19; Kol 1,20-22.
26) Vgl. 1 Petr 2,21; Mt 16,24; Lk 14,27.
27) Vgl. Röm 8,29; Kol 3,10-14.
28) Vgl. Röm 8,1-11.
30) Vgl. Phil 3,10; Röm 8,17.

31) Vgl. II. Vat. Konzil, Dogm. Konst. über die Kirche Lumen Gentium, II. Kap., Nr. 16: AAS 57 (1965) 20.
32) Vgl. Röm 8,32.
33) Vgl. die byzantinische Osterliturgie.
34) Vgl. Röm 8,15; Gal 4,6; Joh 1,12 u. 1 Joh 3,1.

Kapitel 2:
1) Vgl. Johannes XXIII., Enz. Mater et Magistra, 15. Mai 1961: AAS 53 (1961) 401-404; ders., Enz. Pacem in terris, 11. Apr. 1963: AAS 55 (1963) 257-304; Paul VI., Enz. Ecclesiam suam, 6. Aug. 1964: AAS 56 (1964) 609-659.
2) Vgl. Lk 17,33.
3) Vgl. Thomas v. Aquin, L. 1 zum I. Buch der Ethik.
5) Vgl. Johannes XXIII., Enz. Mater et Magistra: AAS 53 (1961) 417.
6) Vgl. Mk 2,27.
7) Vgl. Johannes XXIII., Enz. Pacem in terris: AAS 55 (1963) 266.
8) Vgl. Jak 2,15-16.
9) Vgl. Lk 16,19-31.
10) Vgl. Johannes XXIII., Enz. Pacem in terris: AAS 55 (1963) 299-300.
11) Vgl. Lk 6,37-38; Mt 7,1-2; Röm 2,1-11; 14,10-12.
13) II. Vat. Konzil, Dogm. Konst. über die Kirche Lumen Gentium, Kap. II, Nr. 9: AAS 57 (1965) 12-13.
14) Vgl. Ex 24,1-8.

Kapitel 3:
1) Vgl. Gen 1,26-27; 9,3; Weish 9,3.
2) Vgl. Ps 8,7.10.
3) Vgl. Johannes XXIII., Enz. Pacem in terris: AAS 55 (1963) 297.
4) Vgl. Botschaft der Konzilsväter an alle Menschen zu Beginn des II. Vat. Konzils, 20. Okt. 1962: AAS 54 (1962) 822-823.
5) Vgl. Paul VI., Ansprache an das Diplomatische Korps, 7. Jan. 1965: AAS 57 (1965) 232.
6) Vgl. I. Vat. Konzil, Dogm. Konst. über den katholischen Glauben Dei Filius, Kap. III: Denz. 1785-1786 (3004-3005).
7) Vgl. Pio Paschini, Vita e opere di Galileo Galilei, 2 Bde. (Päpstl. Akademie der Wissenschaften, Vatikanstadt 1964).
8) Vgl. Mt 24,13; 13,24-30.36-43.
10) Vgl. Joh 1,3.14.
11) Vgl. Eph 1,10.
12) Vgl. Joh 3,14-16; Röm 5,8-10.
13) Vgl. Apg 2,36; Mt 28,18.
14) Vgl. Röm 15,16.
15) Vgl. Apg 1,7.
16) Vgl. 1 Kor 7,31; Irenäus, Adv. Hær. V, 36: PG 7, 1222.
17) Vgl. 2 Kor 5,2; 2 Petr 3,13.
18) Vgl. 1 Kor 2,9; Offb 21,4-5.
20) Vgl. 1 Kor 13,8; 3,14.
21) Vgl. Röm 8,19-21.

22) Vgl. Lk 9,25.
23) Vgl. Pius XI., Enz. Quadragesimo anno: AAS 23 (1931) 207.

Kapitel 4:
1) Vgl. Paul VI., Enz. Ecclesiam suam, III: AAS 56 (1964) 637-659.
2) Vgl. Tit 3,4: 7.
3) Vgl. Eph. 1, 3 5 6 13-14 23
6) Ebd. Kap. I, Nr. 8: AAS 57 (1965) 11.
7) Ebd. Kap. IV, Nr. 38: AAS 57 (1965) 43, mit Anm. 120.
10) Vgl. II. Vat. Konzil, Dogm. Konst. über die Kirche Lumen Gentium, Kap. II, Nr. 9: AAS 57 (1965) 12-14.
11) Vgl. Pius XII., Ansprache an Historiker und Archäologen, 9. März 1956: AAS 48 (1956) 212: „Ihr göttlicher Stifter Jesus Christus gab ihr weder einen Auftrag noch eine Zielsetzung auf der Ebene der Kultur. Das Ziel, das Christus ihr anweist, ist streng religiös (...). Die Kirche muss die Menschen zu Gott führen, damit sie sich ihm vorbehaltlos hingeben (...). Die Kirche kann dieses streng religiöse und übernatürliche Ziel nie aus dem Auge verlieren. Der Sinn all ihrer Tätigkeiten, bis zum letzten Artikel ihres Rechtsbuches, kann nur der sein, direkt oder indirekt zu diesem Ziel beizutragen."
12) II. Vat. Konzil, Dogm. Konst. über die Kirche Lumen Gentium, Kap. I, Nr. 1: AAS 57 (1965) 5.
14) Vgl. 2 Thess 3,6-13; Eph 4,28.
17) Vgl. Johannes XXIII., Enz. Mater et Magistra, IV: AAS 53 (1961) 456-457, I: a. a. O. 407.410-411.
18) Vgl. II. Vat. Konzil, Dogm. Konst. über die Kirche Lumen Gentium, Kap. III., Nr. 28: AAS 57 (1965) 34-35.
20) Vgl. Ambrosius, De Virginitate, Kap. VIII., Nr. 48: PL 16, 278.
21) II. Vat. Konzil, Dogm. Konst. über die Kirche Lumen Gentium, Kap. II, Nr. 15: AAS 57 (1965) 20.
22) Vgl. II. Vat. Konzil, Dogm. Konst. über die Kirche Lumen Gentium, Kap. II, Nr. 13: AAS 57 (1965) 17.
23) Vgl. Justin, Dialogus cum Tryphone, Kap. 110: PG 6, 729: ed. Otto (1897) 391-393: „ ... je mehr aber solches uns zugefügt wird, um so mehr entstehen andere Gläubige und Fromme durch den Namen Jesu." Vgl. Tertullian, Apologeticus, Kap. 50, 13: PL 1, 534; CChr ser. lat. I, 171: „Auch werden wir mehr, sooft wir von euch niedergemäht werden: der Samen ist das Blut der Christen!" Vgl. Dogm. Konst. über die Kirche Lumen Gentium, Kap. II, Nr. 9: AAS 57 (1965) 14.
24) Vgl. II. Vat. Konzil, Dogm. Konst. über die Kirche Lumen Gentium, Kap. VII., Nr. 48: AAS 57 (1965) 53.
25) Vgl. Paul VI., Ansprache, 3. Febr. 1965: L'Osservatore Romano, 4. Febr. 1965.

II. Hauptteil - Kapitel 1:
1) Vgl. Augustinus, De bono coniugali: PL 40, 375-376 u. 394; Thomas v. Aquin, Summa Theol., Suppl. q. 49, a. 3, ad 1; Decretum pro Armenis: Denz. 702 (1327); Pius XI., Enz. Casti connubii: AAS 22 (1930) 543-555; Denz. 2227-2238 (3703-3714).
2) Vgl. Pius XI., Enz. Casti connubii: AAS 22 (1930) 546-547; Denz. 2231 (3706).
5) Vgl. Eph 5,25.
7) Vgl. Pius XI., Enz. Casti connubii: AAS 22 (1930) 583.
11) Vgl. Pius XI., Enz. Casti connubii: AAS 22 (1930) 547-548; Denz. 2232 (3707).
14) Vgl. Pius XI., Enz. Casti connubii: AAS 22 (1930) 559-561; Denz.-Schönm. 3716-3718; Pius XII.,

Ansprache an die Hebammen, 29. Okt. 1951: AAS 43 (1951) 835-854; Paul VI., Ansprache an die Kardinäle, 23. Juni 1964: AAS 56 (1964) 581-589. Bestimmte Fragen, die noch anderer sorgfältiger Untersuchungen bedürfen, sind auf Anordnung des Heiligen Vaters der Kommission für das Studium des Bevölkerungswachstums, der Familie und der Geburtenhäufigkeit übergeben worden, damit, nachdem diese Kommission ihre Aufgabe erfüllt hat, der Papst eine Entscheidung treffe. Bei diesem Stand der Doktrin des Lehramtes beabsichtigt das Konzil nicht, konkrete Lösungen unmittelbar vorzulegen.

16) Vgl. Sacramentarium Gregorianum: PL 78, 262.
17) Vgl. Röm 5,15.18; 6,5-11; Gal 2,20.
18) Vgl. Eph 5,25-27.

Kapitel 2:
8) I. Vat. Konzil, Dogm. Konst. über den kath. Glauben Dei Filius, Kap. IV: D 1795.1799 (3015.3019): Vgl. Pius XI., Enz. Quadragesimo anno: AAS 23 (1931) 190.
9) Vgl. Johannes XXIII., Enz. Pacem in terris: AAS 55 (1963) 260.
12) Vgl. Johannes XXIII., Rede zur Konzilseröffnung, 11. Okt. 1962: AAS 54 (1962) 792.
15) Vgl. II. Vat. Konzil, Dogm. Konst. über die Kirche Lumen Gentium, Kap. IV, Nr. 37: AAS 57 (1965) 42-43.

Kapitel 5:
3) Vgl. Pius XII., Ansprache, 30. Sept. 1954: AAS 46 (1954) 589; ders., Radiobotschaft, 24. Dez. 1954: AAS 47 (1955) 15ff.; Johannes XXIII., Enz. Pacem in terris: AAS 55 (1963) 286-291; Paul VI., Ansprache an die Vereinten Nationen, 4. Okt. 1965: AAS 57 (1965) 877-885.
5) Vgl. 2 Kor 2,6.

Schlusswort:
1) Vgl. Johannes XXIII., Enz. Ad Petri Cathedram, 29. Juni 1959: AAS 51 (1959) 513.
2) Vgl. Mt 7,21.

Dekret über die Missionstätigkeit der Kirche
Ad gentes

Hinführung zum Konzilstext von Franz Gmainer-Pranzl

Die Diskussionen über den Text des „Dekrets über die Missionstätigkeit der Kirche" *Ad gentes* (AG) fanden auf einer historischen Bruchlinie statt. Bereits einige Jahre vor dem Konzil hatte der deutsche Theologe Walter Freytag bei der Weltmissionskonferenz von Achimota in Ghana (1957/58) die berühmt gewordene Aussage getätigt: „Früher hatte die Mission Probleme, heute ist sie selbst zum Problem geworden."

Nachdem die christlichen Missionen jahrhundertelang als geistlicher, kultureller, theologischer und personeller „Import" Europas nach Afrika, Asien, Lateinamerika und Ozeanien erfolgt waren, brach diese Selbstverständlichkeit spätestens im Zuge der Entkolonialisierung Afrikas zusammen. War die „Überlegenheit des weißen Mannes" bereits nach dem Ersten Weltkrieg, in den auch europäische Kolonien mit hineingezogen wurden, fraglich geworden, entwickelten viele Missionare – bei allem bleibenden Engagement und bei aller Begeisterung für die Verkündigung des christlichen Glaubens – im Lauf des 20. Jahrhunderts eine neue Nachdenklichkeit: Die kulturellen Lebensformen und religiösen Traditionen der traditionellen Völker – das wurde immer deutlicher bewusst – waren nicht nur „primitiv" und „heidnisch" (oder sogar „teuflisch"), sondern von einer Form der Weisheit, der Spiritualität und der Humanität geprägt, die Mission als eine zivilisatorische und evangelisatorische „Einbahnstraße" immer zweifelhafter erscheinen ließ. Die kritische Auseinandersetzung mit der Kolonialgeschichte und die damit verbundenen politischen und sozialen Verwerfungen stürzten schließlich Theorie und Praxis der klassischen Mission in eine tiefe Krise, die jede Vorstellung von „missionarischen Aktivitäten" nachhaltig in Mitleidenschaft zog. Von „Mission" zu reden war gesellschaftlich und kirchlich nahezu „unanständig" geworden.

Mission wurde gewissermaßen im Augenblick ihres Sturzes zum Thema des Zweiten Vatikanischen Konzils. Die Diskussionen über die unterschiedlichen Textfassungen, die ab November 1964 auf Basis eines konkreten Entwurfs für ein Missionsdekret geführt wurden, erfolgten im Spannungsfeld von traditionellen Vorstellungen („Übertragungsmodell") und neuen Aufbrüchen („Adaption"/ „Inkulturation"), von unterschiedlichen missionstheologischen Schulen (Mission als Evangelisierung: Münsteraner Schule; oder Mission als Etablierung der Kirche: Löwener Schule) sowie auch von verschiedenen Positionen, was das Verständnis von „Mission" selbst betrifft.

Trotz dieser durchaus kontroversen Diskussionen, die sich – wie in einigen anderen Konzilstexten auch – in manchen „Kompromissstellen" niederschlugen, unternahm *Ad gentes* eindeutig einen großen Schritt nach vorne: Mission ist kein Teilunternehmen der Kirche, sondern deren innerste Mitte – das ist zweifellos die zentrale Aussage dieses Dokuments. Es geht nicht in erster Linie darum, „Missionsterritorien" festzulegen, sondern als Kirche insgesamt missionarische Präsenz zu leben. Die jungen Kirchen des Südens sind nicht bloß „Außenstellen" und „Hilfsempfängerinnen" der europäischen Kirche, sondern Partner und Subjekte des Glaubens. Und nicht zuletzt findet sich im Missionsdekret die religionstheologisch bemerkenswerte Aussage, dass Gottes Geist der kirchlichen Missionstätigkeit „vorauseilt" (vgl. Art. 29), ja dass er bereits vor Christus wirkte (vgl. Art. 4); damit ist eine heilsame „Relativierung" der missionarischen Tätigkeit der Kirche zum Ausdruck gebracht, die das Heil der Menschen nicht zu „leisten" braucht, dieses aber bezeugen und vermitteln darf. Der dreifaltige Gott selbst ist der eigentliche „Missionar", und die menschlichen Missionare kommen, wie der brasilianische Theologe Leonardo Boff treffend formuliert, "immer zu spät", weil Gott bereits in den Menschen und Völkern gegenwärtig und wirksam ist.

Die Einleitung (Art. 1) greift das sakramentale Selbstverständnis der Kirche aus der Kirchenkonstitution (vgl. LG 48) auf und stellt die Gemeinschaft der an Christus Glaubenden in den Horizont der gesamten Menschheit, der sie das heilvolle Evangelium Jesu verkünden will.

Das erste Kapitel (Art. 2-9) bietet eine umfassende theologische Grundlegung, in der die Kirche als „ihrem Wesen nach ‚missionarisch'" (Art. 2) bezeichnet und ihre Missionstätigkeit in den großen Rahmen der biblischen Heilsgeschichte hineingestellt wird, die von Gottes Menschwerdung und Geistsendung konstituiert ist. Das Ziel der missionarischen Dynamik besteht im universalen Heilswillen Gottes und in der Berufung aller Menschen zur Einheit (Art. 7). Die Wahrheit, von der die Kirche missionarisch Zeugnis ablegt, ist den Menschen „nicht fremd", sondern versteht sich als „Ferment der Freiheit" (Art. 8), das sich auch „durch eine Art von verborgener Gegenwart Gottes" (Art. 9) in den kulturellen und religiösen Traditionen der Völker findet.

Das zweite Kapitel (Art. 10-18) beschreibt in drei Kapiteln die „eigentliche Missionsarbeit", die nur durch eine „Einpflanzung" (Art. 10) der Kirche möglich ist. Mission heißt Zeugnis und Dialog, bei dem die Christen nicht nur geben, sondern auch „lernen, was für Reichtümer der freigiebige Gott unter den Völkern verteilt hat" (AG 11). Missionarische Verkündigung steht im Zeichen der Dialektik von „Verbindung" (Art. 12) und „Bruch" (Art. 13), was den Bezug der (Neu-)Getauften zu ihrem gesellschaftlichen Kontext betrifft, sie bedeutet Partizipation und Widerspruch, ohne dass diese Dialektik aufgelöst werden könnte. Auf jeden Fall sollen die Gläubigen „mit den kulturellen Reichtümern der eigenen Heimat tief im Volk verwurzelt sein" (Art. 15).

Das dritte Kapitel (Art. 19-22) über die „Teilkirchen" (Ortskirchen) hebt die Kennzeichen des Christlichen hervor, dessen Mission nicht in einer „fremden Kultur", sondern in der „Neuheit des Lebens" (Art. 21), also in der existentiellen Neuorientierung der Getauften besteht. Die kulturellen Traditionen, die in lebendiger Wechselwirkung mit dem Evangelium stehen, „werden in die katholische Einheit hineingenommen" (Art. 22).

Das vierte Kapitel (Art. 23-27) über die „Missionare" stellt den zweifellos hohen Anforderungen für eine missionarische Existenz die fundamentale Figur eines responsiven (antwortenden) Glaubensverständnisses voran: „Wenn Gott ruft, muss der Mensch Antwort geben" (Art. 24).

Das fünfte Kapitel (Art. 28-34) über die „Ordnung der missionarischen Tätigkeit" sowie das sechste Kapitel (Art. 35-41) über die „gesamtkirchliche Missionshilfe" versuchen organisatorische Fragen im Licht der für das Missionsdekret entscheidenden Einsicht zu klären, dass „die ganze Kirche missionarisch und das Werk der Evangelisation eine Grundpflicht des Gottesvolkes ist" (Art. 35).

Am Schluss dieses Konzilstextes steht die vertrauensvolle Überzeugung, „dass Gott es ist, der den Anbruch seiner Herrschaft auf Erden bewirkt" (Art. 42).

Mit *Ad gentes* hat die Kirche ein neues Kapitel ihrer Missionsgeschichte aufgeschlagen und den Übergang von einem strategisch-institutionellen zu einem „sakramental"-anthropologischen Verständnis von „Mission" eingeleitet: Nicht die Rekrutierung von neuen Kirchenmitgliedern und die Etablierung kirchlicher Institutionen, sondern die Bezeugung der Mission Gottes in dieser Welt, durch die die Kirche eine „bewegende Sendung" erhält und so „allen Menschen und Völkern [...] gegenwärtig wird" (Art. 5), ist der Angelpunkt einer - im wahrsten Sinn des Wortes - katholischen Missionstheologie. Der unerhörte Anspruch missionarischer Existenz, der die Kirche als Gerufene und Gesandte, als „Volk Gottes unterwegs", als Botin des Evangeliums und Pionierin ins Unbekannte und Fremde wahrnimmt, ist auch ein halbes Jahrhundert nach der Veröffentlichung des Dekrets *Ad gentes* noch nicht eingeholt - aber sein Impuls ist lebendig.

DEKRET ÜBER
DIE MISSIONSTÄTIGKEIT DER KIRCHE
AD GENTES

Einleitung

1. Zur Völkerwelt von Gott gesandt, soll die Kirche „das allumfassende Sakrament des Heils"[1] sein. So müht sie sich gemäß dem innersten Anspruch ihrer eigenen Katholizität und im Gehorsam gegen den Auftrag ihres Stifters[2], das Evangelium allen Menschen zu verkünden. Denn auch die Apostel, auf die die Kirche gegründet worden ist, haben, den Spuren Christi folgend, „das Wort der Wahrheit verkündet und Kirchen gezeugt"[3]. Pflicht ihrer Nachfolger ist es, diesem Werk Dauer zu verleihen, „damit das Wort Gottes seinen Lauf nehme und verherrlicht werde" (2 Thess 3,1) und die Herrschaft Gottes überall auf Erden angekündigt und aufgerichtet werde.

In der gegenwärtigen Weltlage, aus der für die Menschheit eine neue Situation entsteht, ist die Kirche, die da ist Salz der Erde und Licht der Welt[4], mit verstärkter Dringlichkeit gerufen, dem Heil und der Erneuerung aller Kreatur zu dienen, damit alles in Christus zusammengefasst werde und in ihm die Menschen eine einzige Familie und ein einziges Gottesvolk bilden.

Im Dank gegen Gott ob der trefflichen Arbeit, die durch den hochherzigen Einsatz

Das Dekret über die Missionstätigkeit der Kirche wird mit einer Präambel eröffnet, die eine fundamentaltheologische Grundlegung von „Mission" leistet: Die Kirche „betreibt" nicht bloß Mission (als ein Unternehmen von religiösen Spezialisten), sie ist Mission, sie ist gesandt zu den Menschen und Völkern, und zwar zu allen und nicht bloß zu denen, die ihr angenehm sind. Für die Mission sind der Anspruch der Botschaft vom Reich Gottes und die Realität dieser Welt, in der die Menschheit nach Einheit strebt, wie die beiden Brennpunkte einer Ellipse.

der ganzen Kirche bislang vollbracht wurde, will diese Heilige Synode deshalb die Grundsätze der missionarischen Tätigkeit umreißen und die Kräfte aller Gläubigen sammeln, damit das Volk Gottes, auf dem schmalen Weg des Kreuzes voranschreitend, die Herrschaft Christi des Herrn, vor dessen Augen die Jahrhunderte stehen[5], ausbreite und seiner Ankunft die Wege bahne.

Erstes Kapitel: Theologische Grundlegung

In einer der kühnsten theologischen Aussagen des Konzils wird hier die Kirche als „grundsätzlich missionarisch" begriffen; die Dynamik ihrer Sendung ist in Gott selbst begründet, zu dessen dreifaltiger Lebenswirklichkeit die Sendung des Sohnes (vgl. auch DV 4) und die Sendung des Geistes gehören. Die Quelle jeglicher Mission besteht in Gottes Liebe, die Leben und Gemeinschaft schenkt.

2. Die pilgernde Kirche ist ihrem Wesen nach „missionarisch" (d. h. als Gesandte unterwegs), da sie selbst ihren Ursprung aus der Sendung des Sohnes und der Sendung des Heiligen Geistes herleitet gemäß dem Plan Gottes des Vaters[6].

Dieser Plan entspringt der „quellhaften Liebe", dem Liebeswollen Gottes des Vaters. Er, der ursprungslose Ursprung, aus dem der Sohn gezeugt wird und der Heilige Geist durch den Sohn hervorgeht, hat uns in seiner übergroßen Barmherzigkeit und Güte aus freien Stücken geschaffen und überdies gnadenweise gerufen, Gemeinschaft zu haben mit ihm in Leben und Herrlichkeit. Er hat die göttliche Güte freigebig ausgegossen und gießt sie immerfort aus, so dass er, der Schöpfer von allem, endlich „alles in allem" (1 Kor 15,28) sein wird, indem er zugleich seine Herrlichkeit und unsere Seligkeit bewirkt. Es hat aber Gott gefallen, die

Menschen nicht bloß als einzelne, ohne jede gegenseitige Verbindung, zur Teilhabe an seinem Leben zu rufen, sondern sie zu einem Volk zu bilden, in dem seine Kinder, die verstreut waren, in eins versammelt werden sollen[7].

4. Um dies zu vollenden, hat Christus vom Vater her den Heiligen Geist gesandt, der sein Heilswerk von innen her wirken und die Kirche zu ihrer eigenen Ausbreitung bewegen soll. Ohne Zweifel wirkte der Heilige Geist schon in der Welt, ehe Christus verherrlicht wurde[19]. Am Pfingsttage jedoch ist er auf die Jünger herabgekommen, um auf immer bei ihnen zu bleiben[20]. Die Kirche wurde vor der Menge öffentlich bekanntgemacht, die Ausbreitung des Evangeliums unter den Heiden durch die Verkündigung nahm ihren Anfang, und endlich wurde die Vereinigung der Völker in der Katholizität des Glaubens vorausbezeichnet, die sich durch die Kirche des Neuen Bundes vollziehen soll, welche in allen Sprachen spricht, in der Liebe alle Sprachen versteht und umfängt und so die babylonische Zerstreuung überwindet[21]. Mit Pfingsten begann „die Geschichte der Apostel", so wie durch die Herabkunft des Heiligen Geistes auf die Jungfrau Maria Christus empfangen worden war und wie Christus selbst dem Werk seines Dienstes zugeführt wurde, als der nämliche Heilige Geist beim Gebet auf ihn niederstieg[22]. [...]

„Mission" ist keine Strategie zur Rekrutierung von Mitgliedern einer Institution, sondern Bezeugung des lebendigen und befreienden Geistes Gottes. „Katholisch" sein heißt in diesem Sinn, das Wirken dieses Geistes in den unterschiedlichsten Sprachen ausdrücken zu können und in der „Vielfalt der Völker" Einheit und Beziehung wahrzunehmen.

Mitten in diesem Abschnitt, der von traditionellen Formulierungen rund um den Missionsauftrag Jesu geprägt ist, findet sich – etwas versteckt und unscheinbar – eine der zentralsten Bestimmungen dessen, was „Mission" heißt: Sie bedeutet, „allen Menschen und Völkern in voller Wirklichkeit gegenwärtig" zu sein. So wie ein Mensch in einem Gespräch „voll da" sein kann, um seinem Gegenüber zuzuhören und ihr bzw. ihm beizustehen, möchte die Kirche für alle „voll präsent" sein: aufmerksam hörend und solidarisch.

5. Der Herr Jesus rief von Anfang an „die zu sich, die er wollte, ... und bestellte Zwölf, damit sie bei ihm seien und er sie sende, zu verkündigen" (Mk 3,13)[28]. So bildeten die Apostel die Keime des neuen Israel und zugleich den Ursprung der heiligen Hierarchie. Als er dann ein für allemal durch seinen Tod und seine Auferstehung in sich selbst die Geheimnisse unseres Heils und der Erneuerung von allem vollzogen hatte, gründete er, dem alle Gewalt im Himmel und auf Erden gegeben ist[29], vor der Aufnahme in den Himmel[30] seine Kirche als Sakrament des Heils, sandte die Apostel in alle Welt, so wie er selbst vom Vater gesandt worden war[31], und trug ihnen auf: „Geht also hin, und macht alle Völker zu Jüngern, indem ihr sie tauft auf den Namen des Vaters und des Sohnes und des Heiligen Geistes und sie alles halten lehrt, was ich euch geboten habe" (Mt 28,19f.) „Geht in die ganze Welt, und verkündet das Evangelium aller Kreatur. Wer glaubt und sich taufen lässt, wird gerettet werden; wer aber nicht glaubt, wird verdammt werden" (Mk 16,15). So liegt auf der Kirche die Pflicht, den Glauben und das Heil Christi auszubreiten, und zwar sowohl aufgrund des ausdrücklichen Auftrags, der von den Aposteln her dem Bischofskollegium, dem die Presbyter zur Seite stehen, in Einheit mit dem Nachfolger Petri und obersten Hirten der Kirche überkommen ist, wie auch aufgrund des Lebens, das Christus in seine Glieder einströmen lässt. „Von ihm aus wird der ganze Leib

zusammengefügt und zusammengehalten durch jedes Band der Dienstleistung gemäß dem Wirken nach dem Maß eines jeden Gliedes. So geschieht das Wachstum des Leibes zum Aufbau seiner selbst in Liebe" (Eph 4,16). Die Sendung der Kirche vollzieht sich mithin durch das Wirken, kraft dessen sie im Gehorsam gegen Christi Gebot und getrieben von der Gnade und Liebe des Heiligen Geistes allen Menschen und Völkern in voller Wirklichkeit gegenwärtig wird, um sie durch das Zeugnis des Lebens, die Verkündigung, die Sakramente und die übrigen Mitteilungsweisen der Gnade zum Glauben, zur Freiheit und zum Frieden Christi zu führen: So soll ihnen der freie und sichere Weg zur vollen Teilhabe am Christusgeheimnis eröffnet werden.

In dieser Sendung setzt die Kirche die Sendung Christi selbst fort, der den Armen frohe Botschaft zu bringen gesandt war, und entfaltet sie die Geschichte hindurch. Deshalb muss sie unter Führung des Geistes Christi denselben Weg gehen, den Christus gegangen ist, nämlich den Weg der Armut, des Gehorsams, des Dienens und des Selbstopfers bis zum Tode hin, aus dem er dann durch seine Auferstehung als Sieger hervorging. Denn solchermaßen sind alle Apostel in der Hoffnung gewandelt, sie, die in vielerlei Trübsal und Leiden ausfüllten, was an den Leiden Christi noch fehlt für seinen Leib, der da ist die Kirche[32]. Oft auch erwies sich das Blut der Christen als Same[33].

An dieser Stelle wird eine wichtige Unterscheidung getroffen: Der Anspruchscharakter des Evangeliums, der die Menschen herausfordert, bedeutet nicht, dass die Kirche kulturell „fremd" oder gesellschaftlich altmodisch in Erscheinung tritt; vielmehr ist die Botschaft Jesu ein Schlüssel zum Verständnis dessen, „was es um den Menschen ist" (vgl. GS 22) – hier und heute.	8. Auch zu der menschlichen Natur und ihren Strebungen steht die missionarische Tätigkeit in enger Verbindung. Eben dadurch nämlich, dass sie Christus verkündet, offenbart die Kirche zugleich dem Menschen die ursprüngliche Wahrheit dessen, was es um ihn ist und worin seine volle Berufung liegt. Christus ist ja Ursprung und Urbild jener erneuerten, von brüderlicher Liebe, Lauterkeit und Friedensgeist durchdrungenen Menschheit, nach der alle verlangen. Christus und die Kirche, die von ihm durch die Predigt des Evangeliums Zeugnis gibt, überschreiten alle Besonderheit der Rasse oder der Nation und können deshalb von niemand und nirgendwo als fremd erachtet werden[46]. [...]

Zweites Kapitel: Die eigentliche Missionsarbeit

„Missionarische Präsenz" heißt Teilhabe am Leben der Menschen, Anerkennung der gesellschaftlichen Realität und Aufmerksamkeit für die Gegenwart Gottes in ihren kulturellen und religiösen Traditionen. Wer eine solche Weise aufmerksamer und lernbereiter Präsenz (vgl. Art. 5) lebt, kann den „neuen Menschen" sichtbar machen und die Freiheit des Evangeliums glaubwürdig bezeugen.	11. Diesen menschlichen Gruppen also muss die Kirche gegenwärtig sein durch ihre Kinder, die unter ihnen wohnen oder zu ihnen gesandt werden. Denn alle Christgläubigen, wo immer sie leben, müssen durch das Beispiel ihres Lebens und durch das Zeugnis des Wortes den neuen Menschen, den sie durch die Taufe angezogen haben, und die Kraft des Heiligen Geistes, der sie durch die Firmung gestärkt hat, so offenbaren, dass die anderen Menschen ihre guten Werke sehen, den Vater preisen[1] und an ihnen den wahren Sinn des menschlichen Lebens und das alle umfas-

sende Band der menschlichen Gemeinschaft vollkommener wahrnehmen können.

Um dieses Zeugnis Christi mit Frucht geben zu können, müssen sie diesen Menschen in Achtung und Liebe verbunden sein. Sie müssen sich als Glieder der Menschengruppe, in der sie leben, betrachten; durch die verschiedenen Beziehungen und Geschäfte des menschlichen Lebens müssen sie an den kulturellen und sozialen Angelegenheiten teilnehmen. Sie müssen auch mit ihren nationalen und religiösen Traditionen vertraut sein; mit Freude und Ehrfurcht sollen sie die Saatkörner des Wortes aufspüren, die in ihnen verborgen sind. Sie sollen aber auch den tiefgreifenden Wandlungsprozess wahrnehmen, der sich in diesen Völkern vollzieht. Sie sollen dahin zu wirken suchen, dass die Menschen unserer Zeit, allzu sehr auf Naturwissenschaft und Technologie der modernen Welt bedacht, sich nicht den göttlichen Dingen entfremden, sondern im Gegenteil zu einem stärkeren Verlangen nach der Wahrheit und Liebe, die Gott uns geoffenbart hat, erwachen. Wie Christus selbst das Herz der Menschen durchschaut und sie durch echt menschliches Gespräch zum göttlichen Licht geführt hat, so sollen auch seine Jünger, ganz von Christi Geist erfüllt, die Menschen, unter denen sie leben und mit denen sie umgehen, kennen; in aufrichtigem und geduldigem Zwiegespräch sollen sie lernen, was für Reichtümer der freigebige Gott unter den Völkern verteilt hat; zugleich aber sollen sie sich bemühen, diese Reichtümer durch das Licht des Evangeliums zu erhellen, zu befreien und unter die Herrschaft Gottes, des Erlösers, zu bringen.

Drittes Kapitel: Die Teilkirchen

Der Beitrag der „Laien" (d.h. aller Getauften) zur kirchlichen Mission ist nicht bloß als ergänzend oder vorübergehend zu verstehen, sondern als fundamental für das Leben der Kirche. Das Glaubenszeugnis der Christinnen und Christen in der Gesellschaft und im alltäglichen Leben bildet die entscheidende Grundlage für die Verkündigung des Evangeliums. Der Unterschied zwischen Christen und Nichtchristen besteht allerdings nicht in kulturellen Besonderheiten oder in äußeren gesellschaftlichen Merkmalen, sondern in der „Neuheit des Lebens", die ein unverfügbares Geschenk Jesu Christi ist.

21. Die Kirche ist nicht wirklich gegründet, hat noch nicht ihr volles Leben, ist noch nicht ganz das Zeichen Christi unter den Menschen, wenn nicht mit der Hierarchie auch ein wahrer Laienstand da ist und arbeitet; denn das Evangelium kann nicht in Geist, Leben und Arbeit eines Volkes tief Wurzel schlagen ohne die tätige Anwesenheit der Laien. Deshalb muss schon bei der Gründung der Kirche auf die Entwicklung eines reifen christlichen Laienstandes geachtet werden.

Denn die gläubigen Laien gehören gleichzeitig ganz zum Gottesvolk und ganz zur bürgerlichen Gesellschaft: Zu ihrem Volk gehören sie, in dem sie geboren wurden, an dessen Kulturgütern sie durch die Erziehung teilzunehmen begonnen haben, mit dessen Leben sie durch viele gesellschaftliche Bande verbunden sind, an dessen Aufstieg sie durch ihre eigenen Anstrengungen in ihrem Beruf mitarbeiten, dessen Probleme sie als ihre eigenen empfinden und zu lösen suchen. Sie gehören ebenso Christus an, da sie in der Kirche wiedergeboren sind durch Glaube und Taufe, damit sie in der Neuheit des Lebens und Arbeitens Christus zu eigen seien[5] und damit in Christus alles Gott unterworfen werde und endlich Gott sei alles in allem[6].

Hauptaufgabe der Laien, der Männer und der Frauen, ist das Christuszeugnis, das sie durch Leben und Wort in ihrer Familie, in ihrer Gesellschaftsschicht und im Bereich ihrer Berufsarbeit geben müssen. Denn es muss in ihnen der neue Mensch erscheinen, der nach Gottes Bild in wahrer Gerechtigkeit und Heiligkeit geschaffen ist[7]. Diese Neuheit des Lebens aber müssen sie im Bereich der heimatlichen Gesellschaft und Kultur ausdrücken, den Traditionen des eigenen Volkes entsprechend. Sie selbst müssen diese Kultur kennen, sie heilen und bewahren, sie müssen sie im Zug der modernen Entwicklung entfalten und endlich in Christus vollenden, so dass der Christusglaube und das Leben der Kirche der Gesellschaft, in der sie leben, nicht mehr äußerlich sei, sondern sie zu durchdringen und zu verwandeln beginne. Ihren Mitbürgern seien sie in aufrichtiger Liebe verbunden, so dass in ihrem Umgang das neue Band der Einheit und der universalen Solidarität sichtbar werde, die aus dem Geheimnis Christi stammt. Auch sollen sie den Glauben an Christus unter denen verbreiten, mit denen sie durch Bande des täglichen Lebens und des Berufes verbunden sind. Diese Pflicht ist umso dringender, weil die meisten Menschen nur durch benachbarte Laien das Evangelium hören und Christus kennenlernen können. Ja, wo es möglich ist, sollen Laien bereit sein, in noch unmittelbarerer Zusammenarbeit mit der Hierarchie die besondere Sendung zu erfüllen: das Evangelium zu verkünden und christlichen Unterricht zu erteilen, um der werdenden Kirche die Kraft zu vermehren.

Die Diener der Kirche sollen das Apostolat der Laien hoch bewerten. Sie sollen die Laien formen, dass sie sich als Glieder Christi ihrer Verantwortung für alle Menschen bewusst werden; sie sollen ihnen das Geheimnis Christi tief erschließen, sie sollen sie auch in die methodische Arbeit einführen und ihnen in Schwierigkeiten zur Seite stehen, im Geiste der Konstitution über die Kirche und des Dekrets über das Laienapostolat.

Hirten und Laien haben also ihre besonderen Aufgaben und ihre eigene Verantwortung, und so soll die ganze junge Kirche ein einziges Zeugnis Christi geben, lebendig und stark, auf dass sie ein leuchtendes Zeichen des Heils sei, das in Christus zu uns gekommen ist.

Angesichts einer jahrhundertelangen Verstrickung von Kolonialisierung und Missionierung unterstreicht das Missionsdekret, dass „Mission" nicht bedeutet kulturelle Identitäten zu verdrängen oder gar zu zerstören; vielmehr stellen „Brauchtum und Tradition der Völker" die Grundlage, den „Boden" dar, in den das Saatkorn des Wortes Gottes gesät wird.

22. Das Saatkorn, das heißt das Wort Gottes, sprießt aus guter, von himmlischem Tau befeuchteter Erde, zieht aus ihr den Saft, verwandelt ihn und assimiliert ihn sich, um viele Frucht zu bringen. In der Tat nehmen die jungen Kirchen, verwurzelt in Christus, gebaut auf das Fundament der Apostel, nach Art der Heilsordnung der Fleischwerdung in diesen wunderbaren Tausch alle Schätze der Völker hinein, die Christus zum Erbe gegeben sind[8]. Aus Brauchtum und Tradition ihrer Völker, aus

Weisheit und Wissen, aus Kunststil und Fertigkeit entlehnen sie alles, was beitragen kann, die Ehre des Schöpfers zu preisen, die Gnade des Erlösers zu verherrlichen, das Christenleben recht zu gestalten[9].

Um dieses Ziel zu verwirklichen, muss in jedem sozio-kulturellen Großraum die theologische Besinnung angespornt werden, die im Licht der Tradition der Gesamtkirche die von Gott geoffenbarten Taten und Worte, die in der Heiligen Schrift aufgezeichnet sind und von Kirchenvätern und Lehramt erläutert werden, aufs Neue durchforscht.

So wird man klarer erfassen, auf welchen Wegen der Glaube, unter Benutzung der Philosophie und Weisheit der Völker, dem Verstehen näherkommen kann und auf welche Weise die Gepflogenheiten, die Lebensauffassung und die soziale Ordnung mit dem durch die göttliche Offenbarung bezeichneten Ethos in Einklang gebracht werden können. Von da öffnen sich Wege zu einer tieferen Anpassung im Gesamtbereich des christlichen Lebens. Wenn man so vorangeht, wird jeder Anschein von Synkretismus und falschem Partikularismus ausgeschlossen; das christliche Leben wird dem Geist und der Eigenart einer jeden Kultur angepasst[10]; die besonderen Traditionen, zusammen mit den vom Evangelium erleuchteten Gaben der verschiedenen Völkerfamilien, werden in die katholische Einheit hineingenommen. [...]

Auch wenn dieser Artikel noch von einer „Theologie der Anpassung" geprägt ist und eine Vorstellung von „Inkulturation" voraussetzt, die „Kultur" als unveränderliche Größe begreift, eröffnet dieser Text eine zukunftsweisende Perspektive: „Katholizität" wird als Qualität interkultureller Verbundenheit und nicht als gegenkulturelle Größe (als Versuch, sich gegen das übliche Selbstverständnis der Gesellschaft zu etablieren und zu positionieren) wahrgenommen.

Anmerkungen:

Einleitung/Kapitel 1:
1) II. Vat. Konzil, Dogm. Konst. über die Kirche Lumen Gentium, Nr. 48: AAS 57 (1965) 53.
2) Vgl. Mk 16,15.
3) Augustinus, Enarr. in ps. 44, 23: PL 36, 508; CChr 38,150.
4) Vgl. Mt 5,13-14.
5) Vgl. Sir 36,19.
6) Vgl. II. Vat. Konzil, Dogm. Konst. über die Kirche Lumen Gentium, Nr. 2: AAS 57 (1965) 5f.
7) Vgl. Joh 11,52.
19) Der Geist ist es, der durch die Propheten gesprochen hat: Symb. Constantinopol.: Denz.-Schönmetzer 150; Leo d. Gr., Sermo 76: „Als am Pfingsttag der Heilige Geist des Herrn die Jünger erfüllte, war dies nicht der Anfang des Geschenks, sondern die Hinzufügung der Fülle, denn auch die Patriarchen, Propheten, Priester und alle Heiligen der vorangegangenen Zeiten wurden durch des gleichen Geistes Heiligung belebt ... wenn auch nicht dasselbe Maß der Gaben war": PL 54, 450-406. Auch Sermo 77, 1: PL 54, 412; Leo XIII., Enz. Divinum illud, 9. Mai 1897: ASS 29 (1897) 650-651. Auch Joh. Chrysostomus, obgleich er auf der Neuheit der Geistsendung am Pfingsttag insistiert: In Eph. c. 4 Hom. 10, 1: PG 62, 75.
20) Vgl. Joh 14,16.
21) Über Babel und Pfingsten sprechen die Väter oft: Origenes, In Gen. c. 1: PG 12, 112; Gregor v. Nazianz, Oratio 41, 16: PG 36, 449; Joh. Chrysostomus, Hom. 2 in Pentec. 2: PG 50, 467; In Act. Apost.: PG 60, 44; Augustinus, Enarr. in ps. 54, 11: PL 36, 636; CChr 39, 664f.; Sermo 271: PL 38, 1245; Cyrill v. Alexandrien, Glaphyra in Genesim II: PG 69, 79; Gregor d. Gr., Hom. in Evang. Buch II, Hom. 30, 4: PL 76, 1222; Beda, In Hexæm. Buch III: PL 91, 125. Siehe überdies das Bild im Atrium der Markusbasilika in Venedig. Die Kirche spricht alle Sprachen und sammelt so alle in der Katholizität des Glaubens: Augustinus, Sermones 266.267.268.269: PL 38, 1225-1237; Sermo 175, 3: PL 38, 946; Joh. Chrysostomus, In Ep. I ad Cor., Hom. 35: PG 61, 296; Cyrill v. Alexandrien, Fragm. in Act.: PG 74, 758; Fulgentius, Sermo 8, 2-3: PL 65, 743-744. Über Pfingsten als Konsekration der Apostel zur Mission vgl. J. A. Cramer, Catena in Acta SS. Apostolorum (Oxford 1838) 24f.
22) Vgl. Lk 3,22; 4,1; Apg 10,38.
28) Vgl. auch Mt 10,1-42.
29) Vgl. Mt 28,18.
30) Vgl. Apg 1,11.
31) Vgl. Joh 20,21.
32) Vgl. Kol 1,24.
33) Tertullian, Apologeticum 50, 13: PL 1, 534; CChr I, 171.
46) Benedikt XV., Enz. Maximum illud, 30. Nov. 1919: „Denn als Kirche Gottes ist sie katholisch und für kein Volk und keine Nation fremd ...": AAS 11 (1919) 445. Vgl. Johannes XXIII., Enz. Mater et Magistra: „Von göttlichem Recht her gehört sie zu allen Völkern ... Wenn die Kirche sozusagen in die Adern irgendeines Volkes ihre Lebenskraft einbringt, ist sie deshalb nicht irgendeine Institution, die diesem Volk von außen her aufgestülpt wird, und sie versteht sich auch selbst nicht so ... Und deshalb unterstützen und vollenden sie (d. h. die in Christus Wiedergeborenen), was immer ihnen gut und wertvoll erscheint", 25. Mai 1961: AAS 53 (1961) 444.

Kapitel 2:
1) Vgl. Mt 5,16.

Kapitel 3:
5) Vgl. 1 Kor 15,23.
6) Vgl. 1 Kor 15,28.
7) Vgl. Eph 4,24.
8) Vgl. Ps 2,8.
9) Vgl. II. Vat. Konzil, Dogm. Konst. über die Kirche Lumen Gentium, Nr. 13: AAS 57 (1965) 17-18.
10) Vgl. Paul VI., Ansprache bei der Kanonisation der Martyrer von Uganda, 18. Okt. 1964: AAS 56 (1964) 908.

Erklärung über die Religionsfreiheit
Dignitatis humanae

Hinführung zum Konzilstext von Franz Gmainer-Pranzl

Kaum ein Konzilsdokument wurde so kontrovers diskutiert und zum Teil auch so erbittert bekämpft wie die „Erklärung über die Religionsfreiheit" *Dignitatis humanae* (DH). Dieser Text nimmt entschieden Abschied von einer Form des Staatskirchentums, die institutionell und ideell bis weit ins 20. Jahrhundert hinein wirksam war und es manchen schwer machte, die „Freiheit des Glaubens" als Grundimpuls kirchlichen Lebens wahrzunehmen.

Noch das vorbereitende Schema *De Ecclesia* (1962) vertrat die Auffassung, dass der Staat in einer Gesellschaft, die mehrheitlich katholisch ist, die Pflicht habe, sich zur katholischen Kirche zu bekennen, und Menschen anderen Glaubens nur aus Gründen des Gemeinwohls tolerieren müsse (nicht aber, weil Andersgläubige ein Recht auf ihr Bekenntnis hätten!); befinde sich die katholische Kirche aber in einer Minderheitensituation, müsse sich der Staat am „Naturrecht" orientieren und der Kirche alle Freiheit gewähren, um ihre Sendung zu erfüllen.

In dieser Position, die vom Konzil aufgegeben wurde, spiegelt sich eine sowohl defensive als auch triumphalistische Haltung wider, die zu einem beträchtlichen Teil von demütigenden Erfahrungen des 19. Jahrhunderts geprägt ist. Nach der Französischen Revolution (1789), den Napoleonischen Kriegen und der Säkularisierung kirchlicher Güter (Reichsdeputationshauptschluss von 1803) verlor die katholische Kirche eine gesellschaftliche, politische und wirtschaftliche Vormachtstellung, die sie seit dem frühen Mittelalter innehatte und durch die sie in Europa für viele Jahrhunderte eine maßgebliche Autorität war. Die Gefangennahme Papst Pius' VI. 1798 durch französische Truppen und sein Tod ein Jahr später in

Valence sowie die Verhaftung Papst Pius' VII. 1812, der erst zwei Jahre später wieder nach Rom zurückkehren konnte, waren Schlüsselereignisse, in denen sich die Ohnmacht der einst mächtigen Kirche zeigte.

Der in mehreren Etappen erfolgende Verlust des Kirchenstaates, der in der Besetzung Roms 1870 seinen Höhepunkt und Abschluss fand, sowie das Aufkommen moderner politischer und kultureller Strömungen (Religionskritik, Naturwissenschaften, Liberalismus, Sozialismus) wurden von der Kirche als Bedrohung und Infragestellung ihrer Autorität angesehen, der sie durch eine defensive und apologetische Mentalität sowie durch die Ausbildung gegenkultureller Milieus entgegensteuerte. Zugleich versuchte die Kirche bis in die Zeit des Zweiten Weltkriegs hinein, eine Allianz mit politisch konservativen Kräften zu bilden, um ihren gesellschaftlichen Einfluss zu halten. Der „Christliche Ständestaat" in Österreich (1934-1938) bietet ein Beispiel für eine solche Konzeption von Kirche und Staat, in der Religion zur Stütze autoritärer Herrschaft wurde.

Die Erfahrungen des Zweiten Weltkriegs, die Schreckensherrschaft des Nationalsozialismus, aber auch (damals) gegenwärtige politische Systeme, die jede Meinungs- und Religionsfreiheit unterdrückten (vor allem in Ländern des kommunistischen „Ostblocks" und in den zahlreichen Militärdiktaturen in Afrika, Asien und Lateinamerika), waren vielen Konzilsvätern (noch) gegenwärtig, als sie die einzelnen Textfassungen des Dokuments über die „Religionsfreiheit" diskutierten. Eine durchaus einflussreiche Minorität befürchtete, die Gewährung von „Religionsfreiheit" führe zu einem Verlust des christlichen Wahrheits- und Heilsanspruchs und zu einer völligen Beliebigkeit des kirchlichen Lebens. Die Mehrheit des Konzils vertrat jedoch die Auffassung, die Anerkennung von Religionsfreiheit sei die Weise, wie unterschiedliche religiöse und säkulare Gruppen von Menschen in einer Gesellschaft friedlich miteinander leben könnten, ja sie sei letztlich eine Konsequenz aus dem Glauben an Christus selbst.

Eine wichtige Rolle bei der Aufnahme des Prinzips der Religionsfreiheit spielten die Bischöfe aus den USA. Sie machten deutlich, dass das Leben der Kirche in einem Staat, der allen Religionsgemeinschaften Freiheit gewährt, sich aber selbst mit keinem religiösen Bekenntnis identifiziert, gestärkt und nicht geschwächt wird.

Nicht zuletzt setzten sich auch die Bischöfe aus den kommunistisch regierten Ländern, sofern sie am Konzil teilnehmen konnten, für die Beachtung der Religionsfreiheit ein. Die übergroße Mehrheit der Konzilsväter optierte für die Anerkennung der Religionsfreiheit und erteilte den Bestrebungen einer Rückkehr zu Bündnissen von „Thron und Altar" eine klare Absage.

Einleitend weist *Dignitatis humanae* auf jenes Prinzip hin, von dem dieses Dokument auch seinen (lateinischen) Namen hat: auf die „Würde der menschlichen Person". Deutlich bekennt sich die Erklärung zum Wahrheitsanspruch der katholischen Kirche, betont aber zugleich, dass diese Wahrheit ihren Anspruch nicht anders erhebt „als kraft der Wahrheit selbst" (Art. 1).

Der erste Teil (Art. 2-8) bietet eine „allgemeine Grundlegung der Religionsfreiheit". Art. 2 deklariert, dass jede „menschliche Person das Recht auf religiöse Freiheit hat" und dass diese Freiheit „auf die Würde der menschlichen Person selbst gegründet" sei - eine Würde, die sowohl „durch das geoffenbarte Wort Gottes" als auch „durch die Vernunft" erkannt werden könne. Niemand dürfe „gezwungen werden, gegen sein Gewissen zu handeln", schon gar nicht im Bereich der Religion (Art. 3). Weder Zwang zu einer Form von Religionsausübung noch Verhinderung derselben seien mit der Würde des Menschen, mit der Wahrung einer gerechten öffentlichen Ordnung und mit dem Selbstverständnis der christlichen Glaubensverkündigung vereinbar.

Im zweiten Teil (Art. 9-15) der Erklärung wird Religionsfreiheit „im Licht der Offenbarung" betrachtet. Für *Dignitatis humanae* ist es „ein Hauptbestandteil der katholischen Lehre [...], dass der

Mensch freiwillig durch seinen Glauben Gott antworten soll", weil Glaube „seiner Natur nach ein freier Akt" ist (Art. 10). Spätestens an dieser Stelle wird deutlich, dass das Prinzip „Religionsfreiheit" keine Folge einer Anpassung der Kirche an die „liberale Gesellschaft" ist, wie das manche Kritiker bis heute hartnäckig behaupten, sondern eine innere Konsequenz des christlichen Glaubens selbst. Glaube ist ein radikal antwortendes, auf Ansprüche bezogenes Geschehen: eine Antwort auf ein Wort, die jede und jeder nur aus und in Freiheit geben kann. Letztlich ist diese Freiheit „etwas Heiliges" (Art. 13), ein Geschenk Jesu Christi an die Kirche.

In diesen eher verhaltenen Formulierungen gegen Ende der Erklärung über die Religionsfreiheit wird etwas deutlich, das zu den konstitutiven Erfahrungen des Christentums überhaupt gehört: Das Evangelium Jesu Christi ist nicht nur „freiheitsverträglich", sondern freiheitsstiftend, es ist selbst die Quelle eines befreiten und befreienden Lebens. Christlicher Glaube – und das ist die Spitze der Konzilserklärung – braucht keine äußeren Machtmittel, um sich durchsetzen zu können, Glaube ist Vollzug eines Freiheitsgeschehens, das aus sich selbst überzeugt, das den Menschen zur Freiheit ermächtigt, stärkt und belebt. Die Kirche der Zukunft im Sinn von *Dignitatis humanae* wird eine sein, die den Anspruch des Glaubens als Freiheits- und Hoffnungsimpuls verwirklicht; sie wird eine sein, die die Menschen aufgrund einer Erfahrung größerer Freiheit überzeugt – oder sie wird nicht mehr sein.

ERKLÄRUNG ÜBER DIE RELIGIONSFREIHEIT DIGNITATIS HUMANAE

Das Recht der Person und der Gemeinschaften auf gesellschaftliche und bürgerliche Freiheit in religiösen Dingen

1. Die Würde der menschlichen Person kommt den Menschen unserer Zeit immer mehr zum Bewusstsein[1], und es wächst die Zahl derer, die den Anspruch erheben, dass die Menschen bei ihrem Tun ihr eigenes Urteil und eine verantwortliche Freiheit besitzen und davon Gebrauch machen sollen, nicht unter Zwang, sondern vom Bewusstsein der Pflicht geleitet. In gleicher Weise fordern sie eine rechtliche Einschränkung der öffentlichen Gewalt, damit die Grenzen einer ehrenhaften Freiheit der Person und auch der Gesellschaftsformen nicht zu eng umschrieben werden. Diese Forderung nach Freiheit in der menschlichen Gesellschaft bezieht sich besonders auf die geistigen Werte des Menschen und am meisten auf das, was zur freien Übung der Religion in der Gesellschaft gehört. Das Vatikanische Konzil wendet diesen Bestrebungen seine besondere Aufmerksamkeit zu in der Absicht, eine Erklärung darüber abzugeben, wie weit sie der Wahrheit und Gerechtigkeit entsprechen, und deshalb befragt es die heilige Tradition und die Lehre

Im einleitenden Abschnitt der Erklärung über die Religionsfreiheit kommen sowohl ein waches und kritisches Bewusstsein in Bezug auf die vielfach verletzte Würde des Menschen als auch ein Bekenntnis zur eigenen katholischen Identität zur Geltung. In deutlichem Kontrast zur Auffassung, jeder möge „nach seiner Façon selig werden", plädiert der Text für eine Pflicht zur Wahrheitssuche. Freilich ist diese Wahrheit eine, die keine politische „Nachhilfe" oder gar die Unterstützung durch Gewalt braucht: Sie setzt sich aus sich selbst heraus durch. Der Anspruch des Evangeliums kommt nicht als Überwältigung, sondern als Freiheit zur Geltung.

der Kirche, aus denen es immer Neues hervorholt, das mit dem Alten in Einklang steht.

Fürs Erste bekennt die Heilige Synode: Gott selbst hat dem Menschengeschlecht Kenntnis gegeben von dem Weg, auf dem die Menschen, ihm dienend, in Christus erlöst und selig werden können. Diese einzige wahre Religion, so glauben wir, ist verwirklicht in der katholischen, apostolischen Kirche, die von Jesus dem Herrn den Auftrag erhalten hat, sie unter allen Menschen zu verbreiten. Er sprach ja zu den Aposteln: „Gehet hin, und lehret alle Völker, taufet sie im Namen des Vaters und des Sohnes und des Heiligen Geistes, und lehret sie alles halten, was ich euch geboten habe" (Mt 28,19-20). Alle Menschen sind ihrerseits verpflichtet, die Wahrheit, besonders in dem, was Gott und seine Kirche angeht, zu suchen und die erkannte Wahrheit aufzunehmen und zu bewahren.

In gleicher Weise bekennt sich das Konzil dazu, dass diese Pflichten die Menschen in ihrem Gewissen berühren und binden, und anders erhebt die Wahrheit nicht Anspruch als kraft der Wahrheit selbst, die sanft und zugleich stark den Geist durchdringt. Da nun die religiöse Freiheit, welche die Menschen zur Erfüllung der pflichtgemäßen Gottesverehrung beanspruchen, sich auf die Freiheit von Zwang in der staatlichen Gesellschaft bezieht, lässt sie die überlieferte katholische Lehre von der moralischen Pflicht der Menschen und der Gesellschaften gegenüber der wahren

Religion und der einzigen Kirche Christi unangetastet. Bei der Behandlung dieser Religionsfreiheit beabsichtigt das Heilige Konzil, zugleich die Lehre der neueren Päpste über die unverletzlichen Rechte der menschlichen Person wie auch ihre Lehre von der rechtlichen Ordnung der Gesellschaft weiterzuführen.

I. Allgemeine Grundlegung der Religionsfreiheit

2. Das Vatikanische Konzil erklärt, dass die menschliche Person das Recht auf religiöse Freiheit hat. Diese Freiheit besteht darin, dass alle Menschen frei sein müssen von jedem Zwang sowohl vonseiten Einzelner wie gesellschaftlicher Gruppen, wie jeglicher menschlichen Gewalt, so dass in religiösen Dingen niemand gezwungen wird, gegen sein Gewissen zu handeln, noch daran gehindert wird, privat und öffentlich, als einzelner oder in Verbindung mit anderen - innerhalb der gebührenden Grenzen - nach seinem Gewissen zu handeln. Ferner erklärt das Konzil, das Recht auf religiöse Freiheit sei in Wahrheit auf die Würde der menschlichen Person selbst gegründet, so wie sie durch das geoffenbarte Wort Gottes und durch die Vernunft selbst erkannt wird[2]. Dieses Recht der menschlichen Person auf religiöse Freiheit muss in der rechtlichen Ordnung der Gesellschaft so anerkannt werden, dass es zum bürgerlichen Recht wird.

Es ist nicht bloß so, dass christlicher Glaube nicht mit Zwang weitergegeben werden darf (weil etwa eine kritische Öffentlichkeit dagegen Einspruch erheben würde), sondern er kann grundsätzlich nicht gegen Freiheit und Gewissen des Menschen weitervermittelt werden. Die Würde des Menschen – deren Anerkennung sowohl aufgrund von Vernunft als auch von Glaube erfolgt – bildet die bleibende Grundlage für das Recht auf Religionsfreiheit.

Weil die Menschen Personen sind, d. h. mit Vernunft und freiem Willen begabt und damit auch zu persönlicher Verantwortung erhoben, werden alle – ihrer Würde gemäß – von ihrem eigenen Wesen gedrängt und zugleich durch eine moralische Pflicht gehalten, die Wahrheit zu suchen, vor allem jene Wahrheit, welche die Religion betrifft. Sie sind auch dazu verpflichtet, an der erkannten Wahrheit festzuhalten und ihr ganzes Leben nach den Forderungen der Wahrheit zu ordnen. Der Mensch vermag aber dieser Verpflichtung auf die seinem eigenen Wesen entsprechende Weise nicht nachzukommen, wenn er nicht im Genuss der inneren, psychologischen Freiheit und zugleich der Freiheit von äußerem Zwang steht. Demnach ist das Recht auf religiöse Freiheit nicht in einer subjektiven Verfassung der Person, sondern in ihrem Wesen selbst begründet. So bleibt das Recht auf religiöse Freiheit auch denjenigen erhalten, die ihrer Pflicht, die Wahrheit zu suchen und daran festzuhalten, nicht nachkommen, und ihre Ausübung darf nicht gehemmt werden, wenn nur die gerechte öffentliche Ordnung gewahrt bleibt.

Mit Blick auf totalitäre politische Systeme der 1960er-Jahre, in denen es zu einer beträchtlichen Unterdrückung der Religionsfreiheit kam, aber auch in kritischer Auseinandersetzung mit

3. Dies tritt noch klarer zutage, wenn man erwägt, dass die höchste Norm des menschlichen Lebens das göttliche Gesetz selber ist, das ewige, objektive und universale, durch das Gott nach dem Ratschluss seiner Weisheit und Liebe die ganze Welt und die Wege

der Menschengemeinschaft ordnet, leitet und regiert. Gott macht den Menschen seines Gesetzes teilhaftig, so dass der Mensch unter der sanften Führung der göttlichen Vorsehung die unveränderliche Wahrheit mehr und mehr zu erkennen vermag[3]. Deshalb hat ein jeder die Pflicht und also auch das Recht, die Wahrheit im Bereich der Religion zu suchen, um sich in Klugheit unter Anwendung geeigneter Mittel und Wege rechte und wahre Gewissensurteile zu bilden.

Die Wahrheit muss aber auf eine Weise gesucht werden, die der Würde der menschlichen Person und ihrer Sozialnatur eigen ist, d. h. auf dem Wege der freien Forschung, mit Hilfe des Lehramtes oder der Unterweisung, des Gedankenaustauschs und des Dialogs, wodurch die Menschen einander die Wahrheit, die sie gefunden haben oder gefunden zu haben glauben, mitteilen, damit sie sich bei der Erforschung der Wahrheit gegenseitig zu Hilfe kommen; an der einmal erkannten Wahrheit jedoch muss man mit personaler Zustimmung festhalten.

Nun aber werden die Gebote des göttlichen Gesetzes vom Menschen durch die Vermittlung seines Gewissens erkannt und anerkannt; ihm muss er in seinem gesamten Tun in Treue folgen, damit er zu Gott, seinem Ziel, gelange. Er darf also nicht gezwungen werden, gegen sein Gewissen zu handeln. Er darf aber auch nicht daran gehindert werden, gemäß seinem Gewissen zu handeln, beson-

Formen von Mission und Glaubensverkündigung, in denen die Kirche die freie Entscheidung der Menschen missachtete, stellt das Konzil den Anspruch der menschlichen Gewissensentscheidung deutlich heraus, gerade was die Ausübung von Religion betrifft. Niemand darf zu einer Form von Religionsausübung genötigt werden, und niemand darf daran gehindert werden – denn Religion besteht wesentlich in Akten freier, persönlicher Entscheidung.

ders im Bereiche der Religion. Denn die Verwirklichung und Ausübung der Religion besteht ihrem Wesen nach vor allem in inneren, willentlichen und freien Akten, durch die sich der Mensch unmittelbar auf Gott hinordnet; Akte dieser Art können von einer rein menschlichen Gewalt weder befohlen noch verhindert werden[4]. Die Sozialnatur des Menschen erfordert aber, dass der Mensch innere Akte der Religion nach außen zum Ausdruck bringt, mit anderen in religiösen Dingen in Gemeinschaft steht und seine Religion gemeinschaftlich bekennt.

Es geschieht also ein Unrecht gegen die menschliche Person und gegen die Ordnung selbst, in die die Menschen von Gott hineingestellt sind, wenn jemandem die freie Verwirklichung der Religion in der Gesellschaft verweigert wird, vorausgesetzt, dass die gerechte öffentliche Ordnung gewahrt bleibt.

Hinzu kommt, dass die religiösen Akte, womit sich der Mensch privat und öffentlich aufgrund einer geistigen Entscheidung auf Gott hinordnet, ihrem Wesen nach die irdische und zeitliche Ordnung übersteigen. Demnach muss die staatliche Gewalt, deren Wesenszweck in der Sorge für das zeitliche Gemeinwohl besteht, das religiöse Leben der Bürger nur anerkennen und begünstigen, sie würde aber, wie hier betont werden muss, ihre Grenzen überschreiten, wenn sie so weit ginge, religiöse Akte zu bestimmen oder zu verhindern.

II. Die Religionsfreiheit im Licht der Offenbarung

10. Es ist ein Hauptbestandteil der katholischen Lehre, in Gottes Wort enthalten und von den Vätern ständig verkündet[8], dass der Mensch freiwillig durch seinen Glauben Gott antworten soll, dass dementsprechend niemand gegen seinen Willen zur Annahme des Glaubens gezwungen werden darf[9]. Denn der Glaubensakt ist seiner Natur nach ein freier Akt, da der Mensch, von seinem Erlöser Christus losgekauft und zur Annahme an Sohnes Statt durch Jesus Christus berufen[10], dem sich offenbarenden Gott nicht anhangen könnte, wenn er nicht, indem der Vater ihn zieht[11], Gott einen vernunftgemäßen und freien Glaubensgehorsam leisten würde. Es entspricht also völlig der Wesensart des Glaubens, dass in religiösen Dingen jede Art von Zwang vonseiten der Menschen ausgeschlossen ist. Und deshalb trägt der Grundsatz der Religionsfreiheit nicht wenig bei zur Begünstigung solcher Verhältnisse, unter denen die Menschen ungehindert die Einladung zum christlichen Glauben vernehmen, ihn freiwillig annehmen und in ihrer ganzen Lebensführung tatkräftig bekennen können.

> Glaube hat entsprechend dem biblischen Verständnis antwortenden Charakter: Der Mensch ist eingeladen und aufgerufen, Antwort zu geben auf das Wort, das an ihn ergeht. Jemanden zum Glauben zu zwingen hieße letztlich, das, was „Glauben" in seinem Kern ausmacht, zu zerstören.

13. Im Rahmen alles dessen, was zum Wohl der Kirche, ja auch zum Wohl der irdischen Gesellschaft selbst gehört und was immer

Wenn die Kirche für sich und alle anderen Glaubensgemeinschaften Religions- und Gewissensfreiheit fordert, wird sie nicht nur dem gesellschaftlichen Selbstverständnis der Moderne gerecht, die einen politischen Zwang in Sachen Religion ablehnt, sondern sie bezieht sich dabei auch auf den bleibenden Ursprung ihrer eigenen Identität: auf Christus, der zur Freiheit eines neuen Lebens ermächtigt (2 Kor 3,17; Gal 5,1). Religionsfreiheit ist nicht bloß ein Zugeständnis an eine liberale Gesellschaft, sondern Verwirklichung jenes Geschenks der Freiheit, das hier als „heilig" bezeichnet wird.	und überall gewahrt und gegen alles Unrecht zu verteidigen ist, steht sicherlich mit an erster Stelle, dass die Kirche eine so große Handlungsfreiheit genießt, wie sie die Sorge für das Heil der Menschen erfordert[32]. In der Tat ist sie etwas Heiliges, diese Freiheit, mit der der eingeborene Sohn Gottes die Kirche beschenkt hat, die er sich in seinem Blute erwarb. Sie gehört in Wahrheit der Kirche so sehr zu eigen, dass, wer immer gegen sie streitet, gegen den Willen Gottes handelt. Die Freiheit der Kirche ist das grundlegende Prinzip in den Beziehungen zwischen der Kirche und den öffentlichen Gewalten sowie der gesamten bürgerlichen Ordnung.

In der menschlichen Gesellschaft und angesichts einer jeden öffentlichen Gewalt erhebt die Kirche Anspruch auf Freiheit als geistliche, von Christus dem Herrn gestiftete Autorität, die kraft göttlichen Auftrags die Pflicht hat, in die ganze Welt zu gehen, um das Evangelium allen Geschöpfen zu verkündigen[33]. Ebenso fordert die Kirche Freiheit für sich, insofern sie auch eine Gesellschaft von Menschen ist, die das Recht besitzen, nach den Vorschriften des christlichen Glaubens in der bürgerlichen Gesellschaft zu leben[34].

Wenn der Grundsatz der Religionsfreiheit nicht nur mit Worten proklamiert oder durch Gesetze festgelegt, sondern auch ernstlich in die Praxis übergeführt ist und in Geltung steht, dann erst erhält die Kirche rechtlich und tatsächlich die gefestigte Stellung, welche die Bedingung zu jener Unabhängigkeit darstellt, die für ihre göttliche Sendung nötig ist und wie sie die kirchlichen Autoritäten in der Gesellschaft mit immer größerem Nachdruck gefordert haben[35]. Zugleich haben die Christen wie die übrigen Menschen das bürgerliche Recht, dass sie nach ihrem Gewissen leben dürfen und darin nicht gehindert werden. So steht also die Freiheit der Kirche im Einklang mit jener religiösen Freiheit, die für alle Menschen und Gemeinschaften als ein Recht anzuerkennen und in der juristischen Ordnung zu verankern ist.

Anmerkungen:

1) Vgl. Johannes XXIII., Enz. Pacem in terris, 11. Apr. 1963: AAS 55 (1963) 279.265; Pius XII., Radiobotschaft, 24. Dez. 1944: AAS 37 (1945) 14.
2) Vgl. Johannes XXIII., Enz. Pacem in terris, 11. Apr. 1963: AAS 55 (1963) 260f.; Pius XII., Radiobotschaft, 24. Dez. 1942: AAS 35 (1943) 19; Pius XI., Enz. Mit brennender Sorge, 14. März 1937: AAS 29 (1937) 160; Leo XIII., Enz. Libertas præstantissimum, 20.Juni 1888: Acta Leonis XIII., Bd. VIII (1888) 237f.
3) Vgl. Thomas v. Aquin, Summa Theol. I-II., q. 91, a. 1; q. 93, a. 1-2.
4) Vgl. Johannes XXIII., Enz. Pacem in terris, 11. Apr. 1963: AAS 55 (1963) 270; Paul VI., Radiobotschaft, 22. Dez. 1964: AAS 57 (1965) 181f.; Thomas v. Aquin, Summa Theol. I-II., q. 91, a. 4c.
8) Vgl. Lactantius, Divinarum Institutionum V, 19: CSEL 19, 463f. 465; PL 6, 614 und 6, 616 (Kap. 20); Ambrosius, Ep. ad Valentinianum Imp., Ep. 21: PL 16, 1005; Augustinus, Contra litt. Petiliani II Kap. 83: CSEL 52, 112; PL 43, 315; vgl. C. 23 q. 5 c. 33 (ed. Friedberg 939); ders., Ep. 23: PL 33, 98; ders., Ep. 34; PL 33, 132; ders., Ep. 35: PL 33, 135; Gregor d. Gr., Ep. ad Virgilium et Theodorum Episcopos Massiliæ Galliarum, Registrum Epistolarum I 45: MGH Ep. 1, 72; PL 77, 510f. (I Ep. 47); ders., Ep. ad Joannem Episcopum Constantinopolitanum, Registrum Epistolarum III 52: MGH Ep. 1, 210; PL 77, 649 (III Ep. 53); vgl. D. 45, c. 1 (ed. Friedberg 160); IV. Konzil von Toledo, can. 57: Mansi 10, 633; vgl. D. 45, c. 5 (ed. Friedberg 161-162); Clemens III.: X., V 6, 9 (ed. Friedberg 774); Innozenz III., Ep. ad Arelatensem Archiepiscopum X., III 42, 3 (ed. Friedberg 646).
9) Vgl. CIC can. 1351; Pius XII., Anspr. an die Prälaten usw. des Gerichtshofes der Hl. Röm. Rota, 6. Okt. 1946: AAS 38 (1946) 394; ders., Enz. Mystici Corporis, 29. Juni 1943: AAS 35 (1943) 243.
10) Vgl. Eph 1,5.
11) Vgl. Joh 6,44.
32) Vgl. Leo XIII., Litt. Officio sanctissimo, 22. Dez. 1887: ASS 20 (1887) 269; ders., Litt. Ex litteris, 7. Apr. 1887: ASS 19 (1886-1887) 465.
33) Vgl. Mk 16,15; Mt 28,18-20; Pius XII., Enz. Summi Pontificatus, 20. Okt. 1939: AAS 31 (1939) 445f.
34) Vgl. Pius XI., Enz. Firmissimam constantiam, 28. März 1937: AAS 29 (1937) 196.
35) Vgl. Pius XII., Ansprache Ciriesce, 6. Dez. 1953: AAS 45 (1953) 802.

Basiswissen: Was ein Konzil ist und wie es arbeitet

Was ist ein Konzil?

Ein Ökumenisches Konzil (von lat. concilium: „Rat", „Zusammenkunft"; entsprechend dem Begriff „Synode" von griech. synodos: „Zusammenkunft") ist eine Versammlung der Bischöfe (die Gesamtheit des Kollegiums der Apostelnachfolger). „Ökumenisch" bedeutet hier „gesamtkirchlich" (von griech. oikoumene: „die (ganze) bewohnte Erde"). Ein Konzil ist der Ort, wo das Bischofskollegium in Einheit mit dem Bischof von Rom, dem Papst, in höchstmöglicher Autorität für die gesamte Kirche lehrt.

Das Zweite Vatikanisches Konzil – Konzilien werden nach dem Ort benannt, an dem sie stattfinden – wurde im Petersdom in Rom abgehalten. Es wurde von Papst Johannes XXIII. einberufen und nach dessen Tod 1963 von Papst Paul VI. fortgeführt. Die vier Sitzungsperioden fanden in den Jahren 1962–1965 statt. Es griff unter anderem wichtige Themen des Ersten Vatikanischen Konzils wieder auf, das 1870 aus politischen Gründen abgebrochen werden musste. Es gilt nach römisch-katholischem Verständnis als 21. Ökumenisches Konzil.

Ein Konzil ist nicht einfach nur eine Sitzung, sondern ein geistliches Ereignis. Die Eröffnungsliturgie beginnt mit dem Hymnus an den Heiligen Geist. Das Evangelienbuch wird auf den Konzilsaltar „inthronisiert". Die Konzilsväter legen das Glaubensbekenntnis ab. Erst dann beginnen die Gespräche. Ein Konzil ist ein Geschenk Gottes an seine Kirche.

Wann gibt es ein Konzil?

Anlass und Thema eines Konzils sind üblicherweise Auseinandersetzungen um Glaubensfragen. Daher haben die früheren Konzilien Irrlehren (Häresie) verurteilt. Anders beim Zweiten Vatikanischen Konzil: Das Anliegen Papst Johannes' XXIII. ist die Öffnung der Kirche zum Heute (Aggiornamento: Verheutigung der Verkündigung). Im Vorfeld wurden weltweit Themen gesammelt, die nach Meinung der Bischöfe besprochen werden sollten.

In der Alten Kirche ging die Initiative zu einem Konzil vom Römischen Kaiser aus, seit dem Mittelalter ist es Aufgabe des Papstes, ein Konzil einzuberufen.

Wie kommen Beschlüsse zustande?

Jedes Konzil hat seine eigene Geschäftsordnung. Der Papst leitet das Konzil, ernennt die Vorsitzenden, den Generalsekretär sowie die Mitglieder der Kommissionen und veröffentlicht die Beschlüsse.

Die Konzilsväter (vor allem ca. 2200 Bischöfe aus allen Diözesen der Welt) sind die stimmberechtigten Teilnehmer. Sie werden begleitet von Konzilstheologen (Periti,

Konzilsberater). Beim Zweiten Vatikanum waren auch nichtkatholische Konzilsbeobachter anwesend.

Vorbereitungskommissionen erarbeiteten Textentwürfe (Schemata; Einzahl: Schema), die den Konzilsvätern zur Beratung vorgelegt wurden.

Die Konzilskommissionen lösten die Vorbereitungskommissionen ab. Jede Kommission hatte 16 Mitglieder, die die Konzilsväter aus ihrer Mitte wählten; dazu kamen acht vom Papst ernannte Vertreter. Die Kommissionen überarbeiteten die Schemata. Die Hauptarbeit war die Einarbeitung von mündlichen und schriftlichen Eingaben der Konzilsväter sowie von Abänderungsanträgen (Modi).

Die Abstimmungen der Konzilsväter bezogen sich auf Schemata als Ganze, auf einzelne Kapitel, mitunter sogar auf einzelne Absätze oder Sätze. Die Väter waren bemüht, insbesondere bei den feierlichen Schlussabstimmungen, möglichst viele Ja-Stimmen zu erzielen (Prinzip der geistgewirkten überwältigenden Mehrheit). Dieses Bemühen führte mitunter zu Kompromissformulierungen.

Die Beschlüsse eines Konzils müssen vom Papst bestätigt und veröffentlicht werden. Jedes Konzilsdokument wird vom Papst und allen Konzilsvätern unterschrieben.

Wie verbindlich sind Konzilsdokumente?

Die Dokumente und Aussagen des Konzils sind für alle Gläubigen verbindlich und sollen Wegweisung im Glauben geben. Es gibt unter den Texten des Zweiten Vatikanischen Konzils drei Typen von Dokumenten, die auch unterschiedliches Gewicht haben:

Konstitutionen sind die wichtigsten Texte des Konzils. Sie enthalten die Grundprinzipien und wesentlichen Aussagen und haben die höchste Verbindlichkeit.

Dekrete dienen vor allem als Entfaltung dessen, was in den Konstitutionen festgehalten ist, und enthalten Einzelbestimmungen. Sie richten sich an Institutionen der katholischen Kirche.

Erklärungen verwendet das Zweite Vatikanische Konzil, um Themen anzusprechen, die nicht die unmittelbare kirchliche Lehrkompetenz betreffen. Mit den Erklärungen verpflichtet sich die Kirche selbst auf eine bestimmte Haltung.

Die Herausgeber:

Mag. Erhard LESACHER | Theologische Kurse
Studium der Theologie in Wien. 1986-1993 Assistent am Institut für Dogmatische Theologie an der Universität Wien, seit 1991 wissenschaftlicher Mitarbeiter, seit 2001 Leiter der Theologischen Kurse (Wiener Theologische Kurse und Institut Fernkurs für theologische Bildung)

Dr. Hubert Philipp WEBER | Universität Wien, Erzdiözese Wien
Studium der Theologie und Philosophie in Wien, 1995-2009 Assistent am Institut für Dogmatische Theologie an der Universität Wien, Lehrbeauftragter an der Kath.-Theolog. Fakultät der Universität Wien und Leiter des Erzbischöflichen Sekretariates in Wien, tätig in der theologischen Erwachsenenbildung

Die Autoren:

Univ.-Prof. DDr. Franz GMAINER-PRANZL | Universität Salzburg
Studium der Theologie und Philosophie in Linz, Innsbruck und Wien, Leiter des Zentrums Theologie interkulturell und Studium der Religionen (Fachbereich Systematische Theologie der Universität Salzburg)
Herausgeber von: Partnerin der Menschen – Zeugin der Hoffnung. Die Kirche im Licht der Pastoralkonstitution Gaudium et spes. 2010

em. Univ.-Prof. Dr. Dr. h.c. Peter HÜNERMANN | Universität Tübingen
Studium der Philosophie und Theologie in Rom, 1955 Priesterweihe, 1971-1982 o. Universitätsprofessor für Dogmatik in Münster, seit 1982 o. Professor für Dogmatik in Tübingen, Gründungspräsident der Europäischen Gesellschaft für Katholische Theologie
Herausgeber von: Herders Theologischer Kommentar zum Zweiten Vatikanischen Konzil (HThK Vat.II), 5 Bde. 2004-2006

Univ.-Prof. Dr. Bernhard KÖRNER | Universität Graz
Studium der Theologie und Anglistik an der Universität Graz, Promotion und Priesterweihe, Habilitation nach Studien in Tübingen, seit 1993 o. Universitätsprofessor für Dogmatik an der Universität Graz, seit 2007 Leiter des Instituts für Moraltheologie und Dogmatik ebendort

Univ.-Prof. Mag. Dr. Roman SIEBENROCK | Universität Innsbruck
Studium der Theologie, Philosophie und Erwachsenenpädagogik in Innsbruck und München, seit 2006 Professor für Dogmatik an der Universität Innsbruck
Veröffentlichung: Kommentar zu „Gravissimum educationis", „Nostra aetate" und „Dignitatis humanae" in: Herders Theologischer Kommentar zum Zweiten Vatikanischen Konzil (HThK Vat.II)

Mag. Manuela ULRICH | Erzdiözese Wien
Studium der Theologie in Wien, 2005-2008 Assistentin in Ausbildung am Institut für Liturgiewissenschaft der Universität Wien, seit 2009 wissenschaftliche Mitarbeiterin der Theologischen Kurse, seit 2010 Fachreferentin im Liturgiereferat der Erzdiözese Wien